JN421418

·추·천·사·

우리 목회자에게 부여된 설교의 특권은 어떤 것과도 비교할 수 없는 영광이며 또한 어깨를 누르는 부담이기도 합니다. 어떤 이들은 진리보다도 설교를 멋지게 하려고 하기도 하고 본인의 성숙의 무게보다 더한 말들을 하려고도 합니다.

이런 때에 찰스 스윈돌 목사님의 신약 인사이트 시리즈가 나오게 된 것은 모든 목회자들을 위한 축복이라고 생각합니다. 그는 50년 가까이 사역을 하면서 단 한 번의 소란스러운 소문도 내지 않고 모든 교인에게 존경을 받은 목회자입니다. 탁월한 삶의 안목으로 진리를 발견하고, 가장 풍성한 언어로 본문의 강해를 전하는 목회자입니다. 그런가 하면 그는 가장 말씀을 잘 교육하는 달라스 신학교를 맡아 후학들을 교육하여 미국에서 가장 영향력 있는 신학교로 발전시켜나갔습니다.

이 책은 그의 50년 말씀 강해 사역의 결산입니다. 어렵고 난해한 설명이 아니라 진리에 대한 분명한 이해와 전 생애를 통해 입증한 진리의 말씀을 그만이 할 수 있는 언어의 연금술사적 표현으로 이 강해를 완성했습니다. 이 시리즈는 가볍고 빈약한 말씀으로 얼룩진 한국 교회의 강단에 풍성한 말씀의 은혜를 가져다줄 것입니다. 성경 본문을 다시 보게 만들고, 진리의 깊은 뜻에 목회자 자신이 먼저 은혜를 받게 하며, 전해야 할 메시지를 분명하게 정리해 주는 가이드가 될 것입니다. 한국 강단에 말씀이 흥왕되기를 간절히 바라며 젊은 목회자뿐만 아니라, 말씀 앞에 오늘도 씨름하며 간절히 사모하는 모든 설교자에게 진심으로 이 책을 권합니다.

홍정길 목사_남서울은혜교회 원로 목사

찰스 스윈돌은 우리 시대 하나님의 선물입니다. 그는 가장 신실한 강해 설교의 모본을 보이신 분입니다. 그는 학자는 아니지만 언제나 본문에 성실한 설교자입니다.

그는 주석/ 석의의 기본을 중시하면서 본문을 강해하는 분입니다. 그러면서 탁월한 적용으로 우리를 삶의 마당으로 안내합니다. 이번에 도서출판 디모데가 『찰스 스윈돌의 신약 인사이트』 시리즈를 펴낸 것에 대해 한국 교회와 더불어 축하하며 기뻐하고 싶습니다.

그만큼 한국 교회 강단이 풍성해질 것을 기대하기 때문입니다. 설교자들은 옷을 팔아서라도 이 시리즈를 비치하고, 모든 성경 연구자는 새로운 재산 목록으로 이 시리즈를 추가하십시오. 이 시리즈가 오늘의 허약한 강단을 부요하게 하고, 위기에 처한 한국 교회를 살리는 보약이 될 것을 예감합니다. 진지하게 말씀을 묵상하는 모든 이에게 이 책은 우리 시대의 동의보감이 될 것입니다. 찰스 스윈돌이 이미 끼친 영향력보다 더 오래, 그리고 더 깊게 이 시리즈는 말씀을 연구하는 모든 사람의 길잡이가 될 것입니다.

함께 귀한 보화를 나누는 기쁨으로 이 책을 추천합니다.

이동원 목사_지구촌교회 원로 목사

찰스 스윈돌 목사님은 저 개인의 판단으로는 현재 생존하고 있는 설교자 가운데 최고의 설교자라고 늘 생각해왔습니다. 제가 미국에 거주했던 오랜 시간 동안 기회가 있을 때마다 스윈돌 목사님의 설교를 들으면서 하나님의 말씀이 얼마나 귀하고 위대한 진리인지를 강하게 느끼곤 했습니다. 특히 설교를 전달하는 그분의 능력은 누구와도 비교가 되지 않습니다. 사실 이러한 판단은 저만의 느낌이 아니고 그분의 설교를 들어본 전 세계 수많은 기독교인들이 같은 판단을 하고 있다고 생각합니다. 스윈돌 목사님의 설교는 거의 강해식 설교인데 성경 말씀의 현실적 가치를 남김없이 드러내줍니다. 설교자들이 본받아야 할 모델임에 틀림없습니다. 달라스 신학대학원 총장을 은퇴한 스윈돌 목사님은 달라스에 교회를 개척하신 후 오늘까지도 설교를 하고 계십니다. 그 설교 시리즈를 〈인사이트 포 리빙〉(Insight for Living)이라 부릅니다. 이번에 디모데에서 출판한 『찰스 스윈돌의 신약 인사이트』 시리즈는 그분의 설교를 주석 형태로 정리하여 출판한 것으로서, 비록 활자화된 책이 그분의 현장 설교를 그대로 반영할 수는 없겠지만, 그래도 그분의 탁월한 말씀 선포를 최대한 반영한 것이라 할 수 있습니다. 한국의 모든 목회자와 신학생과 한국 교회에 이 시리즈가 소중한 자료로 사용되어지고, 독자들에게 큰 은혜를 끼치게 될 것을 기대해마지 않습니다.

김상복 목사_세계복음주의연맹(WEA) 회장, 할렐루야교회 원로 목사

포스트모던 시대에 살고 있는 현대 크리스천들과 목회자들과 선교사들에게 있어서 가장 큰 취약점은 날이 갈수록 성경 말씀이 그들로부터 멀게 느껴진다는 사실이다. 찰스 스윈돌 목사님의 설교와 성경 강해는 이런 추세를 돌이키고도 남음이 있음을 지난 47여 년 동안 그의 설교를 듣고 하나님의 말씀이 주는 감동을 다시 찾은 미국 교회 회중들에 의해 충분히 입증된 바 있다. 이『찰스 스윈돌의 신약 인사이트』시리즈도 현대 한국 크리스천들과 목회자들과 선교사들로 하여금 말씀에 대한 이해와 적용을 할 수 있도록 도움으로써 다시 한 번 성경의 원저자가 의도했던 감동을 주기에 충분할 것이다.

성경 말씀이 처음 선포되었을 때 이를 들은 회중에게 일어났던 임팩트가 재현되기 위해서는 최소한 다음 두 가지 여건이 재조성되지 않으면 안 된다. 첫째, 하나님이 원래 의도하셨던 대로 그 의미(meaning)가 정확하게 전달되어야 한다. 둘째, 듣는 이들의 마음속에 말씀이 들어가서 하나님이 그 말씀을 통해 의도하셨던 일이 선명하게 드러나야 한다. 이럴 때 비로소 우리는 전해진 말씀이 자신들과 연관성(relevance)이 있다는 사실을 피부로 느끼게 될 것이다. 이를 다시 한국 상황에 맞게 정리하면 성경에 대한 이해와 아울러 이 말씀을 듣는 회중, 즉 한국 사람들의 마음에 대한 이해가 깊지 않으면 안 된다는 말이다. 이에 한 가지 중요한 요소를 더 보탠다면 이 둘 사이에 다리를 놓는 것, 즉 커뮤니케이션이 잘 되어야 한다는 것이다.

이 시리즈는 이 세 가지 모두를 탁월하게 이해한 이 시대의 가장 저명한 강해자 가운데 한 사람이 그의 전 생애를 건 결실이기도 하다. 이를 사용하는 한국 크리스천들과 목회자들과 선교사들에게도 다시 한 번 하나님의 말씀이 가슴속 깊이 파고들어가 원저자이신 성령이 의도하신 대로의 메시지에 따라 삶이 변화되며, 급기야 그 가치관과 세계관이 성경적이 되어 더 이상 얄팍한 크리스천이라는 비난을 받지 않게 되기를 간절히 기원하며 이 시리즈를 모든 사람에게 추천한다.

이태웅 목사_한국글로벌리더십연구원 원장

찰스 스윈돌 목사님은 우리 시대 최고의 목회자요 설교자로서 이미 수많은 저서를 통해 우리에게 잘 알려진 존경받는 저술가이기도 하다. 『찰스 스윈돌의 신약 인사이트』 시리즈는 목회자에게 유익을 주는 또 하나의 저서이다. 이 책은 목회자들의 설교나 성경 공부 준비에 아주 요긴한 좋은 지식을 제공하고 있어 대단히 유익하다.

김경원 목사_서현교회

"나는 성경 말씀을 고찰하고 선포하는 일에 중독되었다고 서슴없이 말할 수 있습니다." 이것은 찰스 스윈돌 목사님이 서문에서 고백한 내용이다. 그는 설교자로서 하나님의 말씀을 정확하고, 명료하고, 현실적이고, 통찰력 있게 전달하고자 애썼으며 이 일에 자신의 전 생애를 헌신했다. 이 책은 지난 50여 년 동안 설교하고 가르치면서 하나님의 진리를 이해하고 설명하고 적용한 귀한 책이다.

김병삼 목사_만나교회

찰스 스윈돌 목사님은 본문 주해와 적용에 탁월한 강해 설교자이다. 그에게는 원어로 말씀을 분석하는 지력과 말씀을 삶에 실제적으로 적용하는 통찰력이 있다. 그에게는 하나님의 말씀인 로고스(Logos), 그 말씀을 자신 있게 전하는 설교자의 에토스(Ethos), 그리고 열정과 헌신으로 가득한 설교자의 파토스(Pathos)가 있기에 이 시리즈가 말씀을 사랑하는 평신도와 목회자에게 큰 유익이 되리라 확신한다.

노창수 목사_워싱턴 중앙장로교회

찰스 스윈돌은 모든 사역자에게 존경을 받는 분입니다. 그분의 분명한 성경 강해와 실천적인 적용의 원리는 모든 곳, 모든 사람에게 깊은 영향력을 끼치고 있습니다. 이번에 디모데에서 출간된 『찰스 스윈돌의 신약 인사이트』 시리즈는 설교를 준비하는 신학생으로부터 담임목사에 이르기까지 매 주일 말씀을 선포하는 사역자들의 목마름을 해갈시켜줄 좋은 도움서입니다. 모든 분들의 일독을 적극 추천합니다.

박은조 목사_샘물교회

지난 반세기를 말씀을 전하는 일에 헌신해온 찰스 스윈돌 목사님은 과연 이 시대 가장 탁월한 설교자답게 모든 설교자를 위하여 대단히 귀한 선물을 준비했다. 설교자 치고 자료의 중요성을 모르는 사람이 어디 있을까? 이번에 그가 펴낸 이 새로운 시리즈는 어렵고 난해한 주석들과 너무도 평범한 설교집들 사이에서 방황하던 설교자들에게 마침표를 찍어줄 것이다.

박정근 목사_부산영안침례교회

내가 처음 강해 설교를 배운 후 연습을 위해 참고한 것이 찰스 스윈돌의 성경 공부였다. 그가 말씀을 묵상한 내용은 깊이도 있지만 적용의 포인트가 아주 신선했다. 무엇보다도 의사소통에 천재적인 능력을 보여주었다. 그는 자신이 강조하는 것처럼 성경 신학자는 아니다. 그럼에도 불구하고, 아니 그렇기 때문에 그의 성경 해석은 모든 사람에게 쉽게 전달이 된다. 이 시리즈는 성경을 공부하는 사람들에게 부담을 주지 않으면서도 실제적으로 많은 도움을 줄 것이다.

방선기 목사_직장사역연구소 소장

신약의 성경들과 관련된 주석들을 많이 읽어보았지만 찰스 스윈돌 목사님의 시리즈만큼 인사이트풀한 책은 없었습니다. 방대한 자료를 제시하며 깊이 있게, 여러 가지 관점으로 볼 수 있도록 인도하는『찰스 스윈돌의 신약 인사이트』시리즈는 신기할 정도로 한결같이 친절하고 생생한 언어를 사용해 성경의 원저자들을 만난 것 같은 기분을 느끼게 합니다. 가르치는 사람이라면 꼭 읽고 공부하시기를 권합니다. 다만, 이 책을 펼치시기 전에 조심해야 할 일이 있습니다. 이 책을 읽는 사람이라면 누구나 이 시리즈의 전도사가 될 것이기 때문입니다.

서정인 목사_한국컴패션 대표

명료하면서도 풍성한 표현, 정확하면서도 깊은 이해, 어렵지 않으면서도 부족함이 없는 성경 해석서가 있기를 바라왔는데 주님은 그런 축복을 찰스 스윈돌 목사님을 통해 우리에게 주셨습니다. 훌륭한 목회자로, 탁월한 설교자로서 그의 47년 목회 사역의 귀중한 자료들을 망라한 이 책을 말씀에 대한 갈증을 느끼는 모든 목회자, 특별히 설교를 준비하는 모든 설교자에게 진심으로 권합니다.

이찬수 목사_분당우리교회

오늘날 교계의 가장 빼어난 지도자 가운데 한 분으로 나는 주저 없이 찰스 스윈돌 목사님을 꼽는다. 그는 탁월한 지도력을 갖춘 목회자이고, 건강한 신학적 안목을 지닌 성경 강해자이며, 선명한 복음을 선포하는 설교자이다. 그러나 내가 그를 존경하는 진짜 이유는 말과 행실이 일치하는 그의 성숙한 신앙 인격 때문이다. 평생 스캔들 한 번 없이 수많은 사람들에게 거룩한 영향력을 미친 그의 47년 사역의 결정체가 책자로 출간되었다니 말할 수 없이 기쁘고 감사하다. 전통적 주석과 달리 성경을 통합적으로 꿰어내는 통찰력이 그의 라디오 사역인 〈인사이트 포 리빙〉(Insight for Living)을 연상시킨다. 이 보석 같은 책자를 모든 성도와 신학도와 설교자에게 자신 있게 추천한다.

정민영 선교사_WBT 부총재

찰스 스윈돌 목사님은 우리에게 잘 알려져 있는 목사님이다. 그가 가진 성경 공부와 강해 설교에 대한 탁월한 은사는 우리로 하여금 성경을 전체적으로 그리고 세밀하게 바라볼 수 있도록 도와준다. 그리고 그가 저술한 여러 책들은 누구나 성경을 바로 이해할 수 있도록 도와줄 뿐만 아니라 말씀을 삶에 적용하고 실천하는 데 대단히 훌륭한 가이드가 된다. 이번에 디모데에서 출판한 『찰스 스윈돌의 신약 인사이트』 시리즈는 목회자들의 설교 사역에 대단히 큰 도움을 줄 것이라고 확신한다.

정주채 목사_향상교회

드디어 기다리던 작품이 나오게 되어 기쁘다. 찰스 스윈돌, 그는 실천적 성경 해석가요 본문을 살아나게 하는 설교자이다. 그는 '그때 거기서' 주어졌던 말씀을 '지금 여기에서도' 적용되도록 실용적 인사이트를 준다. 특히 그는 어느 본문에서도 예수 그리스도가 나타나도록 설교의 절정을 이루는 원리와 비법을 자연스럽게 제시해준다. 그래서 말씀을 듣는 사람들을 부활의 능력으로 소생시켜준다. 이것이 그가 만들어내는 인사이트 주석의 핵심이다.

조봉희 목사_지구촌교회(서울)

본문에 대한 세밀한 통찰력과 시대를 읽어내는 예리한 지성이 청중을 사로잡는 수사학과 버무려진 책이다. 본문을 통하여 하나님의 음성을 읽어내는 영성과 그 음성을 청중의 삶에 적용하기 위한 찰스 스윈들의 열정과 사랑이 집대성되었다. 이 책에는 천상의 소리를 지상의 소리로 만드는 비법이 고스란히 담겨 있다.

최명덕 목사_건국대학교 교수

『찰스 스윈돌의 신약 인사이트』 시리즈를 통해 찰스 스윈돌 목사님을 우리 개인의 서재로 초대하고, 그분과 함께 목회 동역자로 일할 수 있는 길이 가능해졌다. 성경에 대한 그분의 애정과 깊은 영성은 모든 목회자에게 엄선된 자료, 탁월한 분석과 요약, 놀라운 통찰력, 감동과 도전을 준다. 우리는 더 이상 성경 본문 속에서 방황할 필요가 없다. 왜냐하면 이제 성경의 핵심으로 바로 뛰어들어갈 수 있기 때문이다.

홍인종 목사_장로회신학대학원 교수

찰스 스윈돌의 신약 인사이트

빌립보서, 골로새서, 빌레몬서

Swindoll's Living Insights NT Commentary #9: Philippians, Colossians, Philemon

© 2017 by Charles R. Swindoll, Inc.
Originally published in English under the title *Swindoll's Living Insights NT Commentary #9: Philippians, Colossians, Philemon* by Tyndale House Publishers, Inc., Carol Stream, IL, USA.
All rights reserved.

This Korean translation edition © 2021 by Timothy Publishing House, Inc., Seoul, Republic of Korea
Translated and used by permission of Tyndale House Publishers, Inc., Carol Stream, IL, USA.

이 한국어판의 저작권은 Tyndale House Publishers, Inc.와 독점 계약한 (주)도서출판 디모데에 있습니다.
신 저작권법에 의하여 한국 내에서 보호받는 저작물이므로 무단 전재와 무단 복제를 금합니다.

찰스 스윈돌
신약 인사이트 시리즈

김희수 옮김

SWINDOLL'S NEW TESTAMENT INSIGHTS

Philippians, Colossians, Philemon

빌립보서, 골로새서, 빌레몬서

디모데

차례

■ 지도·도표·사진과 보충설명 목록

머리말

60년이 넘도록 나는 성경을 애독해왔습니다. 성경을 향한 그 사랑에 내가 해병대 복무 중에 받은 복음 사역으로의 부르심이 더해져 나는 달라스 신학교에 입학하게 되었습니다. 그 4년 동안 나는 하나님의 말씀을 사랑하는 훌륭한 하나님의 사람들 밑에서 수학하는 특권을 누렸습니다. 그분들은 무오한 하나님의 말씀을 추앙하고, 신중하게 가르치며, 열정적으로 설교하고, 행동으로 실천하는 모범을 보여주었습니다. 나는 내 것이라고 선포된 위대한 유업에 대해 하나님께 감사하지 않고 보낸 주가 한 주도 없었습니다! 하나님의 진리를 이해하고 설명하고 적용하는 일에 이토록 헌신하도록 나를 키워준 그 훌륭한 신학자들과 멘토들에게 나는 영원한 빚을 지고 있습니다.

45년 이상을 나는 이 일에 정진해왔습니다. 그리고 얼마나 이 일을 사랑하는지 모릅니다! 고백하건대 나는 성경 말씀을 고찰하고 선포하는 일에 중독되었다고 서슴없이 말할 수 있습니다. 그렇기 때문에 이 시리즈–특히 하나님이 기록하신 말씀 속에 담겨진 진리를 설명하고 이해를 돕는–는 내 삶에서 매우 중요한 의미를 가집니다. 오랜 세월 힘을 다해 성경을 성실하게 연구하면서 발견한 소중한 서적들을 모아 널찍한 서재를 만들었습니다. 생의 마지막 날까지 내 인생의 가장 중요한 목표는 하나님의 말씀을 정확하고, 명료하며, 현실적이고, 통찰력 있게 전달하는 것입니다. 찾아볼 수 있는 많은 정보가 담겨진 신뢰할 만한 서적들이 없었다면 나의 작업은 몇 십 년 전에 '고갈'되어버렸을 것입니다.

내가 가장 많이 그리고 즐겨 사용한 책들은 성경의 본문을 더 잘 이해하는 데 유용한 책들입니다. 대부분의 주석가들이 그렇듯이 나는 끊임없이 나의 재능을 연마하고 더 날카롭게 해줄 문헌들을 찾고 있습니다. 다시 말해서, 복잡한 것을 단순하고 이해하기 쉽게 만들어주고, 내가 살고 있는 21세기 세상의 관점에서 신성한 진리와의 관련성을 볼 수 있게 해주는 통찰력 있는 해설과 눈으로 보는 듯한 생생한 서술을 제공하며, 그 진리들을 내가 쉽게 잊지 못하도록 마음속 깊이 새겨주는 자료들을 찾는다는 뜻입니다. 그런 책을 발견하면 나는 그것을 손에서 놓지 않고 탐독한 후에 나중에 다시 찾아보기 위해 내 서재에 보관합니다. 그리고 정말로, 나는 자주 그 책들을 찾아봅니다. 신선한 통찰이 부족하거나 적합한 이야기나 예화가 필요할 때, 또는 본문 해석이 잘 풀리지 않아 빠져나올 방법을 찾을 수 없을 때 찾아볼 수 있는 자료들이 있다는 게 얼마나 다행인지 모릅니다. 열정적인 주석가들에게 서재는 반드시 있어야 합니다. 나의 멘토 중 한 분이 이런 말을 한 적이 있습니다. "도대체 다른 어디에서 자네 손바닥에 만 명의 교수들을 올려놓을 수 있겠나?"

최근에 나는 내가 방금 설명한 것과 같은 충분한 자료들이 턱없이 부족하다는 사실을 알게 되었습니다. 그리고 문제를 한탄하기보다는 내가 그 해답의 일부가 되자는 생각을 품게 되었습니다. 그러나 그 해답은 큰 임무를 떠맡는 것이 될 터였습니다. 신약의 모든 책과 편지들을 망라하는 저술 작업은 너무나 벅차고 두렵게 느껴졌습니다. 그러나 내가 지난 50년이 넘도록 신약 성경의 대부분을 가르치고 설교했다는 사실을 깨달았을 때 안도감이 밀려왔습니다. 내 자료 파일들은 이 시대의 필요에 부응하는 새로운 의미가 보태어져 세상에 나가 주님의 신선한 말씀을 갈망하는 사람들의 삶에 적용되기를 기다리며 숨어 있던 메시지들에 대한 주석들로 가득했습니다. 이거면 됐다! 나는 그 모든 파일을 바탕으로 신약 주석을 집필하기로 계획을 세웠습니다.

직접 편집을 해준 마크 게이더(Mark Gaither)와 마이크 스비겔(Mike Svigel)의 지칠 줄 모르는 노고에 감사의 마음을 전합니다. 그들은 신약 성경 27권의 각 장과 구절들을 모두 섭렵하는 작업을 멋지게 해냈습니다. 그들은 원고를 성경 본문에 충실하고 흥미롭고 독창적이면서도 읽기 편한 문체로 다듬고 자연스럽게 내 목소리가 드러나게 해주었습니다. 그 과정을 지켜보는 것은 또 다른 즐거움이었습니다.

내가 50년이 넘도록 섬겨온 미국 여러 지역의 교인들에게도 깊은 감사를 드립니다. 매년 하나님의 메시지를 지키고 전달하는 소명을 수행하면서 그분들의 사랑, 지원, 인내 그리고 수많은 격려의 말을 들을 수 있었던 것은 행운이었습니다. 나는 목자로서 그 양 떼들을 이루 말할 수 없이 사랑했습니다. 또한 내가 지금 기쁨으로 섬기고 있는 텍사스 주 프리스코에 있는 스톤브라이어 교회(Stonebriar Community Church)의 양 떼들은 더더욱 그렇습니다.

마지막으로, 공부와 설교와 글쓰기에 중독된 나를 이해해준 아내 신시아(Cynthia)에게 감사합니다. 아내는 내가 이 일을 하는 것을 한 번도 반대한 적이 없습니다. 언제나 내가 최선을 다하도록 격려해주었습니다. 그녀의 애정 어린 지원과 더불어 35년이 넘도록 인사이트 포 리빙(Insight for Living)을 훌륭히 이끌어온 그녀의 헌신에 힘입어 "때를 얻든지 못 얻든지" 나의 소명에 충실할 수 있었습니다. 평생을 함께 사역하면서 형성된 동역자로서의 관계는 그렇다 치더라도, 나에 대한 그녀의 헌신이 없었다면 이 시리즈는 결코 시작되지 못했을 것입니다.

이 책에 당신의 손길이 닿을 수 있어서 그리고 궁극적으로 당신의 서가에 놓일 수 있게 되어서 정말 기쁩니다. 나의 끊임없는 기도와 바람은 이 책들이 당신이 성경을 공부하고 적용하는 데 유용하게 쓰이는 것입니다. 내가 오랜 세월에 걸쳐 깨달았듯이 당신 또한 하나님의 말씀은 시대를 초월하는 진리라는 사실을 깨닫는 데 이 책이 도움이 되기를 기도합니다.

"풀은 마르고 꽃은 시드나
우리 하나님의 말씀은 영원히 서리라"(사 40:8).

찰스 스윈돌(Charles Swindoll)
텍사스주 프리스코

스트롱 번호 체계

찰스 스윈돌의 신약 인사이트 주석은 스트롱의 단어 연구 번호 체계를 사용하여 초보자와 경험자를 막론하고 성경 학도들이 성구사전, 사전, 신학사전 등 유익한 원어 자료를 더 신속하고 간편하게 찾아볼 수 있도록 했다. *Strong's Exhaustive Concordance of the Bible*을 통해 보편화된 스트롱 번호 체계는 대다수 성경 헬라어 및 히브리어 참고문헌에 쓰이고 있다. 고대 히브리어, 아람어, 헬라어 철자에 익숙하지 않은 이들도 해당 번호만 찾아보면 각 단어에 대한 정보를 바로 얻을 수 있다. 애매한 활용과 어형 변화의 사전적 형태를 신속히 찾아볼 수 있어 성경 원어를 아는 이들에게도 도움이 된다. (로고스 역간 『개역개정 · 개역한글 비교성구사전 스트롱 원어코드』를 참고하라. –역주)

본문에 헬라어 단어를 언급할 때마다 괄호 안에 스트롱 번호를 병기했다. 예컨대 '사랑'을 뜻하는 헬라어 단어 *agapē*(26)의 경우 스트롱 번호 체계와 연계된 모든 헬라어 자료에 같은 번호 26이 쓰인다.

간혹 본문에 히브리어 단어가 언급될 때도 있는데 스트롱 히브리어 번호는 헬라어 번호와는 완전히 별개로 앞에 H가 붙는다. 예컨대 '속죄소'를 뜻하는 히브리어 단어 *kapporet*(H3727)는 '속량하다, 선물로 호의를 얻다'는 뜻의 *kopher*(H3722)에서 파생했다.

빌립보서 인사이트

대개 편지는 그 골자를 한마디로 짚어내기가 쉽지 않으나, 빌립보서를 한마디로 표현한다면 기쁨이다. 빌립보서는 심오한 신학적 질문에 답을 주거나, 현실적인 난제를 해결하거나, 특정한 죄를 다루지 않는다. 바울은 기쁨을 표현하고 북돋우기 위해서 이 편지를 썼다.

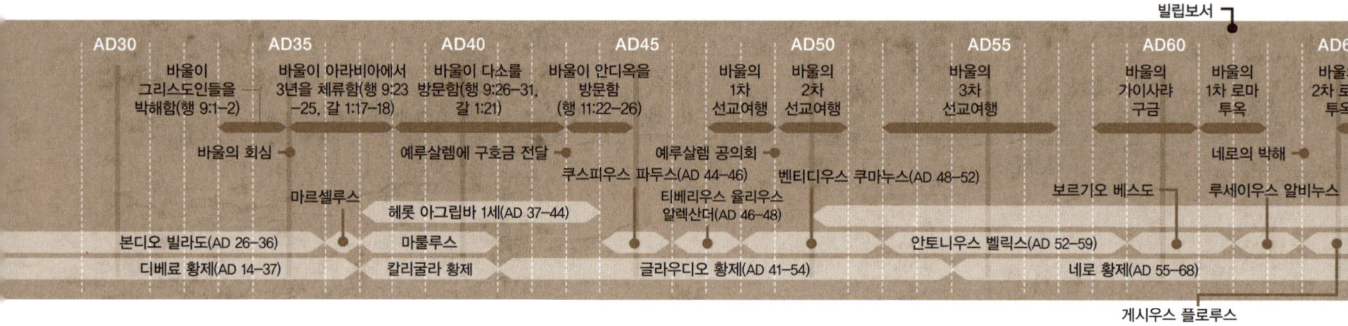

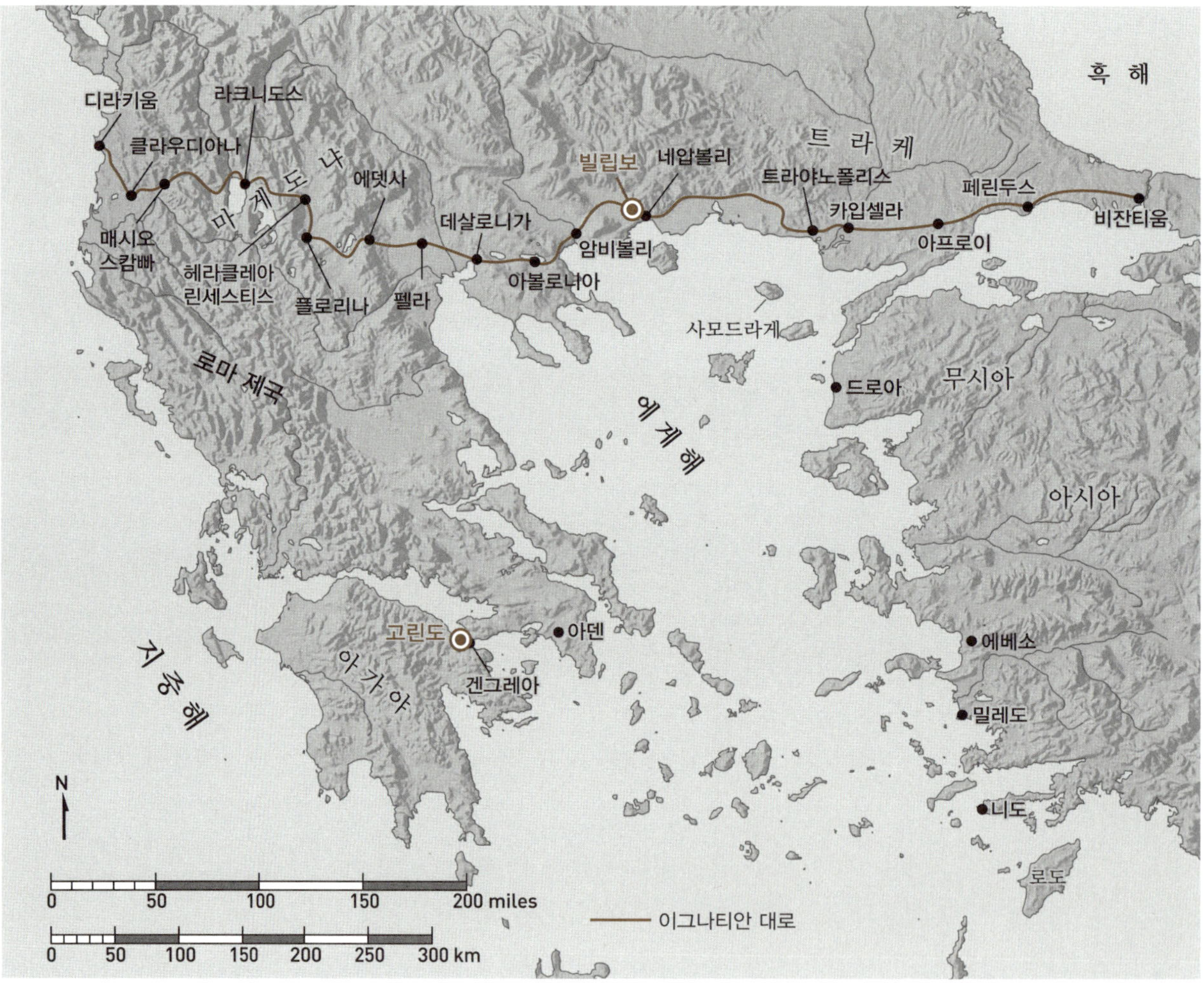

이그나티안 대로: 빌립보는 마게도냐의 동쪽, 에게해 연안을 따라 뻗어 있는 이그나티안 대로 위에 있었다.

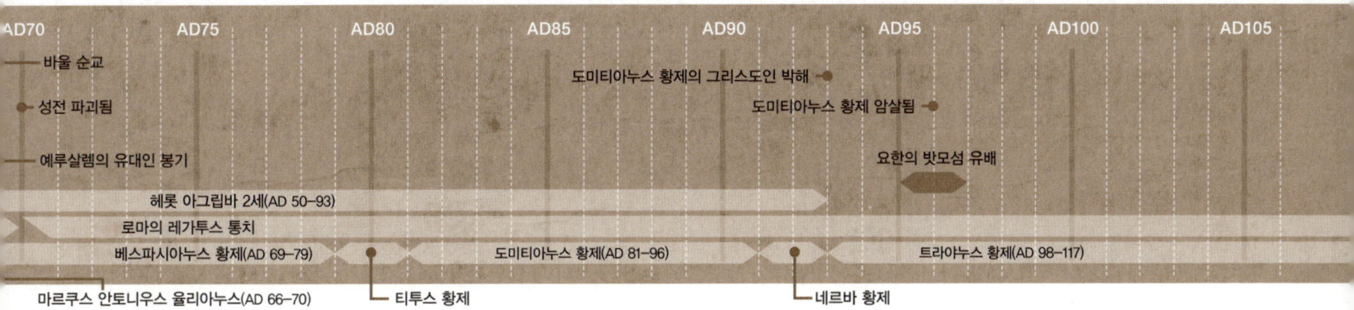

빌립보서

서론

나이가 지긋한 사람들은 아마도 주일학교나 여름 캠프에서 불렀던 이 노래를 기억할 것이다.

"내 맘 속에 기쁨, 기쁨, 기쁨, 기쁨, 기쁨 있어요."
"어디에?"
"내 마음속에!"
"어디에?"
"내 마음속에!"

그런데 지금은 교회에서 이 노래를 거의 부르지 않는 이유를 아는가? 이 노래를 찌푸린 얼굴로 부르면 이상하기 때문이다. 지극히 비관적인 사람으로 비치고 싶지는 않지만, 주일 아침에 모인 사람들의 얼굴이 다분히 그렇지 않은가? 그들을 보면 이 단어가 떠오른다. 침울. 그래서 내 친한 친구는 자기 교인들에게 이렇게 말하곤 했다. "여러분 중에서 많은 분이 기쁨을 마음속 너무 깊은 곳에 넣어둔 바람에 아직 얼굴까지 도달하지 못했군요!"

예외도 있다. 나는 기쁨에 겨운 신자들과 기뻐하는 회중을 보았다. 나는 사역의 대부분을 그런 회중을 섬기는 특권을 누린 것에 감사한다. 그러나 안타깝게도 진정으로 기뻐하는

한눈에 보는 빌립보서

단락	삶의 기쁨	섬김의 기쁨
주제	이루지 못한 소망 가운데서 누리는 기쁨 환경에 좌우되지 않는 기쁨 갈등 속에서 누리는 기쁨	올바른 태도 올바른 신학 올바른 본보기
핵심 용어	기쁨, 기뻐하다	
	기도/간구 그리스도의 날	형체 비우다
본문	1:1–30	2:1–30

나눔의 기쁨	안식의 기쁨
경고 증언 목표 명령	연합 평화 만족
여기다	
의 절단/할례	염려하다 평안
3:1–21	4:1–23

> **빌립보서가 기록된 배경**
>
> **누가 썼는가?** 바울이 디모데와 함께(빌 1:1).
>
> **어디서 썼는가?** 바울이 가택 연금을 당하고 있던 로마에서(행 28:16, 30–31).
>
> **언제 썼는가?** AD 62년경, 로마에서 바울이 가이사의 재판을 기다리며 가택에 연금되어 있을 때(행 29:16–31).
>
> **왜 썼는가?** 삶, 섬김, 나눔, 안식 속에서 그리스도 중심의, 성령의 능력을 힘입은 기쁨을 발견하라고 독려하기 위해서.

그리스도인은 희귀종이다. 그리고 지금 그들은 멸종 위기에 처한 듯하다.

여기서 내가 말하는 '기뻐하는 그리스도인'이란 어수룩하거나 바보 같은 그리스도인을 뜻하는 것이 아니다. 나는 매사를 장난으로 생각하는 그리스도인에 대해 말하는 것이 아니다. 빈정대거나 냉소적이거나 비웃는 그리스도인은 더더욱 아니다. 내가 찾는 사람은 진정으로 기뻐하는 그리스도인, 즉 단순한 흥분이나 행복보다는 만족과 평화에 더 가까워 보이는 그런 그리스도인이다.

당신은 어떤가? 얼마 남지 않은 기뻐하는 자들 중 하나인가? 아니면 웃는 게 얼마나 좋은지 잊어버린 자인가? 당신을 짓누르는 짐으로 인해 어깨가 쳐지고 등이 굽었는가? 솔직히, 주님이 주신 기쁨으로 당신의 얼굴이 환해졌던 때가 마지막으로 언제인가?

당신이 여느 사람들과 다르지 않다면 아마도 건강한 삶을 유지하는 데 필요한 적정량의 기쁨을 사용할 줄 알 것이다.

고맙게도, 빌립보서의 주제가 그것이다. 처음부터 끝까지 바울의 편지는 기쁨으로 가득 차 있다. 이것이야말로 이 시대에 절실히 필요한 메시지가 아닌가! 우울과 실망, 좌절과 실패, 비극과 재해로 가득 찬 이 세상에서는 절망이 득세하기가 얼마나 쉬운가.

나는 신도들의 삶에서 기쁨의 표현만큼 예수 그리스도의 인격과 사역을 잘 나타내는 것은 없다고 생각한다. 만족과 행복을 조금이라도 더 그러모으려 애면글면하는 이 세상에서 그리스도인이 진정한 변화를 만들어낼 수 있는 무언가를 가지고 있음을 보여주는 것이야말로 기독교를 가장 확실히 알릴 수 있는 수단이다.

빌립보서의 배경

나는 감옥에 간 적은 없지만 방문한 경험은 있다. 그리고 교도소 사역에 열심인 사람도 많이 알고 있다. 교도소는 병원과 공동묘지와 함께 지구상에서 가장 우울한 곳 중 하나다. 순전히 세상적인 관점에서 볼 때 빌립보의 음침한 감옥에 쇠사슬로 묶여 있는 바울과 실라가 기뻐서 노래를 부르고 있는 광경은 얼마나 이상해 보이는가!

한번은 붙잡혀서 몽둥이로 두들겨 맞고 감옥에 갇히기도 했으니 바울과 실라는 충분히 비참할 만했다. 그들은 적들에게 분개하거나, 상황에 불만을 품거나, 이 모든 일이 일어나도록 허락하신 하나님께 골을 낼 수도 있었다. 그런데 그렇게 고초를 겪은 사도와 그의 동료가 오히려 한밤중에 기쁘게 하나님을 찬송했다. 그들의 찬송 소리는 고통에 신음하고 있는 죄수들과 뚱한 표정의 간수 모두에게 들렸다(행 16:22-25).

이제 시간의 페달을 빨리 밟아 12년 후로 가보자. 바울은 다시 체포된다. 이번에는 형이 확정되기를 기다리며 어둡고 눅눅한 감방이 아니라 로마에 있는 그의 셋집에 가택 연금된 상태다(행 28:30-31). 바울은 AD 61년에서 63년까지 가이사의 법정에서 받을 재판을 기다리며 대로마 제국의 수도에 머물러야 했지만, 그렇다고 외부 세계와 단절된 것은 아니었다. 군인이 그를 밤낮으로 지키기는 했지만(행 28:16), 가르치고 글을 쓰는 사역을 계속할 수 있을 정도의 자유는 누렸다.

이 긴 체류 기간 동안 바울은 신약 학자들이 '옥중 서신'이라고 부르는 네 편의 서신서인 에베소서, 빌립보서, 골로새서, 빌레몬서의 초안을 작성했다. 에베소 교회에 보낸 편지가 제일 먼저 쓰인 것으로 추정되는데, 이 편지는 소아시아에 있는 교회들이 돌려 보게 할 목적으로 일반 대중을 대상으로 한 '회람 서신'이다.[1] 이렇게 바울은 많은 신도를 위해 교리의 기초를 다지고 현실 생활에 도움이 될 몇 가지 심오한 신학적 쟁점을 논의했다. 이보다 길이가 짧은 골로새인들에게 보낸 편지에도 에베소서와 비슷한 주제가 들어 있기는 하지만, 골로새서는 명백히 거짓 교사들의 특별한 도전을 받고 있는 특정 교회를 대상으로 쓴 것이었다(골 4:16). 물론 바울은 골로새서도 다른 교회들 사이에서 회람되기를 바랐다. 신약성경의 다른 서신서들에 비하면 짧기는 하지만, 바울이 골로새 교회의 지도자인 빌레몬에게 보낸 편지는 기독교에 귀의한 도망친 노예 오네시모를 어떻게 할 것인지에 관한 구체적인 문제를 다루었다.

빌립보서는 소아시아와 별개로 마게도냐에 보낸 편지로, 다른 세 편의 옥중서신과 비교해서도 그렇고 신약성경 전체를 놓고 보아도 독특하다. 예를 들어, 신약성경의 대부분

1세기의 빌립보

빌립보서 1:1

BC 4세기에 은과 금이 풍부한 지역에 사람들이 터를 잡았는데, 나중에 빌립보로 알려지게 될 이 정착촌의 원래 이름은 크레니데스('샘'을 뜻하는 헬라어)였다. 그러다 BC 356년에 알렉산더 대왕의 아버지인 마게도냐의 필리포스 2세가 자기 이름을 따서 이 새 도시를 빌립보로 명명했다.[2]

BC 42년 율리우스 카이사르를 암살한 브루투스와 카시우스가 빌립보 외곽에서 벌어진 전투에서 패했다. 전쟁이 끝난 뒤 빌립보는 로마의 식민지로 편입되었다.[3] 바울과 실라가 AD 49년경 빌립보에 교회를 개척할 당시 이 도시는 인근 트라키아와 헬라의 원주민들이 주를 이뤘고, 로마인과 애굽인 그리고 일부 유대인도 있었다.[4] 동서를 가로지르는 간선 도로인 이그나티안 대로 위에 위치한 빌립보는 물자와 문물이 거래되는 요충지였다. 그 바람에 종교적 전통이 혼합되면서 헬라와 로마의 신과 여신들뿐 아니라 소아시아에서 이집트에 이르는 이방 신들을 포함해 최소 35개의 신이 그 한 도시에서 숭배를 받았다.[5] 거기에다 로마의 식민지였던 탓에 황제 숭배도 널리 퍼져 있었다.[6]

바울의 두 번째 선교 여행 때 이렇게 종교적으로 혼란스러운 이 도시에 바울, 실라, 디모데 그리고 연대기 작가인 누가는 복음의 빛을 가져왔다. 이 선교팀이 드로아에 있을 때 바울은 한 사람이 "마게도냐로 건너와서 우리를 도우라"(행 16:9)고 말하는 환상을 보았다. 이에 그들은 배를 타고 빌립보에서 불과 몇 시간 거리에 있는 항구 도시인 네압볼리로 갔다. 당시 빌립보는 인구 만 명 정도의 도시였다.[7] 누가는 빌립보를 "마게도냐 지방의 첫 성이요 또 로마의 식민지"(행 16:12)라고 설명한다.

©Barry Beitzel

동서로 뻗은 이그나티안 대로는 빌립보를 지나 인근의 항구 도시 네압볼리로 이어져 있어서 이 길을 통해 다양한 문물과 사상이 꾸준히 유입되었다.

빌립보의 첫 번째 개종자는 두아디라 출신의 루디아였다. 루디아는 자색 옷감을 파는 여성 사업가였다(행 16:14–15). 바울은 루디아의 집에서 이제 막 걸음마를 시작한 교회를 키워나갔다. 빌립보 당국은 바울과 실라가 간수를 회심시킨 빌립보에서의 짧은 투옥 사건(행 16:22–36) 후에 그곳을 떠나도록 그들을 강요했지만(행 16:37–39), 바울은 루디아의 집에서 모이는 새로 개척한 교회를 격려하고 나서 떠났다(행 16:40).

바울, 실라, 디모데와 함께 빌립보에 간 누가는 바울과 실라가 강제로 떠날 수밖에 없었던 교회를 더 튼튼히 세우기 위해 이후로 오래 남아 있었던 것으로 보인다.[8] 훗날 바울은 빌립보와 마게도냐 지역을 다시 찾아가 "많은 말로 신자들을 격려"했다(행 20:2, 현대인의 성경). 실제로 디모데와 두기고, 그 외 바울의 여정에 함께한 대부분의 사람은 먼저 드로아로 갔고, 바울은 빌립보 교회에서 무교절을 쇠면서 누가와 함께 며칠을 지냈다(행 20:6).

이 빌립보 교회는 AD 110년경 서머나의 유명한 주교 폴리캅에게서 다음과 같은 내용의 편지를 받았다. "예로부터 선포된 믿음이 여러분 안에 든든히 뿌리 내려 지금까지 면면히 이어져 오며 우리 주 예수 그리스도께 많은 열매를 드리고 있습니다"(폴리캅, 빌립보에 보낸 편지 1.2).[9] 바울의 수고가 헛되지 않았음을 아는 것만으로도 큰 힘이 된다! 빌립보에 처음 교회가 세워지면서 인연을 맺은 한 그리스도인의 존재감은, 그 지역에 이슬람 세력이 몰려와 그 빛이 희미해진 중세 후기까지 수 세기 동안 계속 꽃을 피웠던 것이다.

©Barry Beitzel

발굴된 빌립보 유적은 이그나티안 대로가 관통하는 거대한 도시인 로마의 면모를 보여준다. 이 도시는 언덕 위의 아크로폴리스, 도심의 넓은 광장, 대규모 극장, 공중목욕탕 등의 시설을 갖추었다.

의 책과 달리, 빌립보서에는 학문적인 난제 해결사들의 머리를 쥐어짜게 만드는 까다로운 구절이 없다. 빌립보서는 이해하기 쉬운 논지를 아주 간명하게 제시한다. 놀랍게도, 이 편지에는 구약 성경의 인용문이 한 구절도 없는데, 아마 이 편지의 원 독자가 대부분 이방인 그리스도인과 소수의 유대인 신자였기 때문일 것이다. 또 각 장마다 기쁨이라는 단어를 사용하고 있는데 모두 합치면 "기쁨" 또는 "기뻐하라"는 동사가 12차례나 나온다. 이렇게 빌립보서는 시종일관 기쁨이 주제다. 끝으로 이 편지는 예수 그리스도를 40차례 이상 언급하면서 예수님과 기쁨은 밀접한 관련이 있음을 노골적으로 암시한다. 전반적으로 빌립보서는, 바울이 구금 상태에서 썼는데도 불구하고 따뜻하고, 고무적이며, 확신에 차 있고, 바울의 서신서 중에서 가장 긍정적인 인상을 준다!

넘치는 기쁨: 빌립보서의 주제

"내가 너희를 생각할 때마다 나의 하나님께 감사하며 간구할 때마다 너희 무리를 위하여 기쁨으로 항상 간구함은"(1:3–4).

"무슨 방도로 하든지 전파되는 것은 그리스도니 이로써 나는 기뻐하고 또한 기뻐하리라"(1:18).

"내가 살 것과 너희 믿음의 진보와 기쁨을 위하여 너희 무리와 함께 거할 이것을 확실히 아노니"(1:25).

"그렇다면 한마음 한뜻으로 같은 사랑을 가지고 하나가 되어 내 기쁨을 충만하게 하십시오"(2:2, 현대인의 성경).

"만일 너희 믿음의 제물과 섬김 위에 내가 나를 전제로 드릴지라도 나는 기뻐하고 너희 무리와 함께 기뻐하리니"(2:17).

"이와 같이 너희도 기뻐하고 나와 함께 기뻐하라"(2:18).

"너희로 그를 다시 보고 기뻐하게 하며 내 근심도 덜려 함이니라"(2:28).

"이러므로 너희가 주 안에서 모든 기쁨으로 그를 영접하고"(2:29).

"끝으로 나의 형제들아 주 안에서 기뻐하라"(3:1).

"그러므로 나의 사랑하고 사모하는 형제들, 나의 기쁨이요 면류관인 사랑하는 자들아"(4:1).

"주 안에서 항상 기뻐하라 내가 다시 말하노니 기뻐하라"(4:4).

"내가 주 안에서 크게 기뻐함은"(4:10).

누가, 누구에게, 무엇 때문에 빌립보서를 썼는가?

빌립보서 1장 1절은 바울이 빌립보 교회를 세울 때 함께했던 그의 오랜 동료인 디모데(참조. 행 16장)의 도움을 받아 이 편지를 썼다는 데 의심의 여지를 남기지 않는다. 빌립보서가 쓰인 장소로 다른 곳을 제안하는 몇몇 학자가 있지만, 대다수는 바울이 로마에서 가택 연금 중에 있을 때 이 편지를 썼다고 생각한다.[10] 내 생각도 그렇다.

편지의 수신인은 명확하다. 바울은 에게해 북쪽 연안에 위치한 빌립보라는 도시에 있는 교회에 이 편지를 썼다(24-25쪽에 나오는 "1세기의 빌립보" 참조). 1세기의 빌립보에는 유대인 인구가 상대적으로 적었기 때문에 빌립보 교회의 그리스도인은 대다수가 이방인, 곧 로마인, 헬라인, 트라키아인 그리고 아마도 소아시아와 애굽의 실향민이었다.

바울이 빌립보서를 쓴 시기는 루디아의 집에서 초라하게 시작했던 작은 교회가 10여 년 동안 꾸준히 성장하고 있던 때였다(참조. 행 16:40). 바울은 빌립보서 1장 1절에서 "성도" 뿐 아니라 여러 지도자, 즉 "감독들과 집사들"을 언급한다. 이로 미루어 그 교회의 교인 수가 수십 명에 달한다는 것을 알 수 있다. 빌립보 교회는 초창기부터 바울의 선교에 재정적인 지원을 아끼지 않는 것으로 정평이 나 있었다(4:15-16).

바울은 무엇보다도 먼저 그의 사역을 후원해준 빌립보인들에게 감사를 전하기 위해 이 편지를 썼다(4:14-16). 그들은 희생적인 베풂으로 이미 유명했다. 둘째, 빌립보인들에게 거짓 교사들에 대한 일반적인 경고를 하기 위해 썼다(3:2, 17-19). 셋째, 빌립보인들이 굳게 서서 믿음에 정진하도록 힘을 실어주기 위해 썼다(1:27-28). 마지막으로, 외부 환경에도 불구하고 주 안에서 기뻐하라고, 곧 삶과 섬김, 나눔과 안식 속에서 그리스도가 중심이 된 성령의 능력을 힘입은 기쁨을 찾으라고 격려하기 위해 이 편지를 썼다.

주 안에서 기뻐하라…항상!

대개 편지는 그 골자를 한마디로 짚어내기가 쉽지 않으나, 빌립보서를 한마디로 표현한다면 기쁨이다. 빌립보서는 심오한 신학적 질문에 답을 주거나, 현실적인 난제를 해결하거나, 특정한 죄를 다루지 않는다. 바울은 기쁨을 표현하고 북돋우려고 이 편지를 썼다. 어떤 의미에서 빌립보서는 기쁨의 진열대다. 갤러리 중앙에 전시된 보물처럼, 기쁨은 여러 각도에서 들여다볼 때 그 찬란함을 더 잘 볼 수 있다. 빌립보서의 네 장은 각각 기쁨의 다른 측면을 보여준다.

1장에서는 우리가 원하는 것을 얻지 못하고(1:6-7), 상황이 버거우며(1:12-14), 갈등이 있을 때(1:21-30)에도 삶에는 기쁨이 있다는 것을 배운다. 좋은 감정과 안락한 환경만으로는 삶에서 기쁨을 찾을 수 없다. 그 이상의 무언가가 필요한데 그것은 어떤 존재, 즉 주 예수 그리스도다(1:21). 2장에서는 섬기는 기쁨을 배운다. 섬김은 바른 태도, 즉 겸손(2:3-8)에서 시작되고, 바른 신학(2:12-13)으로 유지되며, 그리스도, 디모데, 에바브로디도 같은 바른 본보기(2:5-8, 19-23, 25-30)로 권장된다. 3장은 나눔의 기쁨을 가르친다. 바울은 경고(3:1-2), 간증(3:3-11), 삶의 목표(3:12-16), 명령(3:17-21)에 대해 독자와 나눈다. 마지막으로 4장에서는 안식의 기쁨에 대해 이야기한다. 지금까지 쓰인 만족에 대한 구절 가운데 가장 빼어난 구절 중 하나인 이 글로 바울은 환경에 좌우되지 않고 안식의 기쁨을 찾는 방법을 알려준다(4:6-7, 10-13).

빌립보서는 열정으로 빛나고 격려로 맥동하는 기쁨을 담고 있는 보석 같은 글이다. 우리가 이 기쁨의 원리를 탐구하고 그 가르침을 받으면 무미건조한 우리 삶도 찬란하게 반짝이는 보석으로 바뀔 수 있다. 그러면 그 보석은 삶과 섬김과 나눔과 안식의 빛을 그것을 절실히 필요로 하는 이 세상에 비출 것이다.

빌립보서의 핵심 용어

χαρά[*chara*, 카라]*(5479)* '기쁨', '유쾌함', '잔잔한 기쁨', '즐거움'

χαίρω[*chairō*, 카이로]*(5463)* '쾌활하다', '기뻐하다', '즐거워하다'

이 두 자매 용어–명사 *chara*와 동사 *chairō*–는 4장밖에 안 되는 빌립보서에 14번이나 쓰였다. 음악 교육을 받은 사람들은 '꾸밈음'에 대해 들어보았을 것이다. 꾸밈음이란 음악을 풍성하게 꾸미기 위해 조금 덧붙이는 부수적인 음표다. 한 주석가는 빌립보서에서 바울이 사용한 "기쁨"과 "기뻐하라"는 말을 '기쁨음'이라고 지칭했다. 그는 이렇게 적었다. "각각의 기쁨음이 더해질 때마다 기쁨이라는 주제가 전개된다. 이 편지를 읽으면 기쁨의 근원과 본질에 대한 이해가 확장된다."[11]

φρονέω[*phroneō*, 프로네오]*(5426)* '여기다', '느끼다', '~에 대해 생각하다'

빌립보서 2장 2절에서 바울은 *phroneō* 라는 동사를 두 차례 사용한다. "마음을 같이하여(*phroneō*) 같은 사랑을 가지고 뜻을 합하며 한마음을 품어(*phroneō*)." 이 구절은 한 단어가 가진 뉘앙스의 차이–'마음'('의견') 혹은 '목적'('의도')–를 잘 보여준다. 빌립보서 1장 7절에서는 강조점이 마음에 있는 것 같다. "내가 너희 무리를 위하여 이와 같이 생각하는 것(*phroneō*)이 마땅하니." 이 말은 우리의 의견, 생각, 심지어 감정도 의지의 행위이며, 따라서 그 모든 것은 그리스도가 본을 보여주신 겸손하고 희생적인 마음으로 변화되고 순응하게 된다는 뜻이다(2:5).

주

1. 찰스 스윈돌, 『찰스 스윈돌의 신약 인사이트: 갈라디아서, 에베소서』(도서출판 디모데 역간) 참조.
2. Eduard Verhoef, *Philippi: How Christianity Began in Europe-The Epistle to the Philippians and the Excavations at Philippi*(London: Bloomsbury, 2013), 2를 보라.
3. Robert P. Lightner, "Philippians", in *The Bible Knowledge Commentary: New Testament Edition*, ed. John F. Walvoord and Roy B. Zuck(Wheaton, IL: Victor Books, 1983), 647–648.
4. Chaido Koukouli–Chrysantaki, "Colonia Iulia Augusta Philippensis", in *Philippi at the Time of Paul and after His Death*, Charalambos Bakirtzis and Helmut Koester 편집(Eugene, OR: Wipf and Stock, 1998), 22. Verhoef, Philippi, 2를 보라.
5. Richard R. Melick, Jr., *Philippians, Colossians, Philemon*, The New American Commentary: An Exegetical and Theological Exposition of Scripture, vol. 32, David S. Dockery 편집(Nashville: B & H Publishing, 1991), 25–26. Verhoef Philippi, 10을 보라.
6. Koukouli–Chrysantaki, "Colonia Iulia Augusta Philippensis", 24–25.
7. Verhoef, *Philippi*, 13.
8. 이것은 누가가 바울과 실라가 체포되기 전 마지막으로 나타난 일인칭 복수형 "우리"(행 16:16–17)를 그들이 빌립보를 떠난 뒤 삼인칭 복수형으로 바꾼 것을 근거로 제시되었다(행 16:40). Melick, *Philippians, Colossians, Philemon*, 28을 보라.
9. Rick Brannan 번역, *The Apostolic Fathers in English*(Bellingham, WA: Lexham Press, 2012).
10. G. Walter Hansen, *The Letter to the Philippians*, The Pillar New Testament Commentary, D. A. Carson 편집(Grand Rapids: Eerdmans, 2009), 20–25를 보라.
11. 같은 책, 47.

삶의 기쁨

빌립보서 1:1-30

바울은 빌립보인들이 삶과 섬김과 나눔과 안식 속에서 그리스도가 중심이 되시고, 성령의 능력을 힘입은 기쁨을 찾도록 독려하기 위해 이 편지를 썼다. 빌립보서에도 시대를 초월해 적용이 가능한 건전한 교리와 실용적인 통찰력이 담겨 있기는 하지만, 기본적으로 이 편지는 신학 논문이라기보다는 그리스도 안에 있는 한 형제가 영적 가족에게 사랑을 담아 보낸 친교의 편지다. 바울은 거짓 교사들에 대해 경고할 때도 편지 수신인들의 최선을 기대하면서 따뜻하고 자애로운 태도를 보인다.

1장에서 바울은 빌립보인들에게 살면서 일이 자기 뜻대로 풀리지 않을 때에도 그리스도가 중심이 된, 성령의 능력을 힘입은 기쁨을 찾으라고 독려하면서 기쁨의 주제를 등장시킨다. 이 장은 바울이 빌립보인들을 위해 기도할 때마다 마음이 기쁨으로 따뜻해진다는 기분 좋은 고백으로 시작한다(1:3-4). 또 바울은 자기 힘으로 어쩔 수 없는 고난과 도전 가운데서도 자기 안에 있는 기쁨과 낙관적인 태도를 보여준다(1:6-14).

이것은 모든 세대의 신자가 들어야 할 메시지다! 갈등이나 좌절이 우리 앞을 가로막아도 예수 그리스도가 우리 삶의 원천이자 중심이 되시면 우리는 삶에서 기쁨을 찾을 수 있다. 이 세상에서 복음을 위해 힘쓰고 있든 저 세상에서 그리스도와 함께 있든 우리는 기쁨의 근원이신 그분만을 계속 바라보아야 한다(1:21-25).

핵심 용어

προσευχή; δέησις[*proseuchē*, 프로슈케; *deēsis*, 데에시스]*(4335; 1162)* '기도', '간구', '탄원'

이 두 단어는 헬라어 구약성경(칠십인역)과 신약성경에 자주 함께 등장한다(왕상 8:54, 대하 6:29, 엡 6:18, 딤전 2:1). 첫 번째 단어 *proseuchē*와 동사형 *proseuchomai*(빌 1:9)는 하나님께 드리는 일반적인 청원을 나타낸다. 반면에 명사 *deēsis*는 특정한 '요청'이나 구체적인 '간구'를 나타내며, '필요를 채우기 위한 긴급한 요청'을 뜻할 때도 많다.[1] 빌립보서 1장 4절에서 바울은 *deēsis*를 두 번 사용하는데, 이는 그가 빌립보인들을 잘 알 뿐 아니라 그들의 특별하고 긴급한 필요에 깊은 관심이 있음을 나타낸다. 마찬가지로, 빌립보인들도 바울을 위해 간구하면서(빌 1:19) 바울과 빌립보 교회와의 각별한 관계를 확증했다.

ἡμέρα Χριστοῦ[*hēmera Christǒs*, 헤메라 크리스토스]*(2250 + 5547)* '그리스도의 날'

묵시적 용어인 '주님의 날'[*hēmera kuriou*(2250+2962)]은 헬라어 구약성경과 신약성경에서 지상에 하나님의 심판이 임하는 시기를 일컬을 때 쓰였다(욜 2:1-10, 살전 5:2, 벧후 3:10). 그러나 빌립보서 1장 6절과 10절, 2장 16절에 나오는 "그리스도의 날"이라는 말은 구원과 보상의 희망을 강조한다. 이는 빌립보서의 긍정적이고 고무적인 어조와 맥을 같이한다. 바울은 예언적인 사건을 거론할 때에도 불신자가 받을 심판의 부정적 결과보다는 신자를 위한 긍정적인 희망에 초점을 맞춘다.

확신에서 오는 기쁨(빌립보서 1:1-11)

[1]그리스도 예수의 종 바울과 디모데는
그리스도 예수 안에서 빌립보에 사는 모든 성도와 또한 감독들과 집사들에게 편지하노니 [2]하나님
우리 아버지와 주 예수 그리스도로부터 은혜와 평강이 너희에게 있을지어다
[3]내가 너희를 생각할 때마다 나의 하나님께 감사하며 [4]간구할 때마다 너희 무리를 위하여 기쁨으
로 항상 간구함은 [5]너희가 첫날부터 이제까지 복음을 위한 일에 참여하고 있기 때문이라 [6]너희 안에
서 착한 일을 시작하신 이가 그리스도 예수의 날까지 이루실 줄을 우리는 확신하노라 [7]내가 너희 무
리를 위하여 이와 같이 생각하는 것이 마땅하니 이는 너희가 내 마음에 있음이며 나의 매임과 복음을
변명함과 확정함에 너희가 다 나와 함께 은혜에 참여한 자가 됨이라 [8]내가 예수 그리스도의 심장으로
너희 무리를 얼마나 사모하는지 하나님이 내 증인이시니라 [9]내가 기도하노라 너희 사랑을 지식과 모
든 총명으로 점점 더 풍성하게 하사 [10]너희로 지극히 선한 것을 분별하며 또 진실하여 허물 없이 그리
스도의 날까지 이르고 [11]예수 그리스도로 말미암아 의의 열매가 가득하여 하나님의 영광과 찬송이 되
기를 원하노라

우리 시대에는 얄팍하고 공허한 웃음은 많다. 그러나 진정한 기쁨은 찾아보기 힘들다.

대부분의 사람은 끊임없는 혼란—실제로는 어둠—속에서 비틀거린다. 그들은 진정한 기쁨을 찾아 헤매면서 간간이 언뜻 비치는 빛, 그것도 인공적인 빛에 만족한다. 안타깝게도 사람들은 그들을 태워버리는 불꽃에 자주 끌린다. 그 불은 생각을 밝혀주고 마음을 따뜻하게 해주기는커녕 그들의 삶을 파괴한다.

바울 역시 그리스도라는 복음의 빛이 그의 삶에 밝게 비치는 영광의 날을 맞이하기 전까지는 어둠 속을 더듬고 있었기에 이런 상태를 이해했을 것이다(행 9:1-9). 그날 이후로, 종종 고난을 겪긴 했지만, 그는 실의의 어두운 안개가 마음을 흐리거나 기쁨의 빛을 가리

도록 놔두지 않았다. 한 장 한 장마다 쇠하지 않는 기쁨이 새겨져 있는 빌립보서는 그에게 기쁨이란 일시적인 감정 이상이었음을 증거한다. 기쁨은 그에게 깊이 배어든 성품의 일부였다. 어떻게 그럴 수 있었을까? 그는 하나님이 역사하시고, 만물을 완벽히 통제하시며, 단 하나의 궁극적 목적, 곧 그분의 더 큰 영광을 위해 모든 일을 일어나게 하신다는 것을 확신했기 때문이다.

바울은 기쁨이 우리의 환경이나 소유물, 다른 사람들에 의해 좌우되지 않는다는 것을 알았다. 기쁨은 하나님을 신뢰함으로써 결정되는 마음의 태도다. 바울은 인생의 갈등과 투쟁을 자신이 통제할 수 없다는 것을 알았다. 하지만 그의 영혼 속에서 역사하시는 성령께 굴복하면 하나님에 대한 신뢰와 희망이 내면의 나침반이 되어 거센 풍랑 가운데서도 기쁨의 항로에서 벗어나지 않게 인도해주시는 것을 경험했다.

시인 엘라 윌러 윌콕스(Ella Wheeler Wilcox)는 "운명의 바람"(The Winds of Fate)이라는 시에서 이것을 멋지게 표현했다.

> 같은 바람에도
> 한 배는 동쪽으로, 다른 배는 서쪽으로 항해한다.
> 가야 할 길을 알려주는 것은
> 바람이 아니라
> 돛인 것을.[2]

바울이 빌립보인들에게 보낸 기쁨의 편지 첫 장에서 우리는 그의 기쁨에 찬 굳은 확신을 마주하며 이 편지의 맥을 잡는다. 바울은 1장 1–2절에서 따뜻한 인사를 전하고, 1장 3–8절에서 기쁨에 찬 감사를 표하며, 1장 9–11절에서는 기도로 그들을 하나님께 올려드린다.

—1:1–2—

바울은 그의 편지가 으레 그렇듯 관례적인 정중한 인사로 시작한다. 빌립보인들이 에바브로디도에게서 두루마기를 받아 펼쳤을 때(2:25, 4:18), 헬라어로 쓰인 편지에서 제일 먼저 본

단어는 "바울과 디모데"(1:1)였을 것이다. 이들은 낯선 사람들이 아니었다. 멀리서 중재자들을 내세워 다스리는 무심한 지도자들이 아니라 다정한 목자이자 사랑하는 친구였다.

간혹 공동 저자가 있는 경우 이를 알리기 위해 여러 명을 거명할 때도 있는데(예. 데살로니가전서), 빌립보서의 경우 디모데가 실제로 편지를 쓰는 데 관여하지 않았을 개연성이 높다. 바울은 시종일관 일인칭 단수를 사용해서 자기가 이 편지의 저자임을 드러낸다. 그런데 왜 디모데가 언급되었을까? 아마도 바울과 실라가 맨 처음 빌립보에 오기 직전에 합류한 그 풋내기 '견습생'에 대해 빌립보인들이 좋은 기억을 간직하고 있었기 때문일 것이다(참조. 행 16장). 디모데는, 바울이 루디아와 함께 강가의 기도하는 장소에서 복음을 전할 때, 바울이 여종에게서 점치는 귀신을 쫓아내 빌립보의 이방인들 사이에서 큰 소동이 일어났을 때, 그 일로 바울과 실라가 감옥에 갇혔을 때, 그 신생 교회를 창립한 사도와 선지자가 매를 맞고 투옥되었는데도 불구하고 교인 수가 늘었을 때 그곳에 있었다. 디모데는 바울과 실라의 부재로 할 수 없이 앞에 나서서 힘을 다해 그들을 이끌 수밖에 없었을 것이다. 그 후로 10년이 지난 지금까지도 디모데는 "훌륭한 인품"(2:22, 현대인의 성경)으로 "뜻을 같이 하[는]"(2:20) 자로 바울의 곁에 남아 있었다.

오늘날 제작되고 있는 사도들의 아이콘, 동상, 그림을 보면 바울과 디모데 같은 사람들을 비현실적인 영웅으로 묘사하는 경향이 있다. 덩치가 크거나 영웅적인 행동을 하려는 태세거나 아니면 얼굴에서 광채가 나고, 머리 위에서 후광이 비치며, 손끝에서는 기적이 흘러나온다. 바울이 자기 자신을 겸허히 낮춰서 붙인 "그리스도 예수의 종"이라는 호칭과 얼마나 대조적인가(1:1)! 바울이 사용한 *doulos*(1401)라는 용어는 "자기의 이익을 돌아보지 않고 다른 사람을 섬기는 자"라는 뜻이다.[3]

이어서 바울은 편지의 수신인을 빌립보 교회의 교인들("빌립보에 사는 모든 성도")과 지도자들("감독들과 집사들")로 밝힌다. "감독들"로 번역된 헬라어[*episkopos*(1985)]는 자신이 책임지고 있는 사람들을 세심히 살피는 일단의 지도자들을 일컫는다. 칠십인역(구약성경의 헬라어 번역본)에서 *episkopos*는 사사, 회계, 성전에서 섬기는 제사장과 레위인의 감독관을 뜻했다. 신약성경의 다른 곳에서는 베드로가 예수님을 우리 영혼의 *episkopos*라고 불렀다(벧전 2:25). 이런 의미에서, 이 용어로 지명된 교역자는 교회를 "보살피고"[*poimainō*(4165)], 주님 밑에서 일하는 목자로 섬기며, 주님 대신 그분의 권위 아래서 그분의 양 떼를 이끄는 책임을 맡은 자인 것이다. 바울은 당시 에베소에서 섬기고 있던 디모데에게 보낸 편지에서 "감독"의 자격을 열거했다(딤전 3:2-7).

다음으로 집사는 사역과 관련된 다양한 일을 하며 감독들을 도왔다. *diakonos*(1249)라는 용어는 겸손한 마음으로 유순히 순종하며 기꺼이 섬긴다는 뜻을 담고 있다. 헬라어 *diakonos*의 라틴의 번역이 *minister*(사역자)이다. 신약성경에서 *diakonos*는 특정한 임무를 맡은 종(롬 15:8), 개인 비서(마 22:13) 또는 지역 교회에서 '사역자' 직분을 가진 사람을 지칭할 수 있다(빌 1:1). 사도행전 6장 1-6절은 빌립보 교회가 최초로 집사를 임명한 일에 대해 자세히 알려준다. 바울은 그리스도의 왕국에서 희생적으로 섬기는 종이라는 일반적인 의미로 "사역자"라는 용어를 사용한다.

물론 빌립보 교회에는 두 가지 직분-감독과 장로 그리고 집사와 사역자-을 받은 사람이 여럿 있었다(빌 1:1). 그들은 "성도를 온전하게 하며 봉사의 일을 하게 하며 그리스도의 몸을 세우[는]"(엡 4:12) 일을 맡았다. 바울은 최근에 세례를 받은 신자이든, 빌립보 최초의 개종자이든, 추종자이든 지도자이든, 남녀노소를 가리지 않고 모두 "성도"(빌 1:1)라고 부르며 똑같이 축복한다. "하나님 우리 아버지와 주 예수 그리스도로부터 은혜와 평강이 너희

최초의 교회 지도자: 감독과 집사(빌립보서 1:1)

현대 교회에는 지도자를 지칭하는 여러 용어가 있다. 목사, 장로, 감독, 주일학교장, 책임자, 조력자, 사역자, 성직자, 감독…이 외에도 많다. 하지만 초대 교회는 기본적으로 두 단계로 나뉘는 지도층-감독(또는 장로)과 집사(또는 사역자)-을 지칭하는 명칭이 많지 않았다. 사도들은 지역 교회를 개척하면서 목자, 설교자, 교사, 교회의 일반적인 의사 결정자, 즉 지도자로서 섬길 일단의 사람들을 감독과 장로로 임명했다. 사역자와 집사는 사역에서 지도자들을 돕기 위해 임명되었다.[4]

명사 *episkopos*는 "감독"(전통적으로 "주교")을 가리킨다(딤전 3:2, 딛 1:7). 신약성경에서는 "장로"라는 말과 혼용하기도 했다(행 20:17, 28). 사도들이 교회를 직접 감독할 때 "장로", "목사", "감독"은 모두 같은 유형의 지도자를 지칭했다. 1세기의 사도 시대 이후에는 교회의 권위를 안정시키기 위해 원로, 감독, 장로가 생겨났다. 몇 세기가 지난 뒤 이 직급은 한 감독이 다수의 교회에 권위를 행사하는 감독 제도로 발전한다.[5]

그러나 신약 시대에는 "장로", "목사", "감독" 모두 동일하게 신자를 돌보는 책임을 소명으로 받은 자들을 지칭했다. 이 세 용어는 사도행전 20장 17절, 28절에서 모두 함께 쓰였다. 여기서 바울은 에베소 교회의 "장로들"에게 밀레도에서 만나자고 청한 뒤 "여러분은 자기를 위하여 또는 온 양 떼를 위하여 삼가라 성령이 그들 가운데 여러분을 감독자(*episkopos*)로 삼고 하나님이 자기 피로 사신 교회를 보살피게(*poimainō*) 하셨느니라"(행 20:28)고 가르친다.

에게 있을지어다”(1:2). 이 축사는 바울의 편지에 나오는 표준 인사말이기는 하지만, 지극히 심오한 신학적 진술이기도 하다. 은혜와 평강은 그리스도인의 삶과 특히 기독교 사역을 수행하는 데 반드시 필요한 축복이다. 이것은 우리 내면에서 나올 수 없고 예수 그리스도를 통해서 주어지는 하나님의 선물이다.

—1:3-8—

빌립보인들에 대한 바울의 좋은 기억은 다정한 인사에 이어 기쁨에 찬 감사와 기도로 이어진다(1:3-4). 빌립보인들에 대해서라면 바울은 어떤 후회도, 나쁜 감정도, 해결되지 않은 갈등도 없었다. 그가 그들과 함께한 시간-교회를 개척하던 10년 전의 첫 만남(행 16장)과 세 번째 선교여행 때의 재회(행 20장)-을 회상할 때마다 그의 마음속에는 기쁨이 차올랐다.

그러나 그의 감사와 기쁨은 단순히 그들에 대한 애틋한 추억에서 우러난 것이 아니었다. 바울은 빌립보서 1장 5절에서 빌립보인들이 “첫날부터 이제까지 복음을 위한 일에 참여하고” 있다고 말한다. 그들은 그리스도에 대한 헌신과 그분의 말씀을 선포하는 것을 한 순간도 소홀히 하지 않았다.

과연 얼마나 많은 목사가 자기가 섬겼던 교회에 대해 그렇게 말할 수 있을까? 또는 얼마나 많은 성도가 오랜 그리스도인 친구들에 대해 그렇게 말할 수 있을까? 우리 대부분이 그렇듯, 바울은 교회들과 그리스도 안에 있는 형제자매들에게 크게 실망했던 적도 있었다. 하지만 빌립보인들은 그를 실망시키지 않았다. 그들을 생각만 해도 속이 뒤틀리지 않았다. 오히려 감사와 기쁨과 기도가 샘솟았다.

바울은 빌립보인들에게서 과거의 인내와 현재의 열정을 보았기 때문에 그들이 계속 신실할 것을 확신했다(1:6). 그는 하나님이 빌립보에 역사하고 계시고, 그 교회에 대한 계획이 있으시며, 모든 일을 주관하셔서 끝까지 그들을 도우시리라는 것을 확신했다. 1장 6절에 “이루다”로 번역된 헬라어 동사는 *epiteleō*(2005)인데, “계획이나 목표에 따라서 결실을 맺다”라는 뜻이다.[6] 하나님은 이미 이 신자들을 영적으로 성장시키시고, 사역에 참여하게 하시며, 신실한 그리스도의 증인이 되게 하는 사역을 시작하셨다. 그리고 그분은 그들을 본향으로 부르시거나 또는 그들이 성령의 능력으로 행한 노고에 상급을 주시려고 이 세상에 다시 발을 들여놓으실 때까지 그 일을 멈추지 않으실 것이다.

바울은 1장 7–8절에서 깊은 감정을 드러낸다. 냉정하고 목적 지향적인 모습과는 딴판으로 서슴없이 진한 감정을 나눈다. 그는 늘 빌립보인들을 "마음"에 두고 있었다(1:7). G. 월터 핸슨(G. Walter Hansen)은 이 구절의 의미를 멋지게 풀어낸다. "바울이 친구들에게 그들을 마음속에 두었다고 말할 때 그가 표현한 것은 감상적인 감정 이상이다. 그는 친구들을 위해 자기 생명을 내어주겠다는 결심을 진술하고 있다."[7] 빌립보인들은 좋을 때나 힘들 때나 변함없이 바울에게 헌신했고, 복음 사역에 참여했다. 그래서 바울도 그들에게 더욱 진심으로 헌신하게 되었다. 그들의 관계는 친구 이상이었다. 그들은 그리스도 안에서 평생의 동역자였다.

그렇기에 바울은 그들 모두를 그리워했다(1:8). 1장 1–8절에서 그가 "모든"이라는 말을 얼마나 많이 반복하는지 보라(개역개정은 "모든" 대신 "무리"로 번역했고, 현대인의 성경은 "모두"라는 단어를 사용했다–역주).

그는 모든 성도에게 인사를 전했다(1:1).
그는 그들을 생각할 때마다 하나님께 감사했다(1:3).
그는 그들 무리를 위해 기도했다(1:4).
그는 그들 무리를 늘 마음속으로 생각했다(1:7).
그들은 다 함께 은혜에 참여한 자였다(1:7).
그는 그들 무리를 사모했다(1:8).

바울은 루디아 가족에서부터 로마 간수의 가족, 장로와 집사에서부터 새신자에게 이르기까지 빌립보 교회를 깊이 사랑했고, 이 사랑으로 인해 다시 그들과 함께하기를 염원하는 그의 마음이 설렘으로 가득 찼다.

—1:9–11—

바울의 깊은 사랑과 감사는 빌립보인들을 위한 구체적인 기도로 이어졌다. 이것은 우리에게도 정말 필요한 기도다. 그리스도인들은 그냥 "늘 당신을 생각하고 있습니다"라고 말해서는 안 된다. "당신을 위해 기도하고 있습니다"라고 해야 하며, 정말 기도해야 한다! 바울은 그랬다. 그는 빌립보인들을 깊이 생각할 때마다 샘솟는 기쁨에 하나님만이 들어주실 수 있는 몇 가지 구체적인 간구를 드렸다.

첫째, 그는 그들의 사랑이 계속 커나갈 뿐 아니라 "지식과 모든 총명"(1:9)으로 풍성해지기를 기도했다. 나는 사랑을 강에 비유하기를 좋아한다. 사랑의 물길은 지식과 총명의 둑을 따라 흘러야 한다. 바울이 빌립보인들에게 말하고 있는 사랑이란 진리와 의를 가려서 죄를 간과하고 성결을 훼손하는 사랑이 아니다. 그것은 요즘 세상에서 흔히 볼 수 있는 "사랑"에 대한 그릇된 해석이다. 진정한 그리스도인의 사랑은 다른 사람을 위한 최선에 마음을 쓴다. 참된 지식과 총명으로, 사랑은 가짜, 그릇됨, 악을 분별하는 법을 터득한다. 사랑은 "지극히 선한 것을 분별"(1:10)하는 방법을 배운다. 지혜가 이끄는 사랑은 "그리스도의 날"–주 예수님이 신자들의 충성에 보상하실 재림의 때–이 이를 때까지 신자들을 의 안에서 지켜줄 것이다.

둘째, 바울은 빌립보인들이 "의의 열매"(1:11)로 가득 차기를 기도했다. 이것을 독선, 개인의 경건, 자아가 동기가 된 일과 혼동하면 안 된다. 바울은 우리 삶에서 열매를 맺기 위해 우리 안에 거하시는 성령님을 통해 일하는 그리스도의 의를 말하고 있는 것이다(참조. 갈 5:22–23). 하나님의 능력을 힘입은 그런 선한 일들은 우리가 찬송과 영광을 받는 것이 아니라 "하나님의 영광과 찬송"(빌 1:11)이 될 것이다. 예수님도 본질적으로 똑같은 말씀을 하셨다. "이같이 너희 빛이 사람 앞에 비치게 하여 그들로 너희 착한 행실을 보고 하늘에 계신 너희 아버지께 영광을 돌리게 하라"(마 5:16).

변치 않는 기쁨을 받쳐주는 얼마나 견고한 반석인가! 그리스도의 몸인 빌립보 교회의 지난 10년을 돌이켜보았을 때 바울에게는 확신을 가지고 기뻐할 이유가 충분했기에 그는 감사와 기도와 찬양으로 그 기쁨을 표현했다.

적용: 빌립보서 1:1–11

기쁨의 항구를 향해 돛을 올려라

엘라 윌러 윌콕스의 시 "운명의 바람"의 둘째 연은 기쁨을 향한 항해의 또 다른 측면을 일깨워준다.

운명의 바람도 바다에 부는 바람 같아서
인생을 항해할 때
그 목표를 결정하는 것은
평온이나 다툼이 아니라
영혼이 향하는 방향인 것을.[8]

나는 운명은 믿지 않지만 하나님이 섭리 가운데 보살피신다는 확신과는 별개로 다툼의 바람은 쉽게 우리가 탄 배를 전복시키고 영혼을 절망에 빠트릴 수 있다고 믿는다. 진정한 기쁨의 항구로 나아가는 영혼의 항로를 설정하기 위해 빌립보서 1장의 서두에서 몇 가지 원리를 찾아보자.

첫째, **감사에 집중할 때 확신은 기쁨을 낳는다.** 바울은 10년 전 빌립보에 있었던 때를 돌이켜보면서 그들의 설교를 방해했던 귀신 들린 여자를 떠올릴 수 있었다. 체포되어 매 맞았던 일을 기억해낼 수 있었다. 감옥에 갇혔다가 도시에서 추방되었던 일을 곱씹을 수도 있었다. 하지만 그는 빌립보 교회에 대한 긍정적인 면을 떠올렸다. 그들의 회심, 신실함, 성장과 사역에 참여함, 지속적인 인내를 생각했다.

둘째, **우리가 하나님을 하나님 되시게 할 때 확신은 기쁨을 낳는다.** 바울은 과거에 하나님이 빌립보인들 가운데서 시작하신 일을 미래에 이루실 것을 믿어 의심치 않았다. 이는 하나님이 지금도 계속 일하고 계신다는 뜻이었다. 이것을 개인의 삶에 적용해보자. 내가 내 인생에서 하나님 노릇 하기를 중단하고 주님의 방식으로 나의 영적 성장을 이루시도록 그분께 의탁하면, 살면서 맞닥치는 역풍을 다른 시각에서 보게 된다. 그리고 그 김에 다른 사람의 삶에 끼어들어 계속 걱정하고, 불안해하며, 내 뜻대로 조종하면서 하나님 역할을 하려는 시도도 그만두어야 한다. 우리에게 필요한 것은 우리 앞길에 어떤 상황이 닥치든 우리는 확신하는 마음으로 기도하고 그 상황을 헤쳐나가도록 우리를 인도하시겠다는 하나님의 약속에 감사하는 것이다.

셋째, **우리가 적절한 한계 안에서 사랑을 유지할 때 확신은 기쁨을 낳는다.** 이 한계는 지식과 총명이다. 여기서 유용한 두 가지 질문이 있다. 우리의 사랑은 누구를 향해야 하는가? 그리고 그 사랑을 표현할 수 있는 최선의 방법은 무엇인가? 나는 자녀들이 원하는 것을 모두 주는 게 아이들을 사랑하는 방법이 아니라는 것을 배웠다. 사실, 아이들이 원하지 않는 것을 주는 게 사랑일 때가 많다. 배우자, 친구, 동료 그리고 우리가 사역하는 사람들도 마찬가지다. 그러나 그러려면 언제, 어디서, 어떻게 그들에게 정말로 필요한 것을 채워줄지를 분별하는 지혜가 필요하다. 그 지혜란 그 사람이 누구인지, 그 사람의 장점과 단점, 필요와 욕망이 무엇인지 잘 아는 것을 뜻한다.

지금 당신의 돛은 어떤가? 너덜너덜 찢어져 있는가? 사정없이 몰아치는 역풍에 시달리고 있는가? 그리스도만 고치실 수 있는 피해를 입었는가? 거센 바람에 두 손 두 발 다 들고 돛을 내리고 말았는가? 아니면 당당하게 돛을 활짝 펼치고 성령이 뜻하시는 곳으로 인도하는 그분의 바람에 자신을 맡겼는가? 확신을 가지고 그렇게 할 것을 권한다. 돛을 올리고 기쁨의 항구를 향해 항해를 시작하라.

기쁨, 놀라운 삶의 비결(빌립보서 1:12-20)

12형제들아 내가 당한 일이 도리어 복음 전파에 진전이 된 줄을 너희가 알기를 원하노라 13이러므로
나의 매임이 그리스도 안에서 모든 시위대 안과 그 밖의 모든 사람에게 나타났으니 14형제 중 다수가
나의 매임으로 말미암아 주 안에서 신뢰함으로 겁 없이 하나님의 말씀을 더욱 담대히 전하게 되었느
니라 15어떤 이들은 투기와 분쟁으로, 어떤 이들은 착한 뜻으로 그리스도를 전파하나니 16이들은 내가
복음을 변증하기 위하여 세우심을 받은 줄 알고 사랑으로 하나 17그들은 나의 매임에 괴로움을 더하
게 할 줄로 생각하여 순수하지 못하게 다툼으로 그리스도를 전파하느니라 18그러면 무엇이냐 겉치레
로 하나 참으로 하나 무슨 방도로 하든지 전파되는 것은 그리스도니

이로써 나는 기뻐하고 또한 기뻐하리라 19이것이 너희의 간구와 예수 그리스도의 성령의 도우심
으로 나를 구원에 이르게 할 줄 아는 고로 20나의 간절한 기대와 소망을 따라 아무 일에든지 부끄러
워하지 아니하고 지금도 전과 같이 온전히 담대하여 살든지 죽든지 내 몸에서 그리스도가 존귀하게
되게 하려 하나니

홀로코스트 생존자인 빅터 프랭클(Viktor Frankl)은 이렇게 말했다. "인간에게서 절대 앗아갈 수 없는 게 하나 있다. 그것은 사람이 행사할 수 있는 마지막 자유, 어떤 상황에서도 자기

의 태도를 선택할 자유다."[9]

하나님 안의 기쁨을 선택하는 대신 세상의 행복을 추구하면 우리는 빅터 프랭클이 말한 것처럼 "환경의 노리개"가 될 것이다.[10] 우리 내면의 평화는 우리의 의지와 상관없이 불쑥 벌어지는 사건들로 흔들릴 것이다. 하지만 우리가 우리의 태도-우리에게서 빼앗을 수 없는 유일한 기본적인 자유-를 선택한다면, 우리는 최악의 상황에서도 기쁨을 선택할 수 있다.

기쁨은 외부가 아닌 내면에서 온다고 나는 확신한다. 평온하고 잔잔한 충족감, 긍정적인 자세, 만족하는 태도와 같은 것들은 환경이 아니라 우리의 마음가짐에서 나온다. 내가 보기에는 두 가지 유형의 사람이 있다.

부정적인 사람	긍정적인 사람
•특정한 것이 있어야 비로소 행복해질 수 있는 사람. •자기의 행복을 다른 사람에게 의존하는 사람. •행복은 늘 '저 너머' 미래에 있다고 생각하는 사람.	•아무것도 가진 것이 없어도 내적 기쁨을 누리는 사람. •성령을 통해 기쁨을 주시는 그리스도께 의지하는 사람. •기쁨을 현실로 만들어 지금 기쁨을 누리기로 선택한 사람.

하지만 그냥 "나는 행복하기로 선택했다. 나는 기쁨을 택했다"라고 말하는 것만으로는 충분하지 않다. 성경은 긍정적 사고의 내적인 힘을 강조하는 자기 계발서가 아니다. 그런 건 아무짝에도 쓸모가 없다. 내가 말하는 '긍정적인 마음가짐'이란 성령이 새롭게 해주신 마음에서 나오는 기뻐하는 성향이다(롬 12:2). 그것은 하나님의 내적 역사다. 그러나 하나님은, 예컨대 우리가 하나님의 일에 의식적으로 마음을 쏟는 것처럼, 우리 안에 더 강력하게 역사하시기 위해 외적인 수단도 사용하신다(빌 4:8).

바울은 빌립보서 1장 12-20절에서 힘든 상황에서도 기쁘게 살기로 결단한 모습을 실제로 보여준다. 우리가 누구에 대해 말하고 있는지를 기억하라. 그는 설교자로 로마에 가고 싶어 했다. 그런데 죄수로 로마에 갔다. 그는 로마 시민으로서 공정하게 대우받을 권리가 있었다. 그런데 그는 학대당했고, 억울한 누명을 썼으며, 부당하게 체포되었다. 설상가상으로 로마로 가던 중에 배가 난파되기까지 했다! 자기는 희생자라고 불평하며 어두운 렌

즈로 세상을 보아도 떳떳할 수 있는 사람이 있다면 그게 바로 바울이었다. 그러나 이 모든 일을 겪으면서도 그는 투덜대지 않았다. 그는 고난을 받으면서도 확신에 차 있었다(1:12-14). 다른 사람들의 악의를 보면서도 기뻐했다(1:15-18). 그리고 불확실한 상황에서도 소망을 잃지 않았다(1:19-20).

—1:12-14—

투옥으로 이어진 일련의 사건을 보면서 바울은 자신의 상황이 "복음 전파에 진전이"(1:12) 되었다고 확신했다. 나는 이 말이 참 좋다! 여기에서는 시무룩한 모습이나 "아! 슬프다" 식의 사고방식을 볼 수 없다. 그는 자신이 차고 있는 사슬을 버거운 제약이 아니라 제국의 병영에 복음의 메시지를 전하기 위해 하나님이 예비하신 확성기로 보았다. 로마 군인들의 끊임없는 감시를 받으며 투옥되어 있었기 때문에 그리스도의 주장이 "모든 시위대 안"(1:13)에 알려지게 되었던 것이다. 다시 말해, 바울이 '불행히' 체포되지 않았다면 도달하지 못했을 곳에 복음이 침투했다.

생각해보라. 보초가 바뀔 때마다 그리스도를 전하고, 흥미진진한 그의 회심 이야기를 들려줄 수 있는 기회가 주어졌다. 한때 그가 어떻게 그리스도인들을 핍박했는지, 어떻게 주 예수님을 직접 만났는지, 어떻게 하루아침에 그가 예수님을 대적하던 자리에서 복음의 특사로 바뀌었는지에 대한 이야기 말이다. 경비병들은 2년 동안 바울이 기도하고, 설교하며, 편지를 구술하는 소리를 들었다. 그들은 그가 다른 사람들과 죄의 결과에 대해 이야기를 나누고, 오직 그리스도 안에서, 오직 믿음으로, 오직 은혜로 시작되는 새 삶을 제시하는 것을 들었다. 이렇게 복음은 갑옷을 뚫은 화살처럼 제국의 병영에 파고들었다.

바울이 기쁨 대신 절망을 택했다면 이런 일들은 일어날 수 없었을 것이다. 그는 "왜 나한테 이런 일이 일어났을까?"라고 묻지 않고 "이 일이 어떻게 하나님께 유익이 되었나?"를 물었다. 그의 입을 막으려던 사람들이 획책한 부당한 상황으로 인해 결과적으로는 복음이 더 널리 확산된 것을 그는 기뻐했다. 군인들의 감시를 받으며 갇혀 있는 상황에서 그가 보여준 긍정적인 태도는 아직 자유로운 사람들에게 큰 힘이 되었다. 그들은 더 많은 것을 견디고, 더 많이 고난받고, 더 많이 말했다. 이전보다 더 용감하게 복음을 전파할 수 있었다

(1:14).

적들이 바울의 사역에 치명타를 가하려고 꾀했던 일이 전 세계의 교회에 새로운 활력을 불어넣었다! 바울이 미소 지으며 자신의 처지를 돌아보았을 때 고대의 족장 요셉의 말이 떠올랐을지도 모른다. "당신들은 나를 해하려 하였으나 하나님은 그것을 선으로 바꾸사 오늘과 같이 많은 백성의 생명을 구원하게 하시려 하셨나니"(창 50:20).

—1:15-18—

바울은 역경을 당하면서도 확신에 차 있었을 뿐 아니라 다른 사람들이 그를 해하려고 했는데도 기뻐했다. 바울은 가택 연금 상태에 있었기 때문에 그와 다른 사도들이 이미 복음을 전한 도시들 외의 지역에 복음을 전파하는 일은 다른 사람들의 도움을 받을 수밖에 없었다. 많은 사람이 바울과 같은 희생적인 사랑의 정신으로 의연히 그 횃불을 집어 들었다. 디모데, 누가, 마가, 그 외 여러 사람이 바울의 대의에 충성했다.

그러나 바울이 갇혀 있는 동안 그릇된 동기를 가진 사람들이 그의 부재를 틈 타 선교지를 침해했다. 복음을 전파하는 사람들이 전부 그리스도의 사랑에 이끌리는 것은 아니었다. 더러는 비집고 들어갈 시장의 틈새를 보았기 때문에, 또 더러는 바울이 했던 일을 대신하면서 그들이 보기에 바울이 가졌던 명예를 조금이라도 얻을 기회를 보았기 때문에 복음을 전하기 시작했다.

나는 바울의 신실한 친구들이 그가 세 들어 살고 있는 집에 찾아와 믿을 수 없을 만큼 낙관적인 그의 태도를 보고 약간 좌절했을 모습이 그려진다. 다소 파격적인 상상력을 동원해보겠다.

> 바울은 주변에 앉아 있는 로마 경비병을 보며 활짝 웃는다. "하나님이 이 모든 일을 통해 어떻게 역사하시는지 놀랍지 않습니까?" 그는 손으로 빙 둘러 집 안을 가리키고 나서 그 경비병을 손짓으로 부른다. "여기 있는 글라우디오가 뭐라고 했는지 들었나요? 경비병들이 지난 밤에 예수님에 대해서 말하고 있었답니다. 경비병들이요!"
>
> "네?" 누가는 오후 내 벌어졌던 일을 아무것도 모르는 양 점심 식사 이후 줄곧 쓰

고 있던 종이에서 펜을 뗀다. "아, 네, 맞아요." 그는 펜을 내려놓는다. "하지만 당신이 복음을 전할 수 있는 곳들을 생각해봐요." 그는 쓰고 있던 종이를 가리킨다. "나는 그 법정 관리 데오빌로에게 우리가 이전에 한 모든 모험에 대해 알려주려고 이 기사를 쓰고 있었는데, 정말 놀랍고 짜릿합니다! 분명 앞으로 더 많은 일이 벌어질 겁니다. 아직 가고 싶어 하던 서바나에도 못 갔잖아요. 그런데 여기 갇혀 있으니…가능한 빨리 당신을 로마에서 빼내야 해요. 나한테 계획이 있는데…."

바울이 손사래를 치며 누가를 가로막는다. "누가, 다른 많은 일꾼이 소매를 걷어붙이고 나서기 시작했어요. 내가 여기 '갇혀 있는' 게 좋을 수도 있어요. 실제로 그래서 사람들이 자리를 박차고 나와 봉사하게 되었지요. 많은 사람이 나 때문에 약간 위축되어 있었던 것 같아요. 이제 그들이 나 대신 담대히 복음을 전하고 있어요!"

누가는 깊은 한숨을 쉰다. "그것은…"

"네?"

"글쎄요." 누가가 말한다. "음, 그들에 대해 알아야 할 게 있어요." 그는 적당한 말을 찾느라 잠시 멈춘다. "일단 외부에서 설교하는 사람들을 '덜 진실한 사람들'이라고 부릅시다. 그들은 이단을 전파하지 않습니다. 다만 자기들의 이름을 떨치려고 하는 것 같아요. 마가도 그들이 질투 때문에 그런다고 생각해요. 당신을 질투하고, 또 서로를 질투하기 때문이죠. 그 사람들은 누가 더 많은 교회를 개척할 수 있는지 경쟁하고 있어요. 내가 보기에 몇 사람은 당신이 여기 갇혀 있는 동안 당신을 조금씩 밀어내려는 것 같아요. 그래서 우리가 가능한 빨리 당신을 빼낼 방도를 찾아야 해요."

바울은 긴 한숨을 내쉬며 대답한다. "내 말을 들어봐요 누가! 어떤 이들이 그릇된 동기로 설교를 한들 어때요? 그들이 자기 자신한테 관심을 좀 많이 가진다고 한들 어때요? 내가 없는 동안 나를 공격하는 사람들이 좀 있은들 어때요? 그런 건 하나도 중요하지 않아요. 중요한 건 이거죠." 그는 몸을 구부려 누가의 눈을 똑바로 쳐다본다. "그리스도가 전파되고 있어요. 내가 바깥 세상에 있을 때보다도 더 많이요. 그리고 그 생각만으로도 나는 충분히 기쁩니다!"

공식적인 기록이 남아 있다면 이런 대화가 오갔을 수 있다. 우리는 바울이 바깥 세계에서 활동하고 있던 일부 새로운 경쟁자들의 존재를 이미 알고 있었음을 보게 된다. 다른 사람들이 순수한 동기로 설교할 때 그들은 그리스도를 “시기와 다툼으로” 그리고 “이기적인 야심에서” 전파했다(1:15-17, 현대인의 성경). 어떤 경우든, 바울은 그리스도가 전파되고 있음을 인정한다(1:18).

하지만 이것은 바울의 가르침에 위배되지 않는가? 바울은 갈라디아서에서 “다른 복음”을 전하고 있는 자들을 강하게 비난하지 않았는가(갈 1:6-9)? 그런데 지금은 거짓 설교가 괜찮다는 것인가? 아니다! 바울 사도는 갈라디아서에서 복음의 메시지를 행위의 메시지로 왜곡시킨 자들을 비난했다. 그들은 이단을 전파했다. 빌립보서에서 바울은 일부 사람의 불순한 동기에도 불구하고 참 예수님에 대한 진정한 복음이 여전히 선포되고 있는 것을 기뻐한다.

진실한 동기를 가진 이교도는 아무도 구원할 능력이 없는 복음을 여전히 전파하고 있다. 그러나 진리가 제시되면, 심지어 그것을 전파한 사람들이 그 진리대로 살고 있지 않아도, 사람들을 믿음으로 인도할 수 있다. 잊지 말라. 사람을 구원하는 것은 성령의 능력을 힘입은 설교자가 아니라 성령이다. 그것은 성령이 하시는 사역이다.

—1:19-20—

지금까지 우리는 바울이 본을 보여준 남다른 삶의 방식을 보았다. 그는 고난 가운데서도 확신을 잃지 않았고(1:12-14), 그가 기뻐하기로 결단하지 않았다면 다른 사람들이 그에게서 기뻐할 이유를 빼앗을 수도 있는 일들을 목격하면서도 흔들리지 않았다(1:15-18). 이제, 바울은 불확실한 상황에서도 희망을 갖는 방법을 보여준다(1:19-20).

바울은 자신이 투옥되었는데도 도리어 그 때문에 복음이 전파되고 사람들이 그리스도를 선포하는 것을 보고 크게 고무되었다. 이 일은 그의 확신을 약화시키기는커녕 하나님을 더욱 굳건히 신뢰하도록 도왔다. 그렇다, 바울의 미래는 무수한 불확실성으로 가득 차 있었다. 로마에서 그가 처한 법적 상황이 여러 가지로 불리할-심지어 비극적일-수 있음을 바울에게 상기시키는 사람들도 분명 있었을 것이다. 그러나 바울은 불확실한 상황에서도 희망을 선택했다. 그는 빌립보인들의 기도와 주님의 섭리로 결국 구원받을 것을 확신했는데, 이는 그의 석방을 가리키는 것 같다(1:19).

그런데 그가 석방되지 않았다면 어떻게 되었을까? 그의 적들이 예수 그리스도께 그랬던 것처럼 어찌어찌 제도를 조작했다면? 바울이 그의 주님이 가신 길과 같은 길을 마주했다면? 이런 불확실성에도 불구하고 그의 희망은 꺾이지 않았다. 그는 두려워하지도 부끄러워하지도 않았다. 그는, 죽든 살든, 그리스도가 높임을 받으실 것을 알았다(1:20).

적용: 빌립보서 1:12–20
당신을 잘 살게 해주는 세 가지 진리

잘 사는 비결은 기쁨을 갖는 비결과 같다. 그것은 바로 예수 그리스도를 중심에 두는 것이다. 그분을 당신 삶의 최우선 순위에 두면 큰 기쁨을 얻고 누릴 것이다. 오늘날 많은 사람은 다른 수단을 통해 끊임없이 헛된 행복을 추구한다. 당신이 그렇다면 멈추라! 진정한 행복은 그리스도가 주시는 능력으로 삶을 일구는 것이다.

그리스도를 중심에 모시면 그분이 염려와 두려움, 불안감을 만족으로 대체하실 뿐 아니라 바울이 이 단락에서 묘사한 염려의 세 가지 영역을 대하는 우리의 관점도 달라진다. 아래 요약된 세 가지 진리는 이 세 가지 영역에 상응하며 우리가 어떤 고난을 당해도 굴하지 않고 잘 사는 데 도움이 될 것이다.

첫째, **그리스도가 중심에 계시면 그분이 환경을 대하는 우리의 태도를 변화시키신다.** 나는 인도에서 마더 테레사와 함께 사역하기 위한 조건 중 하나가 삶을 기쁘게 대하는 태도라고 읽은 적이 있다. 그들은 너무나 많은 고통과 고난에 에워싸여 있어서 겉에서 보면 슬픔과 비애밖에는 느낄 것이 없어 보였다. 그러나 그들 내면의 기쁨이 불우한 사람들에게 손을 내밀고, 그들을 데려와 상처를 씻기며, 회복의 길로 인도했다. 변치 않는 기쁨을 내면에 품고 사는 사람들은 마음 깊이 자리한 확신에 준거해 환경을 본다. 그것은 변화를 일으킨다. 상황에 따라 고통받기보다 기쁨으로 섬기며 오늘을 살기로 선택하라.

둘째, **그리스도가 중심에 계시면, 그분이 우리를 다른 사람들의 시선에서 자유롭게 해주신다.** 우리에게 그리스도가 중요해질수록 다른 사람들의 의견은 덜 중요해진다. 소셜 미디어에 '친구'나 '팔로워'가 몇 명인지에 점점 무심해지고, 게시물에 붙은 '좋아요'가 몇 개인지가 전혀 중요하지 않게 된다. 우리는 얼마나 어리석었는가! 지난 몇 년 사이 나는 다른 사람들의 비위를 맞추는 일에 신경을 덜 쓰게 되었다. 사람들이 소중하지 않아서가 아니라 그리스도가 더 소중하기 때문이다. 그분의 우선순위, 열정, 추구, 나를 향한 계획이 나의 더 큰 관심사이기 때문이다. 내가 그리스도를 중심으로 삼으면 그리스도는 다른 사람에 대한 집착에서 나를 자유롭게 해주신다. 지금 다른 사람들의 생각보다 그리스도의 마음에 더 집중하기로 결단하라.

셋째, 그리스도가 중심에 계시면, 그분은 우리 자신과 장래에 대한 염려를 없애주신다. 사람들은 걱정거리가 있을 때 걸핏하면 "죽을 것 같아!"라고 말한다. 잘 들으라. 주님의 재림을 목도하는 세대에 당신이 속하지 않는다면 죽음에 대해 "그럴 것 같다"라는 것은 없다. 당신은 틀림없이 죽는다. 나도 죽는다. 우리에게 죽음은 이미 결판이 난 일이다. 오랜 후일 수도 있고, 곧 닥칠 수도 있다. 당신은 그것을 알지 못하고 알 수도 없다. 당신이 하지 말아야 할 일은 당신이 언제 죽을지를 염려하는 것이다. 그보다는 어떻게 살 것인지에 집중해야 한다. 그리스도가 당신의 중심에 계시다면, 장수하든 단명하든, 곧 죽든 나중에 죽든 상관없다. 중요한 것은 오늘 우리가 그분을 사랑하고, 섬기며, 그분의 구원 안에서 기뻐하는 것이다. 내일 일은 그리스도가 살피실 것이다. 지금 당신의 삶과 죽음에 대해 초조해하기보다 그리스도와 그분의 죽음과 부활에 더 집중하기로 결단하라.

우리가 그리스도의 인격에 오롯이 집중하면서 그분을 마음과 생각의 중심에 놓을 때 비로소 모든 것이 제자리를 찾게 된다. 무질서에 질서가 생기고, 혼란스러움에 명료함의 빛이 비추이며, 죽음에서 생명으로 옮겨진다. 참으로 놀랍지 않은가?

바울의 딜레마(빌립보서 1:21-30)

21이는 내게 사는 것이 그리스도니 죽는 것도 유익함이라 22그러나 만일 육신으로 사는 이것이 내 일
의 열매일진대 무엇을 택해야 할는지 나는 알지 못하노라 23내가 그 둘 사이에 끼었으니 차라리 세상
을 떠나서 그리스도와 함께 있는 것이 훨씬 더 좋은 일이라 그렇게 하고 싶으나 24내가 육신으로 있
는 것이 너희를 위하여 더 유익하리라 25내가 살 것과 너희 믿음의 진보와 기쁨을 위하여 너희 무리
와 함께 거할 이것을 확실히 아노니 26내가 다시 너희와 같이 있음으로 그리스도 예수 안에서 너희
자랑이 나로 말미암아 풍성하게 하려 함이라

[27]오직 너희는 그리스도의 복음에 합당하게 생활하라 이는 내가 너희에게 가 보나 떠나 있으나
너희가 한마음으로 서서 한 뜻으로 복음의 신앙을 위하여 협력하는 것과 [28]무슨 일에든지 대적하는
자들 때문에 두려워하지 아니하는 이 일을 듣고자 함이라 이것이 그들에게는 멸망의 증거요 너희에
게는 구원의 증거니 이는 하나님께로부터 난 것이라 [29]그리스도를 위하여 너희에게 은혜를 주신 것은
다만 그를 믿을 뿐 아니라 또한 그를 위하여 고난도 받게 하려 하심이라 [30]너희에게도 그와 같은 싸
움이 있으니 너희가 내 안에서 본 바요 이제도 내 안에서 듣는 바니라

합리적이지만 서로 다른 두 가지 의견 사이에서 어느 쪽을 택할지 결정하지 못하고 우왕좌왕해본 적이 있는가? 이것도 저것도 다 마음에 들어서 결단을 내리지 못해 곤혹스러워하다가 아예 손을 뗀 경험이 있는가? 어떤 행동을 취해야 할지 몰라 조언을 구하다가 가족과 친구들을 화나게 한 적이 있는가? 잘못된 결정이 아닌지 걱정되어 안절부절해본 경험이 있는가?

나도 그런 적이 있다. 누구나 그런 경험이 있다. 말 그대로 정말 '누구나' 그렇다. 아담부터 우리에게 이르기까지 인간은 걸핏하면 난감한 딜레마에 빠져 '이러지도 저러지도 못하는' 처지가 되곤 했다. 도덕적으로 선한 것과 악한 것 사이에서의 선택을 말하는 게 아니다. 그런 문제는 고민할 필요가 없다. 내가 말하는 것은 단순히 '이게 맞고 저게 틀린 것'이라는 접근법에 들어맞지 않는 알쏭달쏭한 경우다. 단순한 흑백 논리로 축소시킬 수 없는 회색 지대에 관한 것이다. 내가 의미하는 '딜레마'란 양쪽 다 장단점이 있어서 어느 칸에 표를 하든, 어떤 길을 택하든 득실이 있을 수밖에 없는 경우다.

빌립보서 1장 21-30절에서 우리는 바울의 마음속에 있는 감정적인 딜레마를 보게 된다. 그것은 그리스도에 대한 그의 절대적인 사랑과 헌신에서 비롯되었다. 한편으로 그는 낙원에서 그리스도와 함께 있기를—그리스도와 함께 걷고 말하기를—염원했다. 주님과 함께 있다는 것은 얼마나 큰 축복인가! 그러나 다른 한편으로는 그리스도를 위해 수고하고, 다른 사람들을 그리스도와 관계를 맺도록 부르며, 은혜가 결핍된 세상에서 은혜의 대사로 그분을 대변하기를 간절히 바랐다.

더 말할 것도 없이 바울은 둘 다 택할 수는 없었다. 바울은 무엇을 더 원했을까?

더 중요한 것은, 그 딜레마가 어떻게 그를 그리스도께 더 가까이 데려갔을까? 그리고 그 해답은 어떻게 바울과 우리에게 격려가 되었을까?

바울이 사용한 *SYNKRISIS*(빌립보서 1:21-26)

"무엇을 택해야 할는지 나는 알지 못하노라"(1:22).
이 단락에서 바울은 *synkrisis*(비교 대조법)라는 수사적 장치를 사용한다. *synkrisis*란 결론에 도달하기 전에 이것이냐 저것이냐를 비교하고 대조하는 형식을 말한다. 이것은 작가가 독자를 동일한 결론으로 이끌기 위해 의도적으로 고안한 장치다. 그러나 바울이 이 구절에서 사용한 *synkrisis*는 단순히 심사숙고해서 딜레마를 해결하는 것을 넘어서서 전반적인 주제-그리스도를 중심으로 하는 삶에서 지속적인 기쁨을 찾는 것-를 뒷받침한다.

한 주석가는 *synkrisis*가 "고대 헬라의 글에서 종종 삶과 죽음에 적용된다(이교도의 글에서는 *synkrisis*가 대개 인간의 삶에 대해 지극히 비관적인 어조를 띠지만)"고 지적한다.[11] 그러나 바울이 이 수사적 장치를 기막히게 뒤틀어 적용하는 방식은 천진난만할 정도로 낙관적이다! 그리스도가 없는 사람들은 살아서도 죽어서도 아무 소망이 없지만, 바울이 살짝 변형시킨 *synkrisis*는 그리스도가 중심에 계실 때 삶과 죽음 모두에서 긍정적인 면을 봄으로써 그리스도인이 소유한 믿음의 소망이 인간이 가진 삶과 죽음의 딜레마를 해결한다는 것을 보여준다. 산다? 그것은 그리스도께 오롯이 초점을 맞추고 그분을 섬기는 것이다. 죽는다? 그것은 그리스도와 함께하며 그분의 얼굴을 보는 것이다. 또는 바울이 말했듯이, "이는 내게 사는 것이 그리스도니 죽는 것도 유익함이라"(1:21).

—1:21-26—

불운한 상황에서도 바울이 기뻐할 수 있었던 이유는 순전히 그가 그리스도를 삶의 중심에 두었기 때문이다(1:12-20). 실제로, 바울이 정말로 "살든지 죽든지"(1:20) 자기를 통해 그리스도가 높임을 받으실 거라고 말할 수 있었던 것도 그의 전 존재가 그리스도를 중심으로 돌아가고 있었기 때문이다. 바울은 이런 급진적인 그리스도 중심의 삶의 방식을 이 편지에서 가장 의미심장하면서 알쏭달쏭한 진술로 요약한다. "이는 내게 사는 것이 그리스도니 죽는 것도 유익함이라"(1:21).

바울의 진짜 딜레마는 1장 22절의 "그러나"라는 말로 시작된다. 그는 영광 가운데서 주님과 함께하기를 갈망했다. 그러나 동시에 사역의 열매를 계속 맺기 위해서 육체로 살고 싶기도 했다. 바울은 이러지도 저러지도 못하는 상황 속에서 무엇을 선택해야 할지 몰랐다. 물론 이것은 그가 실제로 결정할 수 있는 문제가 아니었다.[12] 바울은 자살을 생각한 게 아니었다. 자기 목숨을 자기 마음대로 하는 것에 대해 말하고 있는 게 아니었다. 그는 가이사의 법정에서 받을 재판을 앞두고 있었고, 그 결과 참수형에 처해질 수도 있었다. 실제로 5년 후에 그는 참수되었다. 그의 운명은 인간의 차원에서는 법정의 권위 아래 있었고,

신의 차원에서는 하나님의 주권 아래 있었다. 어쨌거나 바울이 자유 또는 순교라는 각각의 결과를 곰곰이 생각한 끝에 내린 결론은 이랬다. "둘 중 하나를 골라야 한다면 무엇을 선택해야 할지 모르겠다!"

딜레마가 다 그렇듯 두 가지 대안 모두 득실이 있다. 바울은 1장 22-24절에서 이것을 곰곰이 생각한다. 바울이 떠난다면, 그는 즉시 그리스도와 함께 있을 것이다(1:23). 더는 돌에 맞거나, 구타당하거나, 감옥에 갇히거나, 위험에 처하거나, 굶주리거나, 불안한 밤을 견디지 않아도 될 것이다(참조. 고후 11:23-27). 그를 끊임없이 지겹게 괴롭혔던 "육체의 가시"(고후 12:7)도 사라질 것이다. 그 대신 그는 그리스도의 임재 안에서 안식을 누릴 것이다(고후 5:8).

반면에, 바울이 죽으면 수십 명의 제자는 멘토를 잃고, 수백 명의 영적 자녀는 그리스도 안에 있는 아버지를 잃으며, 전 세계의 그리스도의 몸은 주춧돌이었던 사도를 잃게 될 것이다. 불신자들은 부활에 대한 그의 설득력 있는 증언을 듣지 못하고, 신자들은 격려와 영감을 빼앗길 것이다(빌 1:24).

	얻는 것	잃는 것
세상을 떠남 (죽음)	•그리스도처럼 순교함. •즉시 그리스도와 영광 가운데 함께함. •세상의 고통에서 벗어남.	•바울을 필요로 하는 사람들과 함께하지 못함. •살아 있는 그리스도의 증인이 되지 못함. •사도들 사이에 공백이 생김.
남아 있음 (삶)	•계속 열매 맺는 사역을 함. •신자들에게 안전과 희망을 공급함. •차세대 지도자를 양성함.	•그리스도와 물리적으로 함께 있지 못함. •천국의 영광에 참여하지 못함. •계속 세상의 고난 가운데 있음.

극심한 고난, 고통, 끊임없는 죽음의 위협에 시달리고 있는 여느 신자들과 마찬가지로, 바울도 그리스도와 함께 있기를 간절히 바랐다. 그러나 두 가지 가능성을 모두 따져본 결과 바울은 빌립보인들의 "진보와 기쁨"(1:25)을 위해 남아 있는 것이 최선의 길임을 확신하게 되었다. 이렇게 그는 고난받고 죽음으로써 그리스도를 따른 것이 아니라 다른 사람들을 위해 자신의 유익(그리스도와 함께 있는 것)을 포기함으로써 그리스도를 본뜨는 삶을 살았다.

물론 궁극적으로 바울의 생사는 하나님의 주권적 계획과 목적을 따라 결정되었으므로 바울은 선택할 필요가 없었다. 그래서 그는 이렇게 썼다. "내가…너희 무리와 함께 거할 이것을 확실히 아노니"(1:25). 그는 자기가 사형을 면하고 풀려나 빌립보를 다시 방문하게 될 것을 이미 알고 있었다(1:26). 어떻게 알았을까? 어쩌면 베드로의 처형이 임박한 것을 그리스도가 분명히 밝히셨듯이(벧후 1:14), 성령이 예언으로 계시하셨을 수 있다. 혹은 주님이 로마 병사들이 바울의 재판에서 내려질 판결에 대해 나누는 이야기를 그가 듣게 하셨을 가능성도 있다.[13] 삶과 죽음의 딜레마가 석방과 함께 저절로 해결될 거라는 확신을 바울이 어디에서 얻었는지는 모르지만, 그의 영혼은 평안했다.

—1:27-30—

바울은 자기가 계속 그리스도를 섬기고 교회 사역을 하기 위해 결국 석방되리라는 것을 확신했지만, 언제 어떤 식으로 풀려날지는 잘 몰랐다. 그는 빌립보인들을 몹시 보고 싶어했고 실제로도 보러 갈 마음이 굴뚝같았지만, 중요한 것은 오로지 하나님의 생각이며 그분이 계획하신 여정만 실현된다는 것을 알고 있었다. 그래서 그는 방문이 미뤄지자 빌립보인들이 "그리스도의 복음에 합당하게 생활하[고]"(1:27) 있다는 소식을 듣고 싶어 했다.

"합당하게 생활하라"로 번역된 헬라어 *politeuomai*(4176)는 올바른 시민으로 처신한다는 의미가 있다.[14] 나중에 바울은 명사형 *politeuma*(4175)를 사용해서 빌립보인들에게 "시민권은 하늘에 있[다]"(3:20)고 말한다. 바울의 딜레마가 끝내 어떻게 풀렸든지 간에, 그리스도인이라면 누구나 세상 시민이 아닌 천국 시민으로 살아야 할 의무가 있다. 그렇다면 이 세상에서 하나님의 천국 시민으로 사는 것은 어떤 모습일까?

첫째, **한마음 한 뜻으로 뭉쳐야 한다**(1:27). 우리는 서로 합심하고 조화롭게 살아야 한다. 험담하고, 뒤에서 수군거리며, 문제를 일으키고, 불평하며, 싸우고, 잔소리하며, 그 외에 동료애를 깨트리고 불화를 일으키는 모든 부정적인 행동을 삼가야 한다. 우리는 불화의 백신과 분열의 해독제가 되어서 평화와 건강을 증진시켜야지 독소가 되어서 그리스도의 몸을 쇠약하게 만들어서는 안 된다.

둘째, **복음의 신앙을 위해 함께 싸워야 한다**(1:27, 현대인의 성경). "함께 싸운다"로 번역된 헬라어는 *synathleō*(4866)로, 영어의 *althlete*(운동선수)와 어원이 같다. 이 단어는 검투사나 병사들이 전투에서 나란히 싸우는 이미지를 담고 있으며,[15] 용기, 단결, 필사의 싸움을 수반하는 피땀 어린 노력을 뜻한다.

셋째, **대적하는 자들을 두려워하지 말고 함께 맞서야 한다**(1:28). 우리가 나서서 분쟁을 일으켜서는 안 되지만, 적들이 우리 앞을 가로막을 때 놀라면 안 된다. 그들이 우리를 비난해도 움츠러들면 안 된다. 비평가들이 진리를 비웃을 때 우리가 피할 이유가 없다. 평온한 기쁨 가운데서 그들을 응시하면 도리어 그들이 눈길을 피할 것이다. 적들이 무너지는 것을 보고 싶은가? 그들이 화를 내며 공격할 때 기쁨으로 응대하라.

슬프게도 나는 지적인 고고학자가 성경을 반증한다고 주장하는 유물을 발굴할 때마다 벌벌 떠는 그리스도인들을 많이 안다. 그들은 미소 띤 광신자들이 현관문을 두드리며 이단 종교의 선전물을 코앞에 들이미는 것을 두려워한다. 또 그들은 비행기 옆자리에 앉은 사람이 그들이 읽고 있는 성경을 정말로 믿느냐고 물으면 거의 비행기에서 뛰어내릴 태세를 취한다. 그러나 두려워할 하등의 이유가 없다. 평온한 확신과 사람들의 경계심을 허물어뜨리는 기쁨으로 응대하라.

우리가 똘똘 뭉쳐 함께 싸우고 대항하면 영적 승자와 패배한 그리스도의 적들이 확연히 갈릴 것이다. 주석가 F. F. 브루스(F. F. Bruce)는 1장 28-29절에 기록된 바울의 생각을 이렇게 설명한다.

> 바울은 반대 세력이 있다는 건 그들이 적극적으로 복음을 증거하는 바른 길로 가고 있음을 보여준다며 그들을 안심시킨다. 그것이 적들에게 멸망의 징표이듯, 그들에게는 구원의 징표다. 하나님은 복음의 저자시다. 그러므로 복음을 거부하는 자들이 그분의 심판을 받을 것이라는 예상만큼이나 확실하게 복음을 옹호하는 자들은 하나님이 구원과 승리를 주실 것을 기대할 수 있다.[16]

반대-고난과 핍박으로 이어지는 반대도-는, 바울에게 그랬듯, 우리가 왕이신 예수님께 속하였으며 그분의 왕국에 속한 시민답게 처신하고 있다는 사실을 일깨워준다.

딜레마가 해결되었을 때(1:25-26) 바울이 확실한 기쁨으로 나아가는 방법을 분명하게 알게 된 것을 알아챘는가? 처음에는 궁지에 빠져 이러지도 저러지도 못하고 있었지만, 일단 거기서 빠져나오자 그 딜레마가 그의 반석이 되고 힘이 되었다. 어떤 상황-도저히 풀릴 것 같지 않은 딜레마에 직면했을 때도-속에서도 기꺼이 기쁨을 선택하면 우리는 어느새 갈등에서 벗어나 이 세상에서의 행보를 계속하는 데 필요한 새로운 천국의 관점을 갖게 된다.

적용: 빌립보서 1:21-30
딜레마를 해결하는 방법

어렸을 때는 결정을 내리는 것이 어려웠다. 특히 똑같이 합리적인 선택으로 보이는 것 중에서 하나를 고르기가 쉽지 않았다. 나이가 들면 훨씬 쉬워질 거라고 생각했다. 머리가 희끗희끗해질수록 흑백을 나누듯 분명한 결정을 내릴 수 있다면 흰머리가 좀 생겨도 좋았다.

하지만 나는 50여 년 동안 사역을 기록해오면서 나이가 들어 더 현명해졌다고 해서 딜레마를 해결하는 게 더 쉬워지는 것이 아님을 경험으로 배웠다. 인생에서 어떤 것들은 결정이 쉽지 않으며, 어느 쪽을 택하든 얻는 것과 잃는 것이 있다. 우리는 모두 살면서 딜레마에 직면하게 될 것이다.

사실, 나는 꽤 오랫동안 딜레마에 대해 생각해왔다. 나 자신도 자주 딜레마에 부딪혔고, 다른 사람들이 딜레마를 해결하는 것을 많이 도왔다. 그 결과 딜레마를 세 개의 범주로 구분할 수 있게 되었다.

첫째, 의지적 딜레마가 있다. 이것은 동시에 두 개의 다른 일을 하고 싶을 때 발생한다. 가령 당신 부부가 자녀를 갖기 원하는데 당신은 앞으로 대학원을 2년 더 다녀야 한다고 가정해보자. 당신은 둘 다 원하지만 선택해야 한다. 쉬운 결정이 아니다. 또는 당신이 두 군데서 일자리를 제안받는다. 양쪽 다 무척 마음에 든다. 당신은 둘 다 원하지만, 하나를 택할 수밖에 없다. 그게 의지적 딜레마다.

둘째, 정서적 딜레마가 있다. 결정이 어려운 상황에서 상반되는 감정을 느끼는 경우다. 몇 년 전, 우리 작은 아들은 키우던 개가 심각한 피부병을 앓고 있음을 알게 되었다. 개의 고통을 덜어주려고 온갖 방법을 다 써봤지만 소용이 없었다. 개가 극심한 고통을 겪고 있다는 것을 알게 되면서 우리 아들은 정서적 딜레마에 빠졌다. 개를 데리고 있으면서 계속 고통당하게 할 것인가, 아니면 개를 잠재울 것인가?

셋째, 내가 지리적 딜레마라고 부르는 게 있다. 나는 오랫동안 사역하면서 이 딜레마를 몇 차례 겪었다. 내가 마지막으로 삶의 터전을 획기적으로 옮긴 것은 1994년에 캘리포니아를 떠나 텍사스로 간 것이었다. 우리 가족은 캘리포니아, 친구들, 우리 교회 그리고 캘리포니아의 기후를 좋아했다. 그러나 우리는 우리가 어린 시절을 보냈던 곳이며, 사역의 기회와 새 출발이 기다리는 텍사스에도 끌렸다. 둘 다 가질 수는 없었다. 캘리포니아에서 텍사스로 통근을 할 수는 없었으니까! 딜레마였다. 우리는 머물러야 할까, 가야 할까?

하나님은 내가 지금까지 사는 동안 다른 숱한 딜레마를 극복하도록 도우셨을 뿐 아니라, 딜레마를 통해서 그분을 신뢰하고, 기도로 그분과 씨름하며, 회색지대를 통과하는 내내 길을 인도해주신 그분을 찬양하는 법을 배우도록 내 안에서 역사하셨다. 또 이런 어려운 결정들을 헤쳐나온 덕분에 진퇴양난의 궁지에 빠져 있는 사람들과 함께해줄 수 있게 되었다.

딜레마에 처했을 때 우리는 그것을 그리스도를 최우선 순위에 놓는 기회로 삼아야 한다. "이것이냐 저것이냐" 사이에서 치이다 보면 인생에서 가장 중요한 것—"내게 사는 것이 그리스도니"(1:21)—을 망각하기 쉽다. 두 개의 합리적인 선택을 놓고 평가할 때 이렇게 자문해야 한다. 이 중 어떤 것이 더 그리스도와 가까운가? 어떤 것이 그분께 더 큰 영광이 될까? 어떤 것이 복음이 선포되는 데 더 유익할까? 그렇게 하다 보면 사사로운 우선순위는 점점 줄어들고 그리스도가 높임을 받으실 것이다.

주

1. Walter Bauer et al., *A Greek-English Lexicon of the New Testament and Other Early Christian Literature*, 3rd ed.(Chicago: University of Chicago Press, 2000), 213.
2. Ella Wheeler Wilcox, "The Winds of Fate", in *The Best Loved Poems of the American People*, Hazel Felleman 편집(Garden City, NY: Doubleday, 1936), 364.
3. Kenneth S. Wuest, *Wuest's Word Studies from the Greek New Testament*, vol. 2(Grand Rapids: Eerdmans, 1973), 27.
4. Michael J. Svigel, *RetroChristianity: Reclaiming the Forgotten Faith*(Wheaton: Crossway, 2012), 179-182를 보라.
5. 같은 책, 184-192.
6. Bauer et al., *Greek-English Lexicon*, 383.
7. Hansen, *Letter to the Philippians*, 52.
8. Wilcox, "The Winds of Fate", in *Best Loved Poems*, 364.
9. 빅터 프랭클, 『삶의 의미를 찾아서』(*The will to Meaning*, 청아 출판사 역간).
10. 같은 책.
11. Markus Bockmuehl, *The Epistle to the Philippians*, Black's New Testament Commentary, ed. Henry Chadwick(London: A. & C. Black, 1997), 87.
12. Hansen, *Letter to the Philippians*, 85.
13. Ralph P. Martin, *Philippians: An Introduction and Commentary*, Tyndale New Testament Commentaries, vol. 11, ed. Leon Morris(Downers Grove, IL: InterVarsity, 1987), 87.
14. Bauer et al., *Greek-English Lexicon*, 846.
15. Martin, *Philippians*, 93.
16. F. F. Bruce, *Philippians*, Understanding the Bible Commentary Series(San Francisco: Harper and Row, 1983), 57.

섬김의 기쁨

빌립보서 2:1–30

빌립보인들에게 보낸 바울의 편지는 기쁨 가득한 삶의 원천으로 예수님을 지목한다. 이 기쁨은 다른 사람들을 위해 살고, 다른 사람들을 섬기며, 다른 사람들과 나누고, 그분 안에서 안식을 누릴 때 나타나는 변함없는 진정한 기쁨이다. 외부적인 환경은 희망의 원천이 없는 사람들의 영혼을 파괴할 수 있지만, 신자들은 그런 상황에서도 누구나 이 기쁨을 누릴 수 있다.

기독교 사역의 목적은 사람들에게 예수 그리스도를 소개하고, 그분을 더 닮도록 독려하며, 믿음, 소망, 사랑의 길을 따라가면서 다른 사람들을 섬기도록 훈련시키는 것이다. 빌립보서의 두 번째 장은 기쁨으로 다른 사람들을 섬길 때 따라야 할 모본인 그리스도의 인격에 초점을 맞춘다.

섬기는 기쁨의 비결은 그리스도의 인격과 사역에 대한 올바른 이해를 바탕으로 한 그리스도와 같은 겸손이다(2:1-11). 이 생활방식의 원동력은 우리 자신이 아니라 하나님의 내적 역사에서 나온다(2:12-18). 이것은 또한 그리스도와 같은 자기희생적인 섬김의 본을 보여준 사람들로 말미암아 예시되고 고취된다(2:19-30).

핵심 용어

μορφή[*morphē*, 모르페]*(3444)* '형태', '모양', '외관'

현대 용어에서 동사 *morphē*는, metamorphose의 축약형으로, '형태를 바꾸다'는 의미를 갖는다. 그러나 헬라어 명사 *morphē*는 사물의 '외양'을 가리킨다.[1] 여기에는 사물의 외양과 본질이 일치한다는 가정이 깔려 있다. 빌립보서 2장 6-7절에서 이 용어는 "하나님의 본체"(*morphē*)를 지니신 그리스도의 천상의 존재와 성육하신 뒤 "종의 형체"(*morphē*)를 지니신 세속적인 존재 모두를 특징짓는 외적 조건이나 외양을 묘사하는 데 쓰였다. 이 경우 그리스도의 신적 영광으로 인한 외적 발현은 가려지고, 그분의 완전한 인성을 나타내는 외양만 보여졌다.[2]

κενόω[*kenoō*, 케노오]*(2758)*] '비우다', '무효화하다', '벗기다'

kenoō 라는 동사는 그리스도가 성육하셔서 천국의 영광을 가리고 종의 모습으로 사시면서 보여주신 사심 없는 겸손을 극적으로 생생히 묘사하는 데 쓰였다(2:7). 고대 헬라에서 이 동사는 대부분 헛되거나(롬 4:14) 쓸모없는(고전 1:17) 것을 비유적으로 나타내는 데 쓰였다. 빌립보서 2장 7절에서 그리스도가 "자기를 비[우셨다]"는 것은 그분이 자신의 신성이나 신적인 속성을 없앴다는 뜻이 아니라 우리 가운데서 사시기 위해 겸허히 천상의 존재로서 지니신 영광을 외적으로 나타내는 것을 삼가셨다는 뜻이다.

그리스도처럼 자기를 비우는 겸손의 위대함(빌립보서 2:1-11)

1그러므로 그리스도 안에 무슨 권면이나 사랑의 무슨 위로나 성령의 무슨 교제나 긍휼이나 자비가 있
거든 2마음을 같이하여 같은 사랑을 가지고 뜻을 합하며 한마음을 품어 3아무 일에든지 다툼이나 허
영으로 하지 말고 오직 겸손한 마음으로 각각 자기보다 남을 낫게 여기고 4각각 자기 일을 돌볼뿐더
러 또한 각각 다른 사람들의 일을 돌보아 나의 기쁨을 충만하게 하라 5너희 안에 이 마음을 품으라
곧 그리스도 예수의 마음이니 6그는 근본 하나님의 본체시나 하나님과 동등됨을 취할 것으로 여기지
아니하시고 7오히려 자기를 비워 종의 형체를 가지사 사람들과 같이 되셨고 8사람의 모양으로 나타나
사 자기를 낮추시고 죽기까지 복종하셨으니 곧 십자가에 죽으심이라 9이러므로 하나님이 그를 지극
히 높여 모든 이름 위에 뛰어난 이름을 주사 10하늘에 있는 자들과 땅에 있는 자들과 땅 아래에 있는
자들로 모든 무릎을 예수의 이름에 꿇게 하시고 11모든 입으로 예수 그리스도를 주라 시인하여 하나
님 아버지께 영광을 돌리게 하셨느니라

빌립보서 1장에서 2장으로 넘어가려면 이 서신서의 핵심 구절인 1장 21절로 되돌아가야 한다. "이는 내게 사는 것이 그리스도니 죽는 것도 유익함이라." 바울은 순교를 당하고 그리스도 앞으로 인도되는 것이 큰 유익임을 알았다. 하지만 하나님이 지금 여기서 그에게 시키실 일이 많다는 것, 그리스도와 같은 삶을 살도록 사람들을 독려하는 소명이 그에게 주어졌다는 것 또한 알았다.

그런데 우리는 어떻게 그분처럼 살 수 있을까? 어떻게 신인(神人)이신 그리스도가 보여주신 위대함을 향해 단 한 발짝이라도 내디딜 수 있을까? 우리가 해야 할 어떤 행동이 있는가? 다 헛일이다! 그분의 기적을 흉내 내려고 하는가? 불가능하다! 그분이 하나님이셨으니 우리도 작은 신이나 메시아가 되어야 하는가? 신성모독이다! 그런 것이 아니다. 빌립보서 2장의 서두를 보면 우리가 어떻게 해야 하는지 알 수 있다. 아주 간단하다. 딱 세 마디로 요약될 수 있는 그것은 자기를 비우는 겸손이다.

그러나 간단하다는 것이 쉽다는 뜻은 아니다. 진정으로 그리스도를 닮는다는 것은 세상에서 거의 볼 수 없는 미덕을 구현하고 표현한다는 뜻이다. 그러나 그것이 실현되면 우리는 그리스도가 사신 대로 산다는 것이 어떤 것인지 경험할 수 있다.

—2:1-4—

“위대한 삶의 비결은 무엇인가?” 사람들은 수천 년 동안 이 질문을 곱씹어왔다. 서점에 자기계발서 코너가 생기고, 설교자가 눈을 반짝이며 “당신 자신을 믿으라”는 얄팍하고 상투적인 말로 장사하며, 정력을 강화시켜주고 효율성을 높여주는 보충재와 약으로 선반이 가득 차기 훨씬 전부터 그랬다.

이 질문에 대한 성경의 답은 간단명료하다. 앞서 말했듯이 세 마디로 요약된다. 자신을 비우는 겸손. 이것은 만트라로 간구하거나 명상으로 불러내거나 행동 수정 방법으로 주입할 수 있는 게 아니다. 이것은 우리가 그리스도를 본뜨고 그분과 우리를 동일시할 때 흘러나오는 초자연적인 속성이다. 이것으로부터 사랑, 친교, 애정, 긍휼, 연합, 섬김, 기쁨이 나온다. 그리스도가 구현하신 모든 미덕 중에서 그분의 전반적인 성품을 가장 잘 요약하는 것이 자기를 비우는 겸손인 것 같다. 예수님도 친히 제자들에게 여러 차례 말씀하셨다. “너희 중에 누구든지 크고자 하는 자는 너희를 섬기는 자가 되고 너희 중에 누구든지 으뜸이 되고자 하는 자는 너희의 종이 되어야 하리라 인자가 온 것은 섬김을 받으려 함이 아니라 도리어 섬기려 하고 자기 목숨을 많은 사람의 대속물로 주려 함이니라”(마 20:26-28).

그리스도는 낮아짐으로써 위대해지는 법을 말과 행동으로 친히 가르치셨다. 바울은 빌립보서 2장 1-11절에서 이 원리를 풀어놓는데, 2장 1-4절에서 그리스도를 닮은 자기를 비우는 겸손의 가시적 결과를 먼저 보여준 뒤 2장 5-11절에서 그 실례를 보여준다.

2장 1-4절의 헬라어 본문에는 명령문이 딱 하나 나온다. “내 기쁨을 충만하게 하십시오”(2:2, 현대인의 성경). 그리고 2장 1절에는 그 명령의 논리적(그리고 신학적) 근거 또는 동기가 주어진다. 바울은 헬라 학자들이 ‘일급 조건’이라고 부르는 어법을 사용한다. 2장 1절에 세 차례 나오는 “무슨…있거든”은, 실제로 그리스도인의 삶에 그리스도의 권면과 사랑의 위로와 교제와 긍휼과 자비가 있는지 확신하지 못하는 불확실성을 나타내려는 의도로 쓰인 것이 아니다. 오히려, 이런 것들을 사실로 간주한다. 이 “무슨…있거든” 구절은 논리적이거나 합리적인 관계를 암시한다. 이런 것들이 사실이기 때문에 그에 수반되는 효과가 있어야 한다는 뜻이다.[3] 이는 마치 아버지가 아들에게 “네가 내 아들이고 내가 네 아버지고, 너는 고작 여섯 살이고 이 집의 가장이 나라면, 네 방을 치우거라”고 말하는 것과 같다.

이 핵심 명령("나의 기쁨을 충만하게 하라") 바로 전에 바울을 기쁨으로 충만하게 만들어 줄 수 있는 네 가지 방법이 나온다. 실제로 빌립보인들에게 바라는 2장 2절의 요구는 2장 1절에서 단언한 것을 그대로 반영한다.

이것은 다 사실이므로:		이렇게 함으로써:
그리스도 안에서 격려, 사랑의 위로, 성령의 교제, 긍휼과 자비가 있으므로	**내 기쁨을 충만하게 하라**	마음을 같이하고, 같은 사랑을 가지고, 뜻을 합하고, 한마음을 품어서

"마음을 같이하[다]"(2:2)라는 말은 모든 신자가 사소한 교리적 쟁점에 다 동의하거나 복장 규정을 준수하거나 개성을 억누르기를 기대한다는 뜻이 아니라, 서로 사이좋게 지내고, 그리스도가 최고의 주권자이시라는 것과 믿음의 핵심 원칙에 동의한다는 뜻이다. 바울은, 그리스도 안에 있으면 영적으로 하나라는 관점에서, 불화가 아닌 화합, 획일성이 아닌 연합을 이루라고 독려한다. 이러한 그리스도를 닮은 연합 속에서 신자는 서로에게 사심 없는 사랑을 유지하고 동일한 목표–그리스도를 선포하고, 다른 사람들이 그리스도와의 관계 속에서 성장하도록 돕는 것–를 향해 나아갈 수 있다.

지난 시대의 훌륭한 성경 교사였던 해리 아이언사이드(Harry Ironside)는 교회가 어떻게 다양성 속에서 빌립보서 2장 2절에서 말하는 연합을 이룰 수 있는지에 대한 통찰을 제공한다.

> 그리스도인이 모든 면에서 의견이 일치할 수 없다는 것은 분명하다. 우리는 습관, 환경, 교육, 지금까지 습득한 지적, 영적 이해의 정도가 다 다르기 때문에 모든 것을 같은 관점에서 보는 사람들을 많이 찾는 것은 불가능하다. 그러면 어떻게 그런 사람들이 한마음을 가질 수 있을까? '그리스도의 마음'이란 겸허한 마음이다. 우리 모두가 이 마음을 가진다면 우리는 사랑 안에서 함께 걷고, 서로를 배려하며, 서로의 신념에 도전하기보다는 서로의 믿음을 돕는 자가 되려고 할 것이다.[4]

바울이 빌립보인들–그리고 우리–에게 가지라고 촉구하는 "한마음"이란 자기를 비우는 겸손이다. 그러면 어떻게 그렇게 할 수 있을까? 바울은 2장 3-4절에서 이러한 겸손의 모습을 간략하게 보여준다. 그리스도와 같은 미덕을 구현하는 사람들은 이기심이나 자만심에서 나온 언행이나 태도를 보이지 않는다. 그들은 자기 자신보다 다른 사람들을 더 중요하게 여긴다. 그들은 자기가 관심 있는 일에만 집중하지 않는다. 그들은 다른 사람들의 필요에 주의를 기울인다. 그러나 이렇게 행동할 거라고 말하는 것과 실제로 행하는 것은 별개의 문제다. 그래서 바울은 자기를 비우는 겸손의 요체인 그리스도의 인격과 사역으로 방향을 돌린다.

—2:5-11—

예수 그리스도는 실로 자신을 비우는 겸손을 보여주는 최고의 귀감이자 원천이시다. 바울이 그리스도가 성육하시고 십자가상에서 죽으심으로써 자기를 비우는 겸손을 보여주시기 전과 후의 영광스러운 삶을 묘사하는 대목은 성경에서 가장 감동적인 구절로 꼽힌다.[5] 그리스도의 인격과 사역을 기리는 찬송가로 인정받는 이 찬가는 2장 5절에서 시작해서 2장 6-11절까지 이어진다. 그는 말한다. "너희 안에 이 마음을 품으라 곧 그리스도 예수의 마음이니"(2:5). 그리스도를 따르는 사람들에게 기대되는 자기를 비우는 겸손이 어디까지를 말하는지 알려면 겸손의 화신이신 분을 보면 된다. 그분의 인격과 사역을 되새기며 그것이 우리의 생각을 밝히고 마음에 사무치면 우리의 삶은 성령의 능력으로 변화될 것이다.

이 그리스도 찬가는 기본적으로 세 개의 시점에서 그리스도를 서술한다.

- 세상에 오시기 전에 영광 가운데 계신 하나님의 아들(2:6).
- 세상에서 자기를 비운 겸손을 보여주신 하나님의 아들(2:7-8).
- 세상을 떠나신 뒤 영광을 입으신 하나님의 아들(2:9-11).

세상에 오시기 전에 영광 가운데 계신 하나님의 아들(2:6). 성육하시기 전, 즉 신성한 하나님의 아들—삼위일체의 제2위격—이 온전한 인간의 본성을 취하시기 전에, 그분은 성부와 성령과 동등하게 영원히 존재하셨다. 주석가 리처드 멜릭(Richard Melick)에 따르면 "그는 근본 하나님의 본체시나"라는 구절은 그분이 "실체에 합치하는 외양"을 가지셨다는 뜻이다. 그 형상은 내적 실체를 완벽하게 나타낸다."[6] "하나님과 동등됨"이라는 다음 구절이 이 성육신 이전의 존재를 더 상세히 묘사한다. 세상에 오시기 전에 성자는 본질과 속성이 속속들이 신성하셨다.

하나님 아들이 지니신 온전한 신성의 개념은 신약성경의 다른 곳에서도 가르친다. 예수님은 이렇게 기도하셨다. "아버지여 창세 전에 내가 아버지와 함께 가졌던 영화로써 지금도 아버지와 함께 나를 영화롭게 하옵소서"(요 17:5). 사도 요한은 예수님을 이렇게 묘사했다. "태초에 말씀이 계시니라 이 말씀이 하나님과 함께 계셨으니 이 말씀은 곧 하나님이시니라"(요 1:1). 히브리서의 저자는 성자 하나님이 "이는 하나님의 영광의 광채시요 그 본체의 형상이시라"(히 1:3)고 확증했다.

그러면 그리스도가 "하나님과 동등됨을 취할 것으로 여기지 아니하시고"(빌 2:6)는 무슨 뜻인가? "취할 것"이라고 번역된 명사 *harpagmos*(725)는 신약성경에서 이 구절에 딱 한 번 나온다. 신약성경 밖에서는 강도질이나 약탈로 얻은 전리품을 가리키는 부정적인 뜻으로 쓰인다.[7] 하지만 빌립보서 2장 6절의 의미는 분명 다르다. 그리스도가 하나님에게서 신성한 능력을 강탈하려고 하셨을 리는 없다. 신성한 능력은 영원한 아버지의 영원한 아들이신 성자가 소유하실 수 있는 것이다.

명사 *harpagmos*에 담긴 긍정적인 의미로는 영광, 명예, 권력 그리고 왕자가 왕의 아들로서 지닐 수 있는 직함처럼 무언가 '큰 혜택' 또는 '좋은 땅' 등이 있다.[8] 이 경우, 그리스도가 "하나님과 동등됨"을 *harpagmos*으로 여기지 않으셨다는 말은 영원한 아들로서 영광, 명예, 권력, 신의 칭호가 그분의 것이지만, 그분은 자신의 영광을 누리는 버릇없는 망나니 같은 태도를 취하지 않으셨다는 뜻일 수 있다. 핸슨은 이 수수께끼 같은 구절을 다음과 같이 해석한다. "하나님의 형체로 존재하시는 이가 하나님과 동등됨을 자기에게 유리하게 이용하려 하지 않으셨다."[9] 그분은 시간과 공간이 창조되기 전부터 아버지와 함께 소유하셨던 천상의 영광을 거머쥘 수 있었고, 그럴 모든 권리를 가지셨음에도 불구하고 그러지 않으셨다. 그리스도는 자기중심적인 우월감을 과시하지 않고 겸손히 자신을 비우셨다.

이런 맥락에서, 나는 1세기 말 로마 교회의 지도자였던 글레멘드–빌립보서 4장 3절에서 바울의 동역자 중 하나로 묘사된 그 "글레멘드"일 것이다–의 말을 좋아한다. 그리스도인에게 겸손을 촉구하는 그의 편지에는 빌립보서 2장에 나오는 바울의 그리스도 찬가를 오롯이 담아낸 듯한 구절이 나온다. "그리스도는 마음이 겸손한 사람들의 주님이시지 자기의 양 떼 위에 군림하며 스스로 높이는 자들의 주님이 아니시다. 하나님이신 주 예수 그리스도의 권위의 홀은 오만이나 교만(그분은 가지실 수 있지만)을 요란하게 떨친다고 생기는 것이 아니라 겸손한 마음가짐에서 나온다"(클레멘트 16:1-2).[10] 생각해보라. 영원하고 전능하신 성자 하나님이 자신의 고귀한 지위를 취할 것으로 여기지 않으셨다. 그분의 마음속에는 만물의 절대적인 주권자로서 자신의 우월한 지위를 이용하실 생각이 손톱만큼도 없으셨다. 왜일까? 인간에 대한 그분의 온전한 사랑이 자신을 비우는 겸손으로 나타났기 때문이다.

완전무결하시고 전적인 주권을 가지신 예수님이 인류를 위해 기꺼이 자신의 영광의 세계를 떠나셨다. 끊임없는 천사들의 찬양에 에워싸여 있던 아들이 자기를 돌아보지 않고 자기를 저주하고 학대할 사람들 사이에 거하려고 오셨다. 성자 하나님은 자기를 죽음의 어둠 속에 거꾸러뜨리려고 하는 차갑고 어두운 세상을 위해 자기에게서 흘러나오는 신성한 영광의 광체를 육신의 장막으로 가리셨다. 그 영광은 손상되거나 소멸되지 않고 감춰졌다.

실로 이해할 수 없고, 가늠할 수 없는 자기를 비우는 겸손의 귀감이 아닌가!

그리스도는 자기의 신성을 비우셨는가?(빌립보서 2:7)

찰스 웨슬리(Charles Wesley)의 숭고하고 장엄한 찬송가 "어찌 날 위함이온지"에는 이런 구절이 있다.

하늘 높은 아버지의 보좌 떠나오셨네
너무나 값없고 무한하신 주의 은혜
오직 사랑으로 자기를 비우셨고
구제할 길 없는 아담의 족속 위해 피 흘리셨네![11]

웨슬리가 말한 "오직 사랑으로"는 무슨 뜻일까? 나는 이 말이 모호하고 오해를 일으킬 소지가 있다는 이유로 이 구절을 부르지 않으려 하는 사람들을 알고 있다. 그리스도는 자기의 신성을 포기하셨는가? 신성한 속성은? 보좌는? 그러나 찰스 웨슬리의 시적 표현은 그리스도가 "자기를 비[우셨다고]" 한 빌립보서 2장 7절에서 영감을 받은 것이다. 그런데 이 짤막한 문구에 담긴 의미가 여러 세기를 거치면서 이상한 방향으로 귀결되었다.

어떤 사람들은 이것이 성자 하나님이 자신의 신성을 포기하시고 그냥 인간이 되셨다는 뜻이라고 말했다. 그렇게 해석한 책이나 성경공부 교재를 보면 던져버리라. 그건 이단이다. 강대상에서 누가 그런 설교를 하면 듣지 말라. 신성모독이다. 기억하라, 성자 하나님은 본질적으로 완전하고 영원한 신성을 지닌 하나님이시다. 신성은 변할 수 없다. 그분이 변할 수 있다면 진짜 하나님이 아닐 것이다. 하나님의 아들이 자발적으로 자신의 신성을 비우셨다는 말은 근본적으로 그가 진짜 하나님이 아니었다는 뜻이다. 또 어떤 사람들은 하나님의 아들이 신의 속성을 비웠다고 완곡하게 표현한다. 결국 같은 말이다. 하나님의 속성은 하나님이 하나님이심을 나타내는 특성이다. 만약 그리스도가 성육신으로 인해 단 하나의 속성이라도 잃으셨다면 그분은 애초에 하나님이 아니었다.

"자기를 비우다"로 번역된 용어는 *kenoō*(2758)라는 동사다. 이 말(그리고 이에 상응하는 명사)은 문자적으로 내용물이 없는 물리적 용기를 지칭하기도 하지만,[12] 거의 대부분 비유적으로 쓰인다. 로마서 4장 14절에도 이 말이 쓰였다. "만일 율법에 속한 자들이 상속자이면 믿음은 헛것이 되고." 여기서 믿음이 "헛것"(*kenoō*)이 된다는 말은 실제로 믿음이 파괴되거나 꺾인다는 뜻이 아니라, 우리가 율법대로 살려고 할 때 믿음의 효력이 가려진다는 뜻이다. 이와 비슷하게, 고린도전서 1장 17절에서 바울은 하나님의 은혜의 역사에 의지하지 않고 "말의 지혜"로 복음을 전하는 것은 그리스도의 십자가를 "헛되게 하는 것"(*kenoō*)일 수 있다고 말한다. 십자가가 객관적으로 무력해질 수는 없지만, 어떤 상황에서 그 내재된 능력이 흐려지고, 희미해지며, 감춰질 수 있다. 다시 말해, 분명하게 드러나지 않을 수 있다.

따라서 빌립보서 2장 7절에서 그리스도가 "자기를 비[우셨다]"고 말한 것은 그분이 자신의 신성이나 신적인 속성을 포기했다는 뜻이 아니라, 그것을 가리셨다는 뜻이다. 실제로, 마태복음 26장 53절에서 베드로에게 "너는 내가 내 아버지께 구하여 지금 열두 군단 더 되는 천사를 보내시게 할 수 없는 줄로 아느냐"라고 말씀하셨듯이, 그리스도는 자신의 신적인 속성을 지극히 정당하게 사용할 수 있었던 상황에서도 그 권리를 포기하셨다.

신학자 스캇 호렐(Scott Horrell)은 이 점을 이렇게 설명한다.

> 그렇다면 그리스도의 *Kenosis*(또는 '비움')는 그분의 신성하고 무한한 본성에 완전한 인간의 본성(따라서 유한한)을 더하고, 그 행위에 내재된 고난과 죽음에 굴복하심으로써 하나님의 아들이 자진해서 받으신 굴욕을 가리킬 것이다. 이 최고의 겸손이 비유적으로 "자기를 비우심"으로 불린 것이다. 그러니 한낱 인간에 불과한 우리도 그리스도를 본받아 다른 사람을 위해 우리 자신을 비워야 한다.[13]

세상에서 자기를 비운 겸손을 보여주신 하나님의 아들(2:7-8). 바울이 노래하는 그리스도 찬가의 두 번째 모습은 세상에서 수난을 당하시는 천상의 주권자를 묘사한다. 천국의 영광에서 세상의 고통 속으로 자진해서 내려오신 그리스도의 겸손은 고대 세계에서 벌어진 가장 참혹한 고문과 처형 앞에서도 멈추지 않는다. 예수님이 아버지의 계획과 예수님의 자발적인 겸손으로 우리의 인간성을 공유하시고 우리의 죄를 위해 대신 죽으려고 내디디신 발걸음을 생각해보라.

1. 그분은 자기를 비우셨다(영광스러운 신적 능력을 가리심).
2. 그분은 종의 형상을 취하셨다(완전한 인간이 되심).
3. 그분은 죽기까지 순종하며 자신을 낮추셨다(하나님의 계획에 복종하심).
4. 그분은 가장 굴욕적인 죽음을 받아들이셨다: 십자가 처형(죄인을 대속하심)

많은 학자가 빌립보서의 이 시적인 구절을 "*kenosis hymn*"(겸손의 찬송)으로 일컫는 이유는 동사 *kenoō*(2758)를 인상적으로 사용하고 있을 뿐 아니라 외우고, 낭송하며, 노래하기 좋은 고대의 찬송가 형식을 취하고 있기 때문이다(67쪽에 나오는 "그리스도는 자기의 신성을 비우셨는가?"에서 '*kenosis*'에 대한 설명을 보라). "*kenosis hymn*"(겸손의 찬송)에서 그리스도가 천상에서 지상으로 낮아지셨다가 지상에서 천상으로 높임을 받으신 것을 도식으로 나타내면 V자 모양이 된다.

세상을 떠나신 뒤 영광을 입으신 하나님의 아들(2:9-11). 하나님의 계획과 목적은 성자 하나님이 고통과 고난, 죽음까지 겪어야 하는 우리와 동일한 인간성(그러나 죄는 없으신)을 취하시고, 우리 죄를 위해 십자가에서 죽으시기 위해 자발적으로 겸허히 자신을 비워 그분 고유의 영광과 권세를 가릴 것을 요구했다. 그러나 우리가 대속받고 그분의 사명이 성취되자 하나님은 자기 아들을 죽음에서 일으켜 기적적인 부활로 그분의 육신을 영화롭게 하시고, 다시 가장 영광스럽고 명예로운 자리로 올리셨다.

하나님은 예수님을 가장 높은 권좌로 올리셨을 뿐 아니라 신인(神人)이신 그분께 가장 중요한 이름—모든 이름 위에 뛰어난 이름—을 주셨다(2:9). 자기를 비우는 겸손으로 기꺼이 아버지의 뜻에 복종하신 예수님은 이제 모든 사람이 그 앞에 엎드리는 경배의 대상이 되셨

빌립보서 2장 6-11절의 KENOSIS

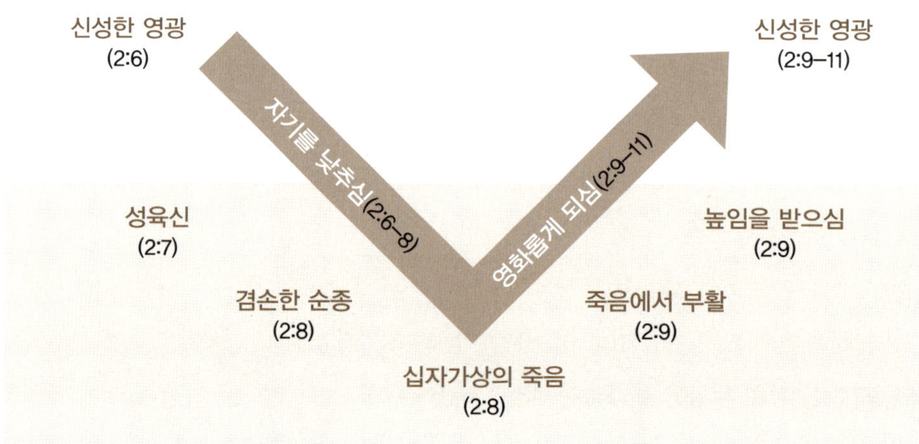

다(2:10). 하늘에 있는 천사들과 세상을 떠난 성도들이 그분께 고개를 숙일 것이다. 가장 신랄한 회의론자부터 가장 진실한 제자들에게 이르기까지 땅에 있는 자들이 그분께 절할 것이다. 그리고 땅 아래 있는 자들-구원받지 못한 사람들, 악마, 사탄-이 그리스도의 절대 주권과 하나님, 왕, 재판관으로 다스리실 그분의 권리를 인정하며 무릎을 꿇고 "하나님 아버지께 영광"(2:11)을 돌릴 것이다.

높은 보좌에 계속 계실 수 있는 모든 권리를 가지신 그리스도가 다른 사람들을 위해 자신을 돌아보지 않고 스스로 낮추셨는데, 하물며 다른 사람보다 자신을 높일 권리가 없는 우리가 어떻게 그분과 다르게 할 수 있다고 생각하겠는가? 이렇게 그리스도는 자기를 비우는 겸손의 완전한 본이 되셨다. 바울이 빌립보인들에게 말했듯이 그리스도는 우리 각 사람에게 말씀하신다. "너희 안에 이 마음을 품으라 곧 그리스도 예수의 마음이니"(2:5).

적용: 빌립보서 2:1-11
낮아지기

빌립보서 2장 1-11절을 쓴 바울의 논지는 간단하다. 마땅히 영원한 영광 가운데 거하셔야 할 신인(神人)이 우리를 위해 자진해서 결연히 그 권리를 포기하셨는데, 하물며 우리 같은 천한 죄인들이 어찌 다른 사람들을 향해 자기를 비우고 낮추는 것이 품위를 떨어뜨리는 일인 양 생각하고 행동할 수 있겠는가? 지금 우리 각자가 당면한 중대한 질문은 그리스도가 보여주신 급진적 겸손을 본받아 기꺼이 기쁨으로 자신을 낮추어 자아가 아닌 다른 사람들을 섬기는 종이 되겠는가라는 것이다.

그리스도가 중심이 되시는 이 원리를 더 개인적이고 구체적으로 적용하기 위해 그리스도 찬가 앞의 두 구절로 돌아가보겠다. 우리 앞에 이러한 자기를 비우는 겸손의 본보기를 놓고(2:5-8), 아래에 빌립보서 2장 3-4절을 풀어 쓴 것을 읽으라. 그리고 당신이 요즈음 잘 지내려고 애쓰고 있는 사람의 이름을 아래 빈칸에 써서 개인적으로 적용하라. 그 사람은 같은 교회 교인, 배우자, 자녀, 부모, 형제, 친척, 친구, 직장 상사, 사장, 직장 동료일 수 있다.

> 그리스도를 본받고 성령의 능력을 힘입어 나는 헛된 자만심을 버리고 나 자신의 영광을 추구하지 않겠으며, 겸손히 ________을(를) 나보다 더 낫게 여기려고 노력하겠습니다. 끊임없이 나만의 유익을 구하지 않고 ________의 유익도 생각하겠습니다.

이제 당신에게 누구와 무엇이 준비되었으니 기도하면서 '어떻게'도 생각해보라. 성령이 당신에게 더 큰 겸손을 향해 나아가라고 독려하시는 것을 느낄 때 어떻게 이 약속을 실천하겠는가? 이 사람을 향한 당신의 태도와 행동이 정말로 바뀌었다는 것을 어떻게 알 수 있는가? 이것을 실천할 수 있는 기회를 마냥 기다리지 말라. 기회를 찾으라. 이번 주부터 그리스도처럼 기쁘게 자신을 비우는 겸손의 삶을 살기 시작하라.

하나님의 내적 역사(빌립보서 2:12-18)

12그러므로 나의 사랑하는 자들아 너희가 나 있을 때뿐 아니라 더욱 지금 나 없을 때에도 항상 복종
하여 두렵고 떨림으로 너희 구원을 이루라 13너희 안에서 행하시는 이는 하나님이시니 자기의 기쁘신
뜻을 위하여 너희에게 소원을 두고 행하게 하시나니
14모든 일을 원망과 시비가 없이 하라 15이는 너희가 흠이 없고 순전하여 어그러지고 거스르는 세
대 가운데서 하나님의 흠 없는 자녀로 세상에서 그들 가운데 빛들로 나타내며 16생명의 말씀을 밝혀

나의 달음질이 헛되지 아니하고 수고도 헛되지 아니함으로 그리스도의 날에 내가 자랑할 것이 있게 하려 함이라 [17]만일 너희 믿음의 제물과 섬김 위에 내가 나를 전제로 드릴지라도 나는 기뻐하고 너희 무리와 함께 기뻐하리니 [18]이와 같이 너희도 기뻐하고 나와 함께 기뻐하라

본보기가 있다는 것은 참 좋은 일이다. 우리보다 앞서 훌륭한 삶의 본이 되어준 사람들은 참으로 귀하다. 그들이 우리가 어떻게 살아야 할지를 보여줄 수 있기 때문이다. 우리는 역사상 우리에게 영감과 동기를 불어넣어준 위대한 삶을 산 사람들의 인생을 공부할 수 있다. 그들은 우리도 똑같이 할 수 있는 장을 마련해주었다

우리가 본받을 수 있는 선하고 신실한 사람들의 모본은 많지만, 궁극적으로 우리가 바라보아야 할 것은 빌립보서 2장 6-11절에 묘사된 그리스도의 자기를 비우는 겸손 가운데 예시된 철저한 순종이다. 그분은 비천한 인성을 취하시고 고난과 죄와 죽음 가운데서 사시기 위해 천국의 영광을 버리셨다. 자기의 신적인 속성이 뿜어내는 광휘를 가리시고 인간의 삶의 한계를 기꺼이 받아들이셨다. 천사들의 경배와 찬양을 포기하시고 고문을 받으시다가 결국에는 십자가에서 처형당하셨다. 그분은 이 모든 일에 철저히 순종하셨다. 그분은 단 하나의 오점도 없으셨다. 단 한 번도 모순된 언행을 보이지 않으셨다. 단 한 마디의 성마른 말도 하지 않으셨다. 단 한 번도 아버지의 뜻에 어긋나는 생각을 하거나 과실을 범하지 않으셨다.

마크 트웨인(Mark Twain)은 이런 글을 썼다. "훌륭한 본보기가 주는 성가심보다 참기 힘든 게 또 있을까."[14] 그렇다면 아예 불가능한 본보기는 어떨까? 나는 신인(神人)이 아니다. 당신도 그렇다. 오직 성육하신 하나님의 아들이신 예수님만 이런 류의 초자연적인 겸손과 기적적인 순종을 구현하실 수 있었다. 그렇다면 우리는 도대체 어떻게 "너희 안에 이 마음을 품으라 곧 그리스도 예수의 마음이니"(2:5)라는 바울의 권고를 따를 수 있을까? 우리와 똑같이 타락한 죄인들의 훌륭한 본보기도 겨우 따를 둥 말 둥 한데!

나는 다른 사람들의 비위를 맞추거나 인정받으려고 거짓으로 얼렁뚱땅 그리스도의 본을 따르는 척하는 사람들을 많이 보았다. 잔뜩 달뜬 열성 팬들이 지켜보는 가운데 무대 위에서 립싱크하는 팝스타처럼 일부 그리스도의 추종자들은 모두가 지켜보고 있을 때 겉치레 쇼를 한다. 그러고는 아무도 볼 수 없는 분장실에서 덕지덕지 바른 미덕을 닦아낸다. 그

런 사람들은 진짜로 그런 미덕을 갖추기보다는 그런 척하면서 본질보다 이미지를 중요시한다.

나는 또 하나님을 마치 선행을 지불하면 그 대가로 원하는 것을 얻을 수 있는 우주의 자동판매기쯤으로 생각해서 순종하는 삶을 살려고 하는 사람들도 보았다. 그들은 지금 여기서 축복–대개 물질적 부, 건강, 권력, 명성–을 받기를 염원하면서 그리스도를 모방한다. 그런 사람들은 고뇌 없는 희열을 원한다. 고난 없는 영광을 원한다. 설령 성숙한 순종을 원한다고 해도 오래 참고 견뎌내야 하는 일을 겪지 않고 성숙하기를 바란다.

확신하건대, 바울이 청중에게 그리스도의 완전한 본을 따르라고 권고할 때 생각한 것은 빌립보서 2장 6–11절에 나오는 그리스도의 본을 따르는 게 아니다. 그가 원한 것은 빌립보인들이 근본적으로 새로운 태도와 궤도를 설정하는 것이었다. 이 새 궤도가 향하는 곳은 세속적인 완전성이 아니라 성화의 긴 과정을 거치는 영원한 완전성이다. 이것은 그리스도가 본을 보이신 온전한 순종을 향해 나아가면서 그 여정을 점진적으로 인도하시는 성령의 내적 역사에 전적으로 의존하는 삶이다. 빌립보서 2장 12–18절은 그러한 성령의 내적 역사가 어떻게 작용하는지 보여준다. 이 구절은 그리스도와 같은 순종이 불가능한 우리의 천성과 그리스도를 닮으려고 노력할 힘을 우리에게 주시는 하나님의 초자연적 내적 역사 사이에서 완벽한 균형을 잡아준다.

—2:12–13—

바울은 "그러므로" 또는 "이런 이유로"라는 뜻의 접속사로 앞에서 설명한 그리스도의 자기를 비우신 겸손을 가르쳐주는 최고의 본보기와 2장 12절을 논리적으로 연결한다. 그리스도가 보여주신 웅숭깊은 순종의 본에 비추어 빌립보인들은 진솔한 순종의 삶을 스스로 쌓아나가야 한다. 이 지점에서 바울은 빌립보인들에게 이상한 명령을 한다. "두렵고 떨림으로 너희 구원을 이루라"(2:12).

2장 12절에 기록된 바울의 말을 얼핏 보면 우리가 구원을 얻기 위해 열심히 노력해야 한다는 뜻으로 들릴 수 있다! 설상가상으로, 우리가 한 일이 구원을 얻기에 충분하지 않을 수도 있다는 두려움에 떨어야 한다. 만약 바울이 2장 14절로 바로 넘어갔다면 우리는 그리스도를 닮는 것은 전적으로 우리에게 달려 있으며, 하나님은 그리스도라는 본보기를 우리에게 주신 것으로 그분의 소임을 다했으니 이제 그분을 모방하는 힘든 일은 우리 소관이라는 인상을 받을 수 있다. 그러나 이것은 성급하고 잘못된 결론이다. 바울의 독자들이 그리스도 안에서 진정으로 거듭난 신자임을 기억하라. 하나님은 이미 그들 안에서 선한 일을 시작하셨고, 그것을 이루실 것이다(1:6). 그러니 그들의 구원을 이루라는 이 말은 그들이 행위로 구원을 이루어야 한다는 뜻이 아니다.

더 넓은 맥락에서 보면 바울이 의미하는 바를 더 잘 이해할 수 있다. 바울은 빌립보서 2장에서 무엇을 권면하고 있는가? 그는 독자에게 그리스도가 친히 보여주신 대로(2:5-11) 이기심과 자만심을 버리고 한마음과 한뜻으로 사랑하라는 권고로 시작한다(2:2-4). 2장 14-15절에서는 성도의 교제 속에서 서로를 어떻게 대해야 하는지를 다시 강조한다. 바울은 어둡고 뒤틀린 세상 속에서 다투거나 불평하지 말라고 하면서 "흠이 없고 순전하[라]"고 격려한다. 이 맥락에서 보면 2장 12절의 명령을 이해할 수 있다.[15] 빌립보인들은 구원을 얻어낸다는 의미에서 그들의 구원을 이루는 것이 아니라 실제적인 순종과 자기를 비우는 겸손으로 구원의 실제를 나타내야 한다. 여기서 강조하는 것은 칭의(의롭다고 선포됨)가 아니라 성화(더 의롭게 사는 법을 배우는 것)다.

그러나 바울은 그리스도가 보이신 이런 순종을 우리 힘으로는 실천할 수 없음을 알았기 때문에 그리스도가 보이신 순종이 실제로 어떻게 작용하는지 설명한다. 마치 바울이 그리스도인의 삶에서 액세스 패널을 제거해 원래는 보지 못했을 내부의 작동 원리를 얼핏 보여주는 것 같다. 우리가 진정한 순종으로 이 구원을 이룰 수 있는 까닭은 하나님이 친히 "자기의 기쁘신 뜻을 위하여"(2:13) 우리 안에 거하시는 성령을 통해 역사하고 계시기 때문이다. 우리가 성령의 역사에 순종할 때 하나님은 그분의 뜻을 성취하기를 바라는 마음과 능력을 우리에게 주신다. 그분은 은혜로 우리 안에서 내밀히 일하신다. 우리는 그분이 명하신 것을 행하기만 하면 된다.

우리 내면에서 보이지 않게 역사하시는 것을 우리가 볼 수 있다면 깜짝 놀랄 것이다. 고군분투하고 있는 건 그분이시다! 일하는 건 그분이시다! 우리가 불가능한 일을 할 수 있도록 힘을 주는 건 그분이시다! 어떻게든 스스로 동기를 부여하고 계속 순종할 수 있게 하는 것은 우리의 영혼이 아니다. 그리스도의 영이 우리 안에서 일하시며 우리를 그분이 원하시는 사람으로 만들고 계신다.

—2:14-16상—

이어서 바울은 하나님의 내적 역사가 어떤 식으로 이루어지는지를 더 상세히 묘사한다. 그것은 우리의 태도(2:14)와 행동(2:15)에 영향을 미친다. 우리는 모든 일을 "원망과 시비가 없이"(2:14) 해야 한다. 바울이 사용하고 있는 "원망"이라는 말은 "쾅!" "우당탕!" "휙!" 같은 소리를 나타내는 의성어다. "원망"을 나타내는 헬라어는 *gongusmos*(1112)로 사람이 목소리를 낮추어 투덜대는 소리처럼 들린다.[16] 이것이 불평과 언쟁을 뜻하는 "시비"와 짝이 되어 분쟁과 다툼을 일으킨다. 기쁨의 정반대인 불만과 불화의 나쁜 태도가 원망과 시비로 나타난다.

이러한 기쁨 없는 태도를 견제함으로써 우리는 그리스도와 같은 "흠이 없고 순전하[며]" "흠 없[는]" 자녀(2:15, 참조. 2:5)임을 스스로 입증한다. 그렇게 행할 때 우리는 어두운 세상에서 밝은 빛으로 반짝이고, 비뚤어진 문화 속에서 반듯한 기둥으로 우뚝 설 수 있게 된다. 하나님은 당신의 자녀들이 세상을 떠나 자기들끼리만 모여 사는 것을 원하지 않으신다. 또 우리의 증언이 무력해질 정도로 세상과 많이 섞이는 것도 원하지 않으신다. 우리는 만나는 모든 사람에게 그리스도의 빛을 비추려고 노력하면서 하나도 놓치지 않고 "생명의 말씀을 굳게 지[켜야]"(2:16, 공동번역) 한다. 예수님은 말씀하셨다. "너희는 세상의 빛이라 산 위에 있는 동네가 숨겨지지 못할 것이요 사람이 등불을 켜서 말 아래에 두지 아니하고 등경 위에 두나니 이러므로 집 안 모든 사람에게 비치느니라 이같이 너희 빛이 사람 앞에 비치게 하여 그들로 너희 착한 행실을 보고 하늘에 계신 너희 아버지께 영광을 돌리게 하라"(마 5:14-16). 예수님은 말씀만 하신 것이 아니라 이렇게 사셨다. 그리고 우리를 통해 계속 빛을 발하기를 원하신다.

불평하지 않고 기뻐하는 자세로 살면서 그들의 순결한 삶이 세상에 빛을 밝히는 그리스도인들은 세간의 화재가 될 것이다. 그들은 직장의 분위기를 바꿔놓을 것이다. 학교에서 변화의 주역이 될 것이다. 교회 전체가 옹졸한 분쟁의 불꽃을 피우지 않고 그리스도를 닮는 기쁨의 불꽃을 일으키는 데 집중한다면 우리 나라, 아니 전 세계에 어떤 영향을 미칠 수 있을지 상상해보라.

—2:16하-18—

빌립보인들이 기뻐하는 자세와 신실한 행동으로 성령의 내적 역사를 실제로 삶 속에서 실현할 때(2:14-16상) 바울은 그들을 위해 흘린 땀과 피와 눈물의 긍정적인 결실을 보게 될 것이다(참조. 고전 9:24-27). 바울은 자신이 개척한 교회들을 생각할 때마다 행여 자기가 혹독한 훈련이 허사로 끝난 달리기 선수나 고된 노동 끝에 아무 결실도 얻지 못한 일꾼같이 될까 봐 걱정했다(빌 2:16하). 하지만 바울은 걱정만 하지 않고 자신의 수고가 헛되지 않고 빌립보인들이 계속 그리스도를 본받아 희생적으로 하나님을 섬기는 데 긍정적인 영향을 미칠 수 있기를 기도한다.

바울은 2장 17절에서 잠시 어조를 바꾸어 암울한 현실로 시선을 돌리면서 빌립보인들의 믿음을 위해 자기 목숨을 전제(典祭)로 바칠 수도 있다고 말한다. 이 구절에서 바울이 사용한 희생 제물의 이미지에 대해 한 주석가는 이렇게 말했다. "고대 세계에서 이방인이건 유대인이건 희생 제물을 바치는 절차는 보통 신을 경배하기 위해 제물 위나 제단 하단부에 전제인 포도주를 붓는 것으로 마무리되었다."[17] 바울은 오랫동안 재판을 기다면서 자신이 삶의 막바지에 다다르고 있다고 느꼈다. 그래서 자신이 섬기는 교회들을 위해 주님께 목숨을 바칠 준비가 되어 있었다.

Photo by Marie-Lan Nguyen/Collection of Charles Hippolyte de Paravey

고대 제단에 전제(典祭)를 붓는 모습

그러나 사도로서 사역하는 내내 바울은 온갖 치명적인 위험에 직면했었다. 곧 벌어질 가이사의 재판-처형당할 수도 있는-은 가장 최근의 위협에 불과했다. 바울은 그답게 우울을 기쁨으로 상쇄한다. 설령 자신의 생명을 "전제로 드릴지라도", 그는 이것을 빌립보인들을 "섬기는 것"으로 보고 기뻐할 것이다(2:17). 바울은 또 빌립보인들에게 "이와 같이 너희도 기뻐하고" 자기와 그 기쁨을 함께 나누자고 권한다(2:18).

묵상의 서재

헛된 수고(빌립보서 2:16)

몇 년 전, 내 절친 데이브 로퍼는 캘리포니아의 팰로앨토에 있는 페닌슐라 성경교회에서 레이 스테드먼(Ray Stedman) 목사님 아래서 부목사로 재직하고 있었다. 나는 데이브가 들려준 스탠포드 대학교에서 사역할 때의 이야기를 지금도 기억한다. 데이브는 성경공부 모임 시간보다 일찍 대학 캠퍼스에 도착해 중앙 광장을 둘러보다가 잡초가 우거진 곳에서 포도나무와 웃자란 덤불에 묻혀 있다시피 한 석조물을 보게 되었다.

친구가 포도나무 덩굴을 걷어내고 잡풀을 헤집자 손으로 깎아 만든 수반이 모습을 드러냈다. 웃자란 식물에 완전히 가려져 한때 수반의 얕은 물에서 목욕을 즐겼던 작은 새들조차도 이제는 그것을 즐기지도 좋아하지도 않았다.

친구는 조각가가 그 수반을 만드는 데 쓴 시간을 그리고 조경사들이 그것을 설치하고 수년 동안 관리해온 수고를 생각했다. 그런데 이제 그것은 무용지물이 되었다. 그 수반에 들인 모든 수고는, 어떤 의미에서, 부질없었다. 데이브는 한숨을 쉬며 진지하게 기도했다. "주님, 제가 인생을 살면서 이런 수반을 만들지 않게 해주세요."

반세기 남짓 전임 사역을 해온 사람으로서, 나는 인생을 돌이켜보았을 때 모든 것이 다-아니면 거의 다-허사가 아니었는지 의심하고 싶지 않다. 성령의 능력을 힘입어야 우리 인간의 수고는 천국의 영향을 미칠 수 있다.

윌리엄 바클레이(William Barclay)는 양쪽이 함께 누리는 기쁨에 대해 몇 가지 관점을 제시한다.

> 바울은 자기의 삶을 기꺼이 하나님께 제물로 바치겠다는 의지가 조금도 흔들리지 않았다. 그리고, 그렇게 된다면, 그것은 그에게 큰 기쁨이 될 것이므로 그럴 것 같더라도 슬퍼하지 말고 오히려 기뻐하라고 요구한다. 바울에게 희생과 수고로의 부르심은 그리스도를 향한 사랑으로의 부르심이었기에 그는 후회와 불평이 아니라 기쁨으로 그것을 맞이했다.[18]

적용: 빌립보서 2:12-18
우리의 가장 큰 적

우리는 하나님이 내적으로 역사하심으로 그리스도를 닮아갈 수 있다. 이 본문에서 이 진리를 바라보는 바울의 관점을 통해 알 수 있는 것은 성령의 일에 동조하지 못하도록 우리를 방해하는 큰 적이 있다는 것이다. 그것은 바로 자아다. 즉, 우리의 타락한 본성에 내재하는 사악한 자기중심성이다. 우리가 조금만 앞으로 나아가려 하면 자아가 나서서 우리가 꽤 특별하고 칭찬받을 만하다고 말한다. 바로 그 순간 진실로 자기를 비우는 겸손은 날아가고 성령의 능력을 힘입은 순종은 무너져내린다.

그 자아 때문에 그리스도의 모범과 성령의 능력이 있어도 우리 안에 있는 새 생명을 살아내는 것이 녹록하지 않을 것이다. 우리 안에 있는 반항적인 성향이 온갖 수단을 다 동원해 우리가 그리스도를 닮지 못하도록 방해하려고 할 것이다. 우리의 삶에서 하나님을 내보내고 자기자신만 신뢰하라고 설득하기 위해 불평하고, 언쟁하며, 토라지고, 소리치며, 온갖 허튼소리를 끌어댈 것이다. 그렇게 하도록 내버려두지 말라. 잠언 16장 18절을 기억하라. "교만은 패망의 선봉이요 거만한 마음은 넘어짐의 앞잡이니라."

우리가 그리스도의 완전한 모본을 따르면서 성령의 능력으로 하나님의 내적 사역을 이루려고 할 때 기억해야 할 두 가지를 살펴보자.

1. **인정받고 싶어 하는 자아의 욕구를 견제하라.** 바울처럼, 모든 일에서 자아가 아니라 그리스도를 높이는 것을 목표로 삼으라. 물론 쉽지는 않겠지만, 하나님의 능력으로 우리의 지성과 감성은 우리 자신보다 그분을 위해 사는 법을 배울 수 있다. 하루아침에 되지는 않을 것이다. 당신이 넘어질 때마다 하나님이 자비를 베푸셔서 계속 당신을 일으켜 세우셔야 할 것이다. 그러나 결국 능력 주시는 하나님의 은혜로 자아는 힘이 약해지고, 갈수록 싸움에서 더 많이 지게 될 것이다.
2. **장악하려는 자아의 성향을 제압하라.** 자아는 뒷좌석이나 조수석에 앉는 것을 좋아하지 않는다. 자아는 전권을 원한다. 지지 말라. 이것은 이길 수 있는 싸움이다. 그러나 이 싸움이 평생 지속될 것을 각오하라. 자아는 우리가 죽거나 아니면 그리스도가 다시 오셔서 우리의 사악한 자아를 그분의 영광에 순응하도록 변화시키시기 전까지는 절대 항복하지도, 협상하지도, 굴복하지도 않을 것이기 때문이다.

우리가 자신의 타락한 본성에 의지하면 우리 삶에서 하나님의 내적 역사를 이루지 못할 것이다. 우리는 성령의 능력으로 우리 안에서 일하시는 그리스도께 의지해야 한다. 그러면 그분은 우리가 끊임없는 두려움이 아닌 형언할 수 없는 기쁨 속에서 그리스도와 같은 행보를 계속할 수 있도록 도우실 것이다.

"자식" 같은, "형제" 같은 친구(빌립보서 2:19-30)

19내가 디모데를 속히 너희에게 보내기를 주 안에서 바람은 너희의 사정을 앎으로 안위를 받으려 함
이니 20이는 뜻을 같이하여 너희 사정을 진실히 생각할 자가 이밖에 내게 없음이라 21그들이 다 자기
일을 구하고 그리스도 예수의 일을 구하지 아니하되 22디모데의 연단을 너희가 아나니 자식이 아버지
에게 함같이 나와 함께 복음을 위하여 수고하였느니라 23그러므로 내가 내 일이 어떻게 될지를 보아
서 곧 이 사람을 보내기를 바라고 24나도 속히 가게 될 것을 주 안에서 확신하노라 25그러나 에바브로
디도를 너희에게 보내는 것이 필요한 줄로 생각하노니 그는 나의 형제요 함께 수고하고 함께 군사 된
자요 너희 사자로 내가 쓸 것을 돕는 자라 26그가 너희 무리를 간절히 사모하고 자기가 병든 것을 너
희가 들은 줄을 알고 심히 근심한지라 27그가 병들어 죽게 되었으나 하나님이 그를 긍휼히 여기셨고
그뿐 아니라 또 나를 긍휼히 여기사 내 근심 위에 근심을 면하게 하셨느니라 28그러므로 내가 더욱
급히 그를 보낸 것은 너희로 그를 다시 보고 기뻐하게 하며 내 근심도 덜려 함이니라 29이러므로 너

희가 주 안에서 모든 기쁨으로 그를 영접하고 또 이와 같은 자들을 존귀히 여기라 [30]그가 그리스도의 일을 위하여 죽기에 이르러도 자기 목숨을 돌보지 아니한 것은 나를 섬기는 너희의 일에 부족함을 채우려 함이니라

우정에 값을 매길 수는 없다. 우리가 살면서 맺는 어떤 사람들과의 관계는 실제로 너무 소중해 종종 가족에 비유하기도 한다. "존은 제 오랜 친구입니다. 제게는 아버지 같은 분이죠." "사라와 나는 아주 친해요. 거의 자매 같죠." "댄이라는 친구는 마치 아들처럼 내 곁을 지켜주고 있다네."

친한 친구는 우리를 도울 뿐 아니라 변화시킨다. "악한 동무들은 선한 행실을 더럽히[듯이]"(고전 15:33), 좋은 친구는 용기, 리더십, 겸손, 능력, 성실성, 기쁨 같은 훌륭한 성품을 고취시킨다. 잠언 17장 17절은 이렇게 말한다. "친구는 사랑이 끊어지지 아니하고 형제는 위급한 때를 위하여 났느니라." 절친한 친구는 우리가 약할 때 우리를 받쳐주고, 침체될 때 기운을 북돋워주며, 움츠러들 때 떠밀어준다. 친구는, 때로는 말하지 않고도, 우리 본연의 모습보다 더 나은 사람이 되도록 우리를 자극한다. 친구가 없었다면 불가능했을 모습이다. 친구들의 인내를 지켜보면서 우리는 어려움을 견뎌낼 수 있게 된다. 섬기는 지도자를 가까이 하면 겸손의 씨앗이 우리 삶 속에 심긴다. 지긋한 미소로 고난을 내려다보는 경건한 신도를 보면서 우리는 좌절과 도전 속에서 흔들리지 않는 기쁨을 누리는 법을 배운다.

그러니 하나님의 말씀이 신실한 친구–형제자매보다 더 가까웠던–였던 사람들에 대한 언급과 서술과 칭찬으로 가득 차 있는 것은 놀라운 일이 아니다(참조. 잠 18:24). 바울도 이런 우정을 누렸다. 우리는 이따금 바울이 바나바, 실라, 마가, 디모데 같은 이들에게 자기의 겉옷과 두루마리를 지우고 숲과 늪지와 사막과 산을 터벅터벅 걸어가는 모습을 상상하고 싶어 한다. 우리가 생각하는 바울은 단호한 개인주의자, 누구든 그 사람 자체를 필요로 하지 않는 사람, 복음을 위해 모든 것을 거는 고독한 선교사일 것이다.

그러나 우리가 상상하는 바울의 그런 모습은 완전히 틀렸다. 그는 우정을 필요로 하고, 원하며, 소중히 여기는 보통 사람이었다. 직접 또는 간접적으로 그의 복음 사역, 교회 개척, 가르침, 저술 작업에 참여한 친구가 수십 명에 달했다. 그 중에는 우리가 아는 이름도 많고, 모르는 사람도 있다. 그의 서신서에 나오는 명단만 해도 방대하다. 바울의 사역을 후

원하고, 격려하며, 도왔다고 이름이 언급된 남녀의 수가 60명이 넘는다. 그리고 이마저도 어쩌다 말이 나온 것이다.

바울은 빌립보서 2장 19-30절에서 로마에서 가택 연금을 당하고 있을 때 유독 그와 가깝게 지냈던 친구 두 명에게 초점을 맞춘다. 이들은 바울에게 큰 격려와 힘, 위로와 기쁨을 주었다. 그는 한 사람은 "아들", 또 한 사람은 "형제"로 여겼다. 하나님이 우리 인생에 보내주신 친구들에 대해 생각해볼 때 그렇게 부를 수 있는 친구가 있는지 살펴볼 일이다.

—2:19-24—

바울의 모든 글 중에서 친구와 동역자들이 제일 많이 언급된 것은 디모데전후서다. 바울은 빌립보서 2장에서 빌립보인들에게 그들의 소식을 듣기 위해 로마에 있는 디모데를 그들에게 보내겠다고 알린다(2:19, 23). 바울은 디모데를 "같은 마음"을 가지고 빌립보 교회를 진심으로 아끼는 자로 묘사했다(2:20). 디모데는 단지 명령을 받고 간 것이 아니라 가고 싶어 했다. 바울은 그가 "진국"(2:22, 메시지 성경)이라고 말한다. 바울과 디모데는 10여 년을 함께 사역했던 사이였기에 바울은 다양한 상황 속에서 디모데를 지켜보며 그가 온갖 어려움을 어떻게 다루는지 볼 수 있었다. 말하자면 그는 시험을 통과한 것이었다. 실제로 그는, 친구보다 더 가까운, "내[바울]게 충실한 아들"(2:22, 메시지 성경) 이었다.

바울의 생애와 사역에 이토록 존재감이 두드러지고 그의 글에 이렇게 자주 등장하는 이 젊은이는 대체 어떤 사람이었을까? 바울은 AD 50년, 실라와 함께 두 번째 선교여행을 시작한 첫 달에 디모데와 조우했다(행 16:1-2). 바울은 루스드라에 와서 그리스도인들이 그 젊은이를 입이 마르게 칭찬하는 말을 들었다. 디모데의 아버지는 이방인(아마 불신자였을 것이다)이었지만, 유대인 어머니 유니게와 할머니 로이스 덕택에 디모데는 구약성경을 즐겨 읽었다(딤후 1:5, 3:14-15). 바울은 디모데에게서 이상적인 제자의 자질을 보았다. 성경에 대한 통찰력이 있고, 그리스도를 열렬히 추종했던 디모데는 바울과 아주 비슷했다. 게다가 한 발은 유대인 세계에, 다른 한 발은 이방인 세계에 걸치고 있어서 "먼저는 유대인에게요 그리고 헬라인"(롬 1:16)을 대상으로 하는 바울의 사역에 합류할 수 있는 완벽한 배경을 갖추고 있었다.

그러나 디모데가 유대인 가운데서 바울의 사역에 동참하려면 할례를 받아야 했다(행 16:3). 여기에는 영적인 이유가 아니라 현실적인 이유가 있었다. 바울은 기본적으로 자신을 이방인의 사도로 생각했지만(엡 3:1-10), 새로운 도시에 들어갈 때마다 먼저 회당에 복음을 전한 뒤(행 13:14-15, 17:1-3) 광장으로 갔다. 디모데가 유대인 선교에 바울과 동행하려면 유대인 공동체에 다가갈 수 있는 의례-할례-를 거쳐야 했다. 그리스도인에게 할례가 의무가 아닌데도 사역에 필요하다면 기꺼이 할례를 받으려고 하는 디모데의 모습에서 사명에 대한 열정을 엿볼 수 있다.

시간이 흐르면서 바울은 또 디모데에게서 자기와 "같은 마음"(빌 2:20, 현대인의 성경)이 있는 것을 발견했다. "같은 마음"으로 번역된 말은 *isopsychos*(2473)로, 두 개의 헬라어 단어-'같은'이라는 뜻의 *isos*(2470)와 '영혼' 또는 '마음'이라는 뜻의 *psychē*(5590)-에서 나왔다. 따라서 이 말은 기본적으로 '같은 마음' 또는 '공통점이 많다'는 뜻이다.[19] 바울처럼, 디모데도 학구적이고(딤후 3:14-15), 감성적이며(딤후 1:3-4), 헌신적이었다(빌 2:22).

거기에다가 디모데가 사역의 우선순위와 방법까지 자기와 똑같이 하는 것을 본 바울은 보통은 자기가 직접 나섰을 문제들을 해결하기 위해 "믿음 안에서 참 아들 된 디모데"(딤전 1:2)를 보냈다. 두 번째 선교여행 때 마게도냐 지역의 교회들-특히 데살로니가 교회-이 유대인들의 핍박에 굴복했을까 봐 디모데를 보내 그 지역 교인들을 "굳건하게 하고…위로"하게 했고(살전 3:1-2), 세 번째 전도여행 때는 디모데(그리고 에라스도)를 먼저 에베소에 보내 마게도냐와 헬라의 교회들이 바울의 방문을 대비하도록 했다(행 19:21-22). 그런 다음에는 마지막으로 오랫동안 고대했던 서바나 여행을 준비하면서-제자 대부분을 다시 보지 못할 것을 예상하고-바울은 디모데에게 에베소 교회를 맡긴다. 에베소 교회는 아시아에서 전략적으로 가장 중요한 교회였지만, 이교도 철학의 한복판에 자리하고 있어서 가장 타락하기 쉬웠다.

신약성경 속의 디모데	
바울의 사도 사역에서 디모데의 중요성은 개인적으로 그에게 쓴 두 권의 책을 포함해 신약성경에 그의 이름이 숱하게 언급된 것으로 알 수 있다.	
사도행전 16:1-3	빌립보서 1:1

사도행전 17:14-15	빌립보서 2:19-24
사도행전 18:1-5	골로새서 1:1-2
사도행전 19:21-22	데살로니가전서 1:1-2
사도행전 20:1-5	데살로니가전서 3:1-6
로마서 16:21	데살로니가후서 1:1
고린도전서 4:16-17	디모데전서
고린도전서 16:10-11	디모데후서
고린도후서 1:1	빌레몬서 1:1
고린도후서 1:19	히브리서 13:22-24

—2:25-30—

바울이 언급한 두 번째 절친은 빌립보서에만 나온다. 그는 에바브로디도다(빌 2:25-30, 4:18). 이 간략한 스냅샷만으로도 우리는 바울의 친구에 대한 명확한 그림을 얻을 수 있다. 바울에게 에바브로디도는 형제, 동역자, 전우, 전령, 사역이다(2:25). 빌립보 교회가 바울에게 보낸 후원금을 전해주려고 바울을 찾아왔을 때(4:15-18 해설 참조) 에바브로디도는 병이 들어서 죽음의 문턱을 오락가락했다(2:26-27, 30). 그런데 이때 놀랍게도 에바브로디도는 사경을 헤매면서도 자기의 병 때문에 빌립보인들에게 심려를 끼친 것을 힘들어했다(2:26). 감사하게도, 하나님이 에바브로디도의 건강을 회복시켜주셔서 빌립보인들과 바울의 염려를 덜어주셨다(2:27).

로마에 그렇게 신실한 친구가 있다는 것은 바울에게 개인적으로 도움이 되었을 텐데도 그는 에바브로디도에게 편지를 들려 다시 빌립보로 보내기로 결정했다. 바울은 왜 그를 곁에 두지 않았을까? 아마도 바울은 에바브로디도의 건강 상태를 걱정하며 그를 바울에게 보낸 것이 실수가 아니었는지 염려하고 있었을 빌립보 신도들의 마음을 편하게 해주고 싶었던 것 같다(2:25-27). 에바브로디도를 그의 본교회로 돌려보내는 것은 바울의 사역에 재정적 도움을 준 그 교회에 대한 바울의 깊은 '감사 인사'였을 것이다. 바울은 에바브로디도

다른 사람을 위해 죽음을 불사하다(빌립보서 2:30)

바울이 에베브로디도를 그리스도의 일을 위해 자기 목숨까지 내놓았던 자로 묘사할 때(2:30) 사용한 헬라어 단어는 *paraboleuomai*(3851)로, 신약성경에서는 이 구절에서만 쓰였다. 이 용어는 '자신을 위험에 노출시키다' 또는 '모든 것을 건다'는 뜻이다.[20] 에바브로디도가 자기의 생명을 걸었던 예는 성도가 다른 사람을 섬기기 위해 목숨을 거는 이타적인 행위를 고취시킨다.

이렇게 사역을 위해 자기를 희생한 사람은 에바브로디도만이 아니다. 그가 보여준 귀감에서 영감을 얻어서든 그리스도를 닮은 모습에서 감동을 받아서든, 역사적으로 다른 사람을 위해 자기의 안전과 건강을 제쳐둔 사람들이 또 있었다. 전염병이 닥쳤을 때 알렉산드리아의 그리스도인들이 어떻게 사역했는지를 묘사한 3세기의 교부 알렉산드리아의 디오니시우스의 글에서도 위험을 무릅쓴 사역에 대한 감동적인 이야기를 찾아볼 수 있다.

> 우리 형제 대부분은 넘치는 사랑과 형제애에서 우러난 친절을 아끼지 않았습니다. 그들은 서로를 꼭 잡고 담대하게 병자들을 방문하고, 그리스도 안에서 그들을 계속 돌보고 섬겼습니다. 그들은 진실로 기뻐하면서 죽음을 맞이했고, 다른 이들의 고통을 떠맡았으며, 이웃의 병자들을 데려와 기꺼이 그들의 고통을 끌어안았습니다. 그리고 병자를 돌보고 다른 사람에게 힘을 주었던 많은 이가 그들의 죽음을 자기에게로 옮겨와 죽었습니다.[21]

이 본을 따라서 에바브로디도와 같은 신자들의 형제회가 생겨났다. 파라볼라니(Parabolani)로 알려진 이 형제회는 성경에 나온 것처럼 생명을 걸고 봉사했다. 한 백과사전은 파라볼라니를 "초대교회에서 자발적으로 병자를 돌보고 시신을 매장했던 형제회"라고 설명한다.[22] 그들은 다른 사람들이 외면할 때 거칠 것 없는 용기로 병든 자, 죽어가는 자, 죽은 자들을 위해 자기 목숨을 내건 자들로 일컬어졌다.

의 귀향이 빌립보인들을 기쁘게 해주리라는 것을 알았다(2:28-29).

그러나 에바브로디도가 자기의 사명과 바울에게 파견된 목적을 이루지 못하고 돌아왔다고 생각하는 사람이 있을 수도 있었다. 어쩌면 그런 사람들은 에바브로디도가 후원금 전달뿐 아니라 바울의 옥바라지를 해주기를 바랐을 수도 있다. 그들은 아마 에바브로디도를 중도 포기자로 평가할 것이다.[23] 그가 정말 그러했다면, 바울은 그를 아주 다르게 묘사했을 것이다. 바울은 빌립보 교회가 그를 "모든 기쁨으로" 영접하고 "존귀히 여기[기를]" 바랐다(2:29). 그는 긴 여정 끝에 그리스도의 대의와 빌립보 교회를 위해 목숨을 잃을 뻔했다(2:30). 에바브로디도는 '패배자'로서가 아니라 고향이 낳은 영웅이자 그들 모두가 본받아야 할 귀감으로서 환영받아 마땅했다.

적용: 빌립보서 2:19-30

디모데와 에바브로디도

죄 짐 맡은 우리 구주 어찌 좋은 친군지
걱정 근심 무거운 짐 우리 주께 맡기세
주께 고함 없으므로 복을 받지 못하네
사람들이 어찌하여 아뢸 줄을 모를까[24]

"죄 짐 맡은 우리 구주"라는 찬송가의 가사는 예수님은 우리의 하나님, 구세주, 왕이실 뿐만 아니라 아주 친밀한 친구이심을 일깨워준다. 그분은 언제든지, 누구라도 다 만나주신다. 그분은 자기를 비우신 겸손, 희생적인 사랑 그리고 그분의 애정에 결코 보답할 수 없는 사람들에 대한 인내를 보여주신다.

우리는 또 그리스도의 몸 안에서 그리스도의 측량할 수 없는 우정을 실제적이고 가시적으로 보여주는 사람들을 얻었다. 바울에게는, 디모데와 에바브로디도가 그렇게 그리스도의 성품을 보여준 친구들이었다. 빌립보서에서 볼 수 있는 두 종류의 우정에 대해 생각해보자.

디모데 형제회. 당신에게는 디모데 같은 사람이 있는가? 당신이 시간, 열정, 격려, 지원을 쏟으면서 남을 위할 줄 아는 사람으로 성장해가는 과정을 지켜본 누군가의 이름을 댈 수 있는가? 바울이 그랬듯, 디모데 같은 사람의 멘토가 되는 것만큼 보람 있는 일은 흔치 않다. 어쩌면 하나님이 당신을 그런 종류의 우정으로 부르고 계실지도 모른다. 어쩌면 당신이 그들의 학비를 돕거나…사역이나 선교여행을 후원하거나…그들을 품고 멘토가 되어주거나, 힘들 때 조언해줄 수 있을지도 모른다. 디모데를 갖는 것이 얼마나 귀한 일인지 그 중요성을 절대 과소평가하지 말라.

혹은 당신이 다른 누군가—지원과 격려와 조력이 필요한 사역에 몸담고 있는 나이 많은 성도—에게 디모데가 되어야 할 수도 있다. 하나님은 당신이 겸허히 그들을 섬기고, 그들의 염려에 진실한 관심을 보이며, 그들의 압박감과 짐을 덜어주고, 종의 마음을 보여주라고 당신을 부르고 계실지도 모른다.

에바브로디도 형제회. 이런 사람은 그리스도를 섬기는 소명에 목숨을 건다. 당신은 에바브로디도의 대열에 합류할 의사가 있는가? 사실 도움이 필요한 사람을 보살필 때마다 당신은 위험을 무릅쓰는 것이다. 매번 그렇다. 당신은 이용당할 위험을 무릅쓴다. 오해받을 위험을 무릅쓴다. 배척당할 위험을 무릅쓴다. 사실, 크든 작든, 어떤 식으로든 위험이 없는 사역은 없다. 내가 보기에 우리는 복음을 위해 최소한의 위험도 감수하려 하지 않고 안락과 통제를 추구하는 무사안일주의에 빠져 있는 것 같다. 지금부터 당신은 그리스도를 위해 위험을 감수할 의향이 있는가? 성령이 당신의 세계를 뒤흔드실 수도 있는 특정한 사역 쪽으로 결단을 내리라고 당신을 슬쩍 떠미시는 것을 느껴본 적이 있는가? 내 말을 들으라. 그 위험은 무릅쓸 가치가 있다.

당신이 살면서 맞닥뜨리는 에바브로디도에게 당신은 어떻게 반응하는가? 그 사람을 존경하라. 그 사람을 꾸짖지 말고 경멸하지 말라. "당신은 왜 이 일에 시간을 허비하고 모든 것을 거는가? 당신의 미래를 생각하라!"고 말하지 말라. 대신 기도와 후원과 격려로 도우라. 물론, 그럼으로써 당신도 에바브로디도회에 발을 들이게 된다. 왜냐하면 결국 누군가가 당신에게 이렇게 말할 것이기 때문이다. "저렇게 무모한 사람에게 시간을 낭비하다니 어리석군!"

위대한 로마의 정치가 키케로는 이렇게 말했다. "친구의 얼굴을 들여다보는 그는, 실은, 자기의 복사판을 보고 있는 것이다."[25] 그리스도를 더 닮기 원하는가? 디모데 형제회와 에바브로디도 형제회의 사람들, 당신에게 도전을 주고 당신을 변화시켜줄 그리스도와 같은 성품을 보여주는 사람들과 친구가 되라.

주

1. Bauer et al., *Greek-English Lexicon*, 659.
2. Hansen, *Letter to the Philippians*, 135.
3. Melick, *Philippians, Colossians, Philemon*, 93을 보라.
4. H. A. Ironside, *Philippians and Colossians*, An Ironside Expository Commentary(Grand Rapids: Kregel, 2007), 38.
5. Hansen, *Letter to the Philippians*, 122–127의 해설을 보라. 이 책의 160–168쪽에 나오는 초기 기독교 찬송가에 대한 해설도 보라.
6. Melick, *Philippians, Colossians, Philemon*, 101.
7. Bauer et al., *Greek-English Lexicon*, 133.
8. 같은 책.
9. Hansen, *Letter to the Philippians*, 123.
10. Brannan, *Apostolic Fathers*.
11. Charles Wesley, "And Can It Be?", *Hymnal for Worship and Celebration*(Waco, TX: Word Music, 1986), no. 203.
12. 초기 기독교 저작인 *The Shepherd of Hermas*에서 빈 물동이를 지칭하는 데 이 용어를 사용한다(Mandates 11.15).
13. J. Scott Horrell, with Nathan D. Holsteen and Michael J. Svigel, "God in Three Persons: Father, Son, and Holy Spirit", in *Exploring Christian Theology*, vol. 1, *Revelation, Scripture, and the Triune God*, ed. Nathan D. Holsteen and Michael J. Svigel(Minneapolis: Bethany House, 2014), 163.
14. Mark Twain, *Pudd'nhead Wilson: A Tale*(London: Chatto & Windus, 1894), 197.
15. Hansen, *Letter to the Philippians*, 172를 보라.
16. Wuest, *Wuest's Word Studies*, 75를 보라.
17. Gerald F. Hawthorne and Ralph P. Martin, *Philippians*, rev. ed., Word Biblical Commentary, vol. 43(Grand Rapids: Zondervan, 2015), 148.
18. William Barclay, *The Letters to the Philippians, Colossians, and Thessalonians*, The New Daily Study Bible(Louisville: Westminster John Knox, 2003), 55.
19. Bauer et al., Greek-English Lexicon, 481.
20. 같은 책, 759.
21. Eusebius, *Ecclesiastical History*, 7.22에서 발췌했으며, Philip Schaff and Henry Wace, eds., Nicene and Post-Nicene Fathers, Second Series, vol. 1, *Eusebius: Church History, Life of Constantine the Great, and Oration in Praise of Constantine*(New York: Christian Literature Publishing Company, 1890), 307에 인용되었음.
22. Patrick J. Healy, "Parabolani", in *The Catholic Encyclopedia*, vol. 11, *New Mexico—Philip*, ed. Charles G. Herbermann et al.(New York: Encyclopedia Press,1 913), 467.
23. Barclay, *Letters to the Philippians, Colossians, and Thessalonians*, 7을 보라.

24. Joseph M. Scriven, "죄 짐 맡은 우리 구주", *Hymnal for Worship and Celebration*(Waco, TX: Word Music, 1986), no. 435.

25. Marcus Tullius Cicero, *On Friendship*, trans. Andrew P. Peabody(McLean, VA: Trinity Forum, 2004), 19.

나눔의 기쁨

빌립보서 3:1-21

참된 기쁨은 신자의 삶에 열리는 성령의 열매다. 실제로, 기쁨은 갈라디아서 5장 22-23절에서 바울이 열거한 목록 중 사랑 다음으로 순위가 높다. "오직 성령의 열매는 사랑과 희락과 화평과 오래 참음과 자비와 양선과 충성과 온유와 절제니 이같은 것을 금지할 법이 없느니라." 우리 삶 속에 나타나는 성령의 역사가 다 그렇듯이, 기쁨은 끊임없이 세상과 육신, 악마의 공격을 받는다.

육체의 욕망은 적개심, 투쟁, 질투, 분노, 분쟁, 불화, 파벌, 질시 같은 것들로 우리의 기쁨을 약화시키려고 한다(갈 5:17-21). 세상은 고통, 고난, 비극, 중압감으로 우리의 기쁨을 압살하려 한다. 악마는 우리의 관심을 예수 그리스도에게서 만족을 줄 수 없는 것들로 돌려 거기에서 기쁨을 찾으라고 꼬드긴다.

기쁨에 찬 그리스도인의 삶을 진짜로 위협하는 것이 빌립보서 3장에 본격적으로 나온다. 바울이 삶, 섬김, 나눔, 안식 속에서 그리스도를 중심으로 한 성령의 능력을 힘입은 기쁨을 찾으라고 빌립보인들을 격려하기 위해 이 편지를 썼다는 사실을 잊지 말라. 바울은 3장의 첫 문장에서 이 주제를 강조한다. "주 안에서 기뻐하라"(빌 3:1). 그렇지만 위협이 상존하고 있다는 것 또한 알았기에 바울은 독자들에게 기쁨의 '안전장치'를 알려준다. 제일 먼저 성령 안에서 하나님을 경배하고 그리스도를 기뻐하기보다 육신을 신뢰하는 것에 대한 경고가 나온다(3:2-11). 바울은 또 기쁨에 찬 그리스도인의 삶의 목표-하나님이 그리스도 안에서 높은 곳으로 부르심(3:12-16)-를 나누고 독자에게 죽을 수밖에 없는 그들의 육신이 그리스도와 같은 몸으로 변화될 영광의 그날까지 그가 보여준 본을 따르라고 말한다(3:17-21).

핵심 용어

δικαιοσύνη[*dikaiosynē*, 디카이오쉬네]*(1343)* '의', '정의', '공정'

*dikaiosynē*는 신약성경의 여러 곳에서 미묘하게 다른 의미로 쓰였다. 어원의 뜻은 '강직함' 혹은 '정직'이다. 야고보서에서는 올바른 행동이나 도덕적 올곧음을 가시적으로 나타낼 때 이를 강조하기 위해 '의'라는 뜻으로 쓰인다(예. 약 1:20, 2:23). 요한계시록 19장 11절에서는 그리스도가 세상을 심판하시는 것의 정당성을 나타낸다. 그런데 사도 바울은 이 말을 주로 칭의의 결과로 하나님 앞

에 떳떳이 설 수 있음을 뜻하는 보다 법적인 의미로 사용한다. 바울의 다른 글에서처럼(참조. 롬 1:17, 3:22) 빌립보서에서도 "율법의 의로는 흠이 없는" 것–바울이 불가능하다고 생각하게 된–과 "믿음으로 하나님께로부터 난 의"를 대조한다(빌 3:6, 9).

κατατομή[*katatomē*, 카타토메]*(2699)* '절단'

περιτομή[*peritomē*, 페리토메]*(4061)* '할례'

하나님이 정하신 대로 히브리 남자들의 할례는 열국에 축복이 될 구별된 민족으로서 그들의 역할을 상징하면서(창 17:1–14) 그들이 "제사장 나라가 되고 거룩한 백성"(출 19:6, 현대인의 성경)이 됨을 나타냈다. 유대인들은 할례가 하나님의 선민이라는 그들의 지위를 일깨워주기 위한 표식임을 알았다. 할례의 역할은 유대 민족을 향한 하나님의 특별한 은총을 다른 이들에게 알려주는 외적 상징이었다. 초대교회의 일부 유대인 그리스도인들–유대주의자들–은 이방인 그리스도인들에게 예수님을 따르려면 반드시 할례를 받아야 한다고 강요했다(참조. 행 15:1–35, 갈 2:1–21, 5:1–12). 바울은 빌립보서 3장에서 노골적인 말장난으로 이 이단을 반박한다. 그는 성령의 '진짜 할례'–열방에 빛이 되라는 소명을 실제로 하나님의 은혜로 성취한 그리스도를 믿는 자들–와 종교의 외적, 물리적 표현을 신뢰하는 독선적이고 위선적인 육체의 '거짓 할례'를 대조한다. 바울은 이 거짓 할례에 대해 말할 때 말 그대로 '잘라내다' 또는 '절단되다'는 뜻을 가진, '할례'(circumcision)의 변형어를 사용한다(3:2).

인간 쓰레기 대 하나님의 의(빌립보서 3:1–11)

1끝으로 나의 형제들아 주 안에서 기뻐하라 너희에게 같은 말을 쓰는 것이 내게는 수고로움이 없고
너희에게는 안전하니라

2개들을 삼가고 행악하는 자들을 삼가고 몸을 상해하는 일을 삼가라 3하나님의 성령으로 봉사하
며 그리스도 예수로 자랑하고 육체를 신뢰하지 아니하는 우리가 곧 할례파라 4그러나 나도 육체를 신
뢰할 만하며 만일 누구든지 다른 이가 육체를 신뢰할 것이 있는 줄로 생각하면 나는 더욱 그러하리니
5나는 팔일 만에 할례를 받고 이스라엘 족속이요 베냐민 지파요 히브리인 중의 히브리인이요 율법으
로는 바리새인이요 6열심으로는 교회를 박해하고 율법의 의로는 흠이 없는 자라

7그러나 무엇이든지 내게 유익하던 것을 내가 그리스도를 위하여 다 해로 여길뿐더러 8또한 모든
것을 해로 여김은 내 주 그리스도 예수를 아는 지식이 가장 고상하기 때문이라 내가 그를 위하여 모
든 것을 잃어버리고 배설물로 여김은 그리스도를 얻고 9그 안에서 발견되려 함이니 내가 가진 의는
율법에서 난 것이 아니요 오직 그리스도를 믿음으로 말미암은 것이니 곧 믿음으로 하나님께로부터
난 의라 10내가 그리스도와 그 부활의 권능과 그 고난에 참여함을 알고자 하여 그의 죽으심을 본받아

[11]어떻게 해서든지 죽은 자 가운데서 부활에 이르려 하노니

이 세상은 높은 성취를 기리고 보상한다. 대중 사이에서 두각을 나타내는 사람들에게 트로피, 메달, 상패, 상을 준다. 위대한 업적을 알아주고 박수를 쳐주는 것 자체는 잘못이 아니지만, 이런 포상은 많은 사람을 현혹해 세상에서 얻은 성공과 소득이 어떻게든 천국의 가치나 영원한 상급으로 바뀔 수 있다는 믿음을 심어줄 수 있다.

우리가 믿고 싶어 하는 숱한 세속적인 메시지 가운데 가장 넘어가기 쉬운 것 중 하나가 자기 과시-자신의 가문이나 성취에서 자신감을 찾는 것-다. 그러니 이런 세상에 사는 우리에게 하나님의 진리가 얼마나 절실히 필요한가! 사회가 속삭이는 거짓말에 대항하기 위해서라도 우리를 올바른 방향으로 인도해줄 하나님의 원칙과 교훈이 필요하다. 우리는 성경에서 세상의 쓰레기와 정반대의 관점을 거듭 보게 된다. 맞서 싸우고 받은 만큼 되돌려주는 이 세상에서는 세상이 지지하는 철학을 받아들이고 세상의 방법을 취하기가 너무 쉽다.

자기가 쌓은 업적을 자랑할 수 있는 사람이 있다면 다소의 사울이 그런 사람이었다. 실제로, 그는 성인이 된 후로 줄곧 그렇게 했다. 그가 예수님을 만나 주님으로 그분을 경배하기 전까지는 말이다. 그 만남으로 모든 것이 변했다. 그때부터 그는 그리스도와 그분의 의 외에는 모든 것을 "쓰레기"(3:8, 현대인의 성경)로 여겼다.

—3:1-3—

바울은 신약성경을 통틀어 이 구절과 4장 4절, 4장 10절에 딱 세 번 나오는 독특한 구절로 3장을 시작한다. "주 안에서 기뻐하라." 이 후렴구는 바울이 기쁨과 기뻐하는 것에 주안점을 두면서 거듭 강조하고 있음을 요약한다(참조. 1:25, 2:2, 17-18, 28-29). 빌립보서 3장 1절을 더 폭넓은 주제 안에 들어 있는 하나의 논제에서 다른 논제로 방향을 전환시켜주는 경첩 같은 것으로 이해하면 "주 안에서 기뻐하라"는 이 독특한 구절의 중요성을 더 잘 이해하게 된다.

3장 1절에서 바울이 사용하는 도입문은, 말하자면, 그가 차선을 바꾸고 있음을 암시한다. 즉, 같은 방향을 향하고 있지만, 노선이 다른 논의를 한다는 뜻이다. 이 구절은 *to loipon*(3588+3063)이라는 헬라어 어구로 시작되는데, 개역개정 성경은 이를 "끝으로"라고 번역했다. 이는 바울이 자신의 생각을 마무리하고 있음을 나타낸다. 하지만 내 생각에는 '더 나아가' 또는 '어떻든지'로 번역하는 게 더 맞는 것 같다. 어쨌든 바울은 계속해서 내용이 꽉 찬 글을 두 장이나 더 썼다!

그렇다면 "주 안에서 기뻐하라"는 명령은 이전의 논의를 요약할 뿐 아니라 독자가 누리는 기쁨을 다가오는 위협에서 '보호하기' 위해 논의를 진전시키는 역할을 한다. 특히, 바울은 이방인 신자들을 따라다니며 인간이 만든 엄격한 종교적 규제를 따라서 살라고 괴롭히는, 흔히 유대주의자로 불리는 율법적인 기쁨 도둑들이 있음을 알았다. 그들은 오직 주님의 인격과 사역을 통해 오는 은혜 안에서 기뻐하는 대신 율법을 지키면서 자기들의 성취를 기뻐했다. 이 위협이 너무 심각해 바울은 세 가지 묘사로 그들을 비난했다(3:2).

첫째, 바울이 율법주의자들을 "개"로 비유할 때 염두에 둔 것은 얌전하고, 사랑받고, 배변 훈련된 애완동물이 아니다. 그보다는 떼지어 뒷골목을 배회하는 야생 개들로 더럽고, 벼룩이 들끓으며, 쓰레기를 뒤져서 먹는, 혈통을 알 수 없는…불결한 개들을 떠올리면 된다! 그들은 통제 불능이어서 가까이 가면 위험했다. 그래서 바울은 빌립보인들에게 가까이 가지 말라고 경고한다! 당대의 일부 독선적인 유대인도 부정한 이방인을 가리켜 "개"라고 불렀다. 그래서 바울은 인위적인 방법으로 순결을 지키려고 애쓰는 이런 유대인 그리스도인들에게 그 모욕을 되돌려주며 비꼰 것이다.

둘째, 바울은 그들을 "행악하는 자들"이라고 부른다. 아니러니하게도 유대주의자들은 선행을 주도하는 자로 자처했는데, 실제로 선행에 있어서라면 하나님 앞에 당당히 설 만했다. 그러나 바울은 그들이 사실은 행악자들이라고 말한다. 그들은 믿음에 율법의 행위가 더해져야만 구원받을 수 있다고 가르치면서 부패하고 왜곡된 복음의 씨를 뿌렸다. 그러나 예수 그리스도의 복음은, 오직 그리스도 안에서(그리스도의 인격과 사역 외에 다른 수단으로는 안 된다!), 오직 믿음을 통해(행위가 아니다!), 오직 은혜로(구원은 선물이다!) 구원받는 것이다. 우리는 주 안에서 기뻐하고 그분이 우리를 위해 행하신 일을 기뻐해야지 하나님의 호의를 얻기 위한 인간의 방법 속에서 기쁨을 찾으려고 해서는 안 된다.

셋째, 거짓 교사들은 "몸을 상해하는 일"을 한다. 이 표현은 바울이 원래 거칠게 표현한 것을 완곡하게 번역한 것이다. 바울이 원래 사용한 헬라어는 "할례"(circumcision)라는 말과 발음은 비슷하지만 뜻이 조금 다른 변형어로, '절단', '잘라냄' 또는 이 상황에 더 어울리는 "거세"를 뜻한다(한국어 성경 중 새번역과 현대인의 성경은 바울이 원래 표현한 대로 "살을 잘라내는", "포피를 베어"라고 번역했다–역주). 바울은 구원을 받으려면 남자들이 할례를 받아야 한다고 말하는 사람들을 이렇게 묘사했다.

그리스도가 중심이 되시는 기쁨을 빼앗는 강도들을 반격한 바울은 진정한 그리스도인들이 "참 할례를 받은 사람"(3:3, 현대인의 성경)임을 상기시키면서 경고를 끝낸다. 그는 정말로 하나님께 구속받은 자들과 그런 척하는 자들 사이의 근본적인 차이점을 세 가지 알려준다. 첫째, 참된 신자는 "하나님의 성령으로 예배[한다]"(현대인의 성경). 이 말은 진정한 신자는 개인적인 공로를 내세우는 육적인 방법에 관심을 두지 않고 구원을 이루시는 성령의 역사에 집중한다는 뜻이다. 둘째, 하나님 앞에서 율법의 준수를 공로로 내세우는 자들과 달리, 그리스도인은 "그리스도 예수로 자랑[한다]." 셋째, 진심으로 그리스도를 따르는 사람들은 "육체를 신뢰하지 [않는다]." 그들은 그리스도의 인격과 사역 이외의 어떤 것–인간의 공로나 개인의 경건–도 기뻐하지 않는다. 그들은 주 안에서 기뻐한다.

—3:4–6—

바울은 자기 힘으로 이룩한 공로를 내세워 하나님께 인정받으려고 하는 사람들의 부조리를 드러내려고 자기 자신을 예로 든다. 잊지 말라. 바울이 조준하고 있는 미친 개들은 율법을 지키는 것을 자랑하려고 했다. 이제 활시위가 윙 하고 울릴 때마다 바울이 쏜 화살은 유대주의자들에게 꽂힌다. 그는 세속적인 업적을 자랑할 수 있는 사람이 있다면 그게 바로 자신임을 입증한다(3:4). 하나님의 은총을 받을 자격이 있는 사람이 있다면, 그의 신심을 치하하는 상패로 명예의 전당 벽을 가득 채우고도 남았을 전(前) 바리새인인 바울이었을 것이다.

- 약속의 아들로 팔일 만에 할례를 받음(3:5).
- 개종한 이방인이 아니라 이스라엘 사람으로 태어남(3:5).
- 엘리트 지파인 베냐민 지파 출신(3:5).
- 진정한 히브리인 중의 히브리인(3:5).

• 율법을 철저히 지키는 바리새인(3:5).
• 율법의 이름으로 교회를 열심히 박해함(3:6).
• 겉으로 드러난 율법의 의로는 흠이 없음(3:6).

당신이 1세기의 유대인이라면 이 목록에 감명받았을 것이다! 그는 동료 유대인에게는 높은 기준을, 율법을 성취하기를 바라는 이방인에게는 넘볼 수 없는 기준을 세웠다. 만약 율법이 하나님 앞에 당당히 설 수 있는 진정한 기준이었다면, 바울은 의의 표상이 되었을 것이다.

—3:7-8—

당신이 당시 예루살렘 랍비들의 강론을 들을 수 있었다면 아마도 그들이 다소의 바울과 친분이 있음을 과시하는 말을 들었을 것이다. 바울은 예루살렘의 유명한 스승 가말리엘 밑에서 랍비 수련을 받은 혈기왕성한 수재였다. 바울의 스승들은 칠칠치 못한 젊은이들을 꾸짖을 때 사울을 가리키며 이렇게 말했을지도 모른다. "자네는 사울을 좀 본받게나." 사울이 그리스도를 추종하는 이들의 맥을 끊는 일을 돕기 위해 예루살렘 대제사장의 특별 승인을 받았을 때만 해도(행 9:1-2) 유대교의 떠오르는 스타로서 앞길이 창창해 보였다.

다메섹에 가기 전까지는 그랬다.

그러나 그 순간 모든 것이 변했다.

하늘에서 내려온 눈부신 빛에 그는 갑자기 눈이 멀었고, 누군가 그를 부르는 소리를 들었다. "사울아 사울아 네가 어찌하여 나를 박해하느냐"(행 9:4).

천상의 존재임이 분명한 분과의 갑작스러운 조우에 큰 충격을 받은-하지만 여전히 자신이 그릇된 길로 열심히 가고 있다는 것을 까맣게 모른 채-사울은 물었다. "주여 누구시니이까"(행 9:5).

"나는 네가 박해하는 예수라"(행 9:5). 대답을 들은 사울은 숨이 멎고 가슴이 쿵 내려앉았을 것이다.

그 순간 그의 화려한 이력서는 휴지조각이 되었다. 그의 자부심의 진열장에 전시된 영적 성취의 트로피는 티끌로 변해 날아가버렸다. “율법으로는 바리새인이요 열심으로는 교회를 박해하고 율법의 의로는 흠이 없는 자”(빌 3:5-6)로 우뚝 서기 위한 수년에 걸친 고된 노력은 시간과 정열과 재능의 낭비가 되어버렸다. 이사야 64장 6절 말씀이 그의 현실이 되었다. “우리의 의는 다 더러운 옷 같으며.”

바울은 빌립보서 3장 4-6절에서 자신의 업적을 강조한 뒤 “그러나!”라는 말로 다음 진술을 시작한다. 헬라어에는 두 가지 대표적인 대조 접속사—*de*(1161)와 *alla*(235)—가 있다. 더 완곡한 전이어인 *de*는 연속 접속사로 “그러나”로 표현되기도 하지만, “그리고”나 “이제”로 번역되기도 한다.[1] 따라서 이 말은 상당히 완곡한 대조의 의미를 나타낸다. 그런데 바울이 사용한 것은 이 용어가 아니다. 바울은 훨씬 더 극명한 대조를 나타내는 *alla*를 사용했다. “그러나 무엇이든지 내게 유익하던 것을….”[2] 요지는 분명하다. 바울은 “내 주 그리스도 예수를 아는 지식이 가장 고상하기”(3:8) 때문에 유대교에서 인정받은 그의 혈통과 명성을 바탕으로 한 자기 의를 철저히 부정한다.

바울은 이 대조를 더 명확히 부각해 요지를 제대로 전달하려고 강력한 언어를 사용한다. 실제로 그가 사용한 언어는 수사적 효과를 증폭시킨다. 그러므로 바울의 강조점이 그리스도를 통해 오는 의로 옮겨갈 때쯤에는 빌립보인들이 바울의 메시지를 확실히 이해했을 것이다(3:9).

첫째, 바울은 강력한 이미지로 자신의 과거를 난타한다. “그러나 무엇이든지 내게 유익하던 것을 내가 그리스도를 위하여 다 해로 여길뿐더러”(3:7). 한때 그는 자기의 종교적 성취를 유익하고, 이로우며, 칭찬받을 만한 것으로 여겼다. 그런데 지금은 어떤가? 이런 것들을 “해로운 것”으로 재분류했다. 여기서 “해”라는 말은 헬라어로 *zēmia*(2209)인데, 사도행전 27장 10절에서는 난파선의 화물과 인명 손실을 나타내는 데 쓰였다. 다소의 사울은 평생 그가 소중히 여겼던 것을 잘 꾸려서 보관해놓았는데 다메섹 도상에서 하나님의 구원하시는 은혜가 그 꾸러미를 박살내버렸다. 그런데 바울은 그 손실을 슬퍼하기는커녕 ‘그리스도를 위해서’ 필요한 희생으로 여겼다.

이어서 그가 과거 유대교인이었을 때 그토록 소중히 여겼던 것들을 상실해서 아쉬워한다는 느낌을 조금이라도 주지 않으려고 바울은 이렇게 주장한다. “또한 모든 것을 해로 여김은 내 주 그리스도 예수를 아는 지식이 가장 고상하기 때문이라”(빌 3:8). 그의 삶에서 밝

Photo by Elie plus at English Wikipedia

바울은 그가 이전에 유대교에서 이룬 것들을 그리스도 안에서 얻은 새 생명에 비하면 무익하고, 성가신 짐으로 여겼다.

게 빛나던 것들이 그리스도의 구원의 지식이라는 찬란한 빛이 비치자 모두 어둡게 퇴색해 버렸다.

마지막으로, 바울은 모든 수식어를 걷어내고 깜짝 놀랄 말로 정점을 찍는다. "내가 그를 위하여 모든 것을 잃어버리고 배설물로 여김은 그리스도를 얻[기]" 위함이다(3:8). "배설물"로 번역된 말을 처음 읽거나 들었을 때 빌립보인들은 눈살을 찌푸리거나 숨이 턱 막혔을 것이다. 바울이 그리스도와 세속적인 보물과 업적을 비교하기 위해 고른 헬라어는 *skybalon*(4657)이다. 이 말은 말 그대로 '배설물', '똥', '거름'이라는 뜻이다.[3] 한 주석가는 이 단어에 대해 다음과 같이 언급했다. "일부 학자는 이 단어를 '쓰레기'로 번역하기도 한다. 하지만 이 단어는 '똥'을 의미하며, 가능한 가장 극명한 대조가 이 구절의 의미를 제일 잘 전달한다."[4]

—3:9-11—

자아를 실은 배가 침몰하자 바울은 그 상실을 슬퍼하지 않고 오히려 기뻐하면서 "속이 시원하다!"라고 외쳤다. 영적으로 눈이 멀었을 때는 배를 가득 채운 보물로 보였던 것이 그리스도의 빛이 비치자 거름 더미로 드러났다! 바울은 자신의 힘으로 저장했던 이 무용한 것들의 상실을 슬퍼하기는커녕 스스로는 절대 얻을 수 없었을 것을 받은 것에 대해 주님 안에서 기뻐했다(3:1).

- 주 예수 그리스도 안에서 발견됨(3:9).
- 자아로부터가 아니라 하나님께로부터 의를 받음(3:9).
- 율법의 행위가 아니라 믿음으로 의롭게 됨(3:9).
- 그리스도를 알게 됨(3:10).
- 그리스도의 부활의 권능을 경험함(3:10).
- 그리스도의 고난과 죽음에 참여함(3:10).
- 죽음에서 부활하는 소망을 받아들임(3:11).

3장 9절은 전가(轉嫁)로 알려진 교리를 잘 요약한다. 전가란 어떤 사람의 계정에 무언가를 넣는 것을 나타내는 용어다. 이 말의 신학적 쓰임새를 간단히 정의하면 이렇다. "구원받을 때 우리의 죄와 죄책감은 그리스도께 적립되고 그분의 의는 우리에게 적립된다."[5] 이제 바울은 "그리스도 안에"(참조. 3:9) 있으므로, 그리스도가 그분의 죽음과 부활—죄와 영생에 대한 지불금—로 이루신 모든 것이, 그것이 없었다면 파산했을, 바울의 계좌에 입금되었다. 바울은 과거에 자기가 '의'의 계좌에 적립한 거금으로 부자가 되었다고 생각했다. 그러나 그는 잔액이 마이너스인 것을 몰랐다! 바울이 믿음으로 그리스도를 받아들인 순간 바울의 계좌에 입금된 의는 완전한 신인(神人)이신 분의 헤아릴 수 없는 의였다. 그리스도의 의는 바울의 빚을 탕감해주었을 뿐 아니라 그의 계좌에 "생명과 경건에 속한 모든 것"(참조. 벧후 1:3)을 넣어주었다.

이 새로운 관계로 인해 그리스도의 부활의 능력이 바울에게 현실이 되었고, 그래서 그는 그리스도의 고난에 동참할 때에도 기뻐할 수 있었다(빌 3:10). 이제 바울은 그가 믿음 때문에 감내하고 있는 고난이 그리스도가 자신을 비우신 겸손한 성품에 그를 순응시키는 수단임을 알게 되었다. 그리고 이 새로운 관계는 미래의 소망의 약속–죽음에서의 부활–을 굳혀주었다(3:11).

적용: 빌립보서 3:1-11

성공한 사람들에게 보내는 초대장

유대인으로서 바울이 성취한 것을 제대로 보기 위해 좀 더 현대적인 맥락에서 설명해보겠다. 그는 모든 영예를 얻었다. 이글 스카우트, 동창회 왕, 졸업생 대표, 아이비리그 대학교 전액 장학금. 그는 최우등생으로 학교를 졸업했고 자신의 분야에서 거둔 탁월한 성과로 얻을 수 있는 모든 명예를 얻었다. 그런데 그는 그리스도를 아는 것에 비하면 자기가 성취한 모든 것이 더러운 넝마에 지나지 않음을 알게 되었다. 그는 그것을 쓰레기, 무용지물, 똥이라고 표현했다!

바울이 사용한 고대 단어들은 현대의 과잉 성취자들을 곤혹스럽게 한다. 이 구절은 큰 성취를 제일 중요하게 생각하고 보상과 인정을 추구하는 사람들을 향한 것이다. 우리의 의, 선행, 명성, 재물, 성공은 우리를 천국에 한 발짝 더 다가가게 하지도, 하나님께 더 높은 평점을 받게 하지도 못한다. 사실, 이런 것들은 그리스도만 의지해서 구원받는 것을 더 어렵게 만든다. 이 경고는 오직 믿음과 은혜로 그리스도의 구원을 얻었지만, 그럼에도 불구하고 자기의 힘과 성과에 의지해 그리스도와 같은 삶을 살려고 하는 신자들을 향한 것이기도 하다. 그것 역시 불가능하다.

바울이 빌립보서 3장 1-11절에서 보여준 대조는 두 가지 아주 단순한 사실을 일깨워준다. 첫째, 당신이 믿고 있는 성취가 지금은 당신에게 영광을 가져다줄지 몰라도 나중에는 당신을 영적으로 파산시킬 것이다. 주도적이고 자수성가한 'A 유형' 사람들에게 복음을 이해시키기 가장 어려운 부분이 은혜가 공로 없이 얻는 호의라는 점이다. 은혜는 얻어내는 게 아니다. 살 수도 없다. 찾는다고 찾아지는 게 아니다. 은혜는 받는 것만 가능하다. 가질 만한 가치가 있는 것을 얻으려고 땀 흘리는 것은 가치 있는 일이라는 신념을 품은 행동

파들에게 이 진리는 받아들이기 힘들고 불편하다. 구원의 진실은, 우리의 노력을 포기하는 것이 하나님과의 관계를 회복하는 유일한 방법이라는 것이다. 그리고 그 결과는 영원한 생명이다.

둘째, 십자가 위에서 그리스도가 이루신 성취를 신뢰하면 그분께는 영광이 되고 우리는 영원한 의를 얻게 된다. 바울이 빌립보인들에게 "주 안에서 기뻐하라"(3:1)고 한 말의 의미가 이것이다. 우리는 우리 자신이 아니라 하나님을 기뻐한다. 우리는 하나님을 위해 우리가 한 일이 아니라 우리를 위해 그분이 이루신 일을 축하한다. 우리는 하나님의 하나님 되심과 그분이 행하신 일을 찬양하고 감사하며 우리 자신과 우리가 이룬 업적을 잊어버리고 우리의 이력서를 무시한다. 우리는 지금 그분께 영광을 돌린다. 바울은-그리고 아마 당신도 그럴 것이다-그리스도를 떠나 하나님을 기쁘시게 하는 삶을 살려는 인간의 모든 노력은 무의미하고 헛되다는 것을 깨달았다.

위를 보며 끝까지 버티기(빌립보서 3:12-21)

[12]내가 이미 얻었다 함도 아니요 온전히 이루었다 함도 아니라 오직 내가 그리스도 예수께 잡힌 바 된
그것을 잡으려고 달려가노라 [13]형제들아 나는 아직 내가 잡은 줄로 여기지 아니하고 오직 한 일 즉 뒤
에 있는 것은 잊어버리고 앞에 있는 것을 잡으려고 [14]푯대를 향하여 그리스도 예수 안에서 하나님이
위에서 부르신 부름의 상을 위하여 달려가노라 [15]그러므로 누구든지 우리 온전히 이룬 자들은 이렇게
생각할지니 만일 어떤 일에 너희가 달리 생각하면 하나님이 이것도 너희에게 나타내시리라 [16]오직 우
리가 어디까지 이르렀든지 그대로 행할 것이라

[17]형제들아 너희는 함께 나를 본받으라 그리고 너희가 우리를 본받은 것처럼 그와 같이 행하는 자
들을 눈여겨 보라 [18]내가 여러 번 너희에게 말하였거니와 이제도 눈물을 흘리며 말하노니 여러 사람
들이 그리스도의 십자가의 원수로 행하느니라 [19]그들의 마침은 멸망이요 그들의 신은 배요 그 영광은
그들의 부끄러움에 있고 땅의 일을 생각하는 자라 [20]그러나 우리의 시민권은 하늘에 있는지라 거기로
부터 구원하는 자 곧 주 예수 그리스도를 기다리노니 [21]그는 만물을 자기에게 복종하게 하실 수 있는
자의 역사로 우리의 낮은 몸을 자기 영광의 몸의 형체와 같이 변하게 하시리라

인본주의가 득세하고 있는 서구 사회에서는 인간의 영광을 과도하게 추앙하는 말을 심심찮게 듣게 된다. 우리 사회의 '열린 사고를 하는' 미디어는 부도덕한 삶을 미덕인 양 우리

앞에 전시한다. 그들은 세속적이고 심지어 반기독교적인 방법을 통한 사회의 진보를 약속한다. 정치에서 교육, 영성에서 윤리에 이르기까지, 현학적인 21세기 세상은 인간은 근본적으로 선하고, 사회는 더 좋아질 수 있으며, 그것을 가로막는 것은 성경 같은 고리타분한 책에서 헤어나오지 못하고 시대에 뒤떨어진 사고를 하는 네안데르탈인 같은 사람들이라는 전제 아래 움직인다.

이렇게 보편화된 담론의 문제는 그 전제가 새빨간 거짓이라는 점이다. 사람들은 근본적으로 선하지 않고, 세상은 좋아지고 있지 않으며, 우리의 소망은 인류에게 있지 않다.

사실, 세상은 불행하다. 평화가 아닌 전쟁이 일상화되어 있다. 다툼, 갈등, 소송, 가정불화는 예사다. 우정은 식고, 결혼은 파탄나며, 파트너십은 깨지고, 개성은 충돌하며, 교회는 갈라진다. 왜일까? 인간의 타락이 이 세상을 처참하게 훼손했기 때문이다. 죄가 넘쳐나고, 죽음과 파괴, 고통과 혼란이 오늘날의 세태다.

그러나 하나님은 신자들을 이 세상에 남겨두기로 하셨다. 세상의 아픔과 고통에서 발을 빼지 않고 가까이서 직접 참여하게 하시려는 것이다. 이 명령을 수행하려면 안전띠를 매고 울퉁불퉁한 길을 오래 견뎌야 한다. 그리스도의 초림과 재림 사이를 잇는 이 거친 길에서는 머리를 똑바로 들고, 앞을 주시하며, 천국을 사모하는 마음을 다잡아야 한다. 그리스도인의 삶은 마라톤이다. 친근하고 깨끗한 도시의 매끈한 포장도로가 아니라 함정과 약탈자들이 득실대는 험난한 돌짝밭을 가로지르는 마라톤이다.

우리가 이 악하고 적대적인 세상을 여행하는 최초의 그리스도인이 아님을 아는 것이 위안이 된다. 우리보다 앞서간 사람들이 우리가 따라갈 수 있는 길을 터주었다. 빌립보서 3장 12-21절에서 사도 바울은 그 길 위에 몇 개의 이정표-우리가 끝까지 버티고 그리고 위를 바라보며 마음에 새겨야 할 중요한 진리와 실제적인 조언-를 세운다.

—3:12-16—

다소의 사울이 다메섹 도상에서 그리스도를 만났을 때(행 9:1-6), 그의 세상은 통째로 뒤집어졌다. 아니 오히려 바로 섰다. 그는 자신의 명예에 기대고, 종교에 의지하며, 전통을 신뢰하고, 혈통을 뽐냈다. 그러나 그 모든 것은 예수 그리스도의 복음에 담긴 변화의 능력 앞에서 산산이 부서졌다. 그는 오직 그리스도 안에서, 오직 믿음을 통해, 오직 은혜로 받는 구원을 경험했다. 그 순간부터 그의 삶에 기쁨이 들어왔다. 그가 가장 어둡고 우울한 상황에서도 노래할 수 있게 해준, 마음속 깊은 곳에서 끊임없이 우러나는 진정한 기쁨이었다(참조. 행 16:25).

그러나 그렇다고 바울이 목적지에 '도달했다'는 뜻은 아니었다. 다메섹 도상에서 그가 한 경험은 그를 세상에서 들어올려 천국의 예루살렘 문 앞으로 데려가지 않았다. 대신 잘못된 길에서 그를 돌이켜 새 여정을 시작하게 했다. 그리스도를 닮아가는 새 원정이 시작되었다. 그 도상의 장애물과 세상의 방해는 갈수록 더 위험해져 그는 "달려가[야]" 했다(빌 3:12).

우리는 빌립보서 3장 12-16절에 나오는 믿음의 여정에 대한 바울의 의미심장한 묘사에서 몇 가지 중요한 원칙을 찾아볼 수 있다. 바울이 같은 길을 걷고 있는 사람들과 꼭 나누어야겠다고 생각한 다섯 가지가 있다.

첫째, 하나님의 계획은 완성된 것이 아니라 진행 중이다(3:12). 바울은 그 점을 분명히 했다. 그는 아직 구원의 결과를 완전히 얻지 못했다. 한 주석가가 지적했듯이, 3장 12절의 "그것"은 아마도 "그가 구원받았을 때 시작되어 계속 진행될 경험, 즉 죽음에서의 부활 그리고 부활이 일어나기 전 죽음에 순응하는 과정"을 일컫는 것 같다.[6] 바울은 우리 모두와 같은 길을 갔다. 그는 그리스도의 공로를 근거로 의롭다 함을 받았고(칭의), 우리와 마찬가지로 언젠가 부활하여 영화롭게 될 날을 기대하면서 성화의 과정을 밟고 있었다.

이 세상에서 완벽해지는 것은 불가능하다. 우리는 약하고, 타락했으며, 나약한 인간이다. 그리고 죽을 때까지 그럴 것이다. 우리만 불완전한 것이 아니라 주변 모든 사람이 다 그렇다. 지금까지 존재했던 가장 도덕적이고, 훌륭하며, 그리스도를 가장 많이 닮은 사람도 은혜로 구원받은 악한 죄인이고, 그리스도가 보여주신 성결의 완벽한 기준에는 조금도 견줄 수 없다.

그러나 그리스도를 계속 더 닮아가는 것은 가능하다. 나는 그리스도를 닮으려고 애쓰지만 괄목할 만한 진전이 없어서 크게 실망하는 신자들을 보았다. 그러다가 흐지부지해지고 실패하는 것을 보았다. 그들은 이 세상에서는 도달할 수 없는 기준에 부응하지 못한 것을 자책한다. 바로 그때가 그들이 이 계획은 완성된 것이 아니라 진행 중에 있다는 조언을 들어야 할 때다. 우리는 현세의 삶에서는 결코 온전히 도달하지 못할 것을 알면서도 계속 나아가야 한다.

둘째, 과거는 지나갔다. 그러니 뒤에 남겨두라(3:13). 우리는 뒤에 있는 것에 사로잡혀 집착하지 말고 우리 앞에 놓인 길을 주시해야 고단하고 긴 여정을 계속할 수 있다. 이 점을 강조하려고 바울은 *epilanthanomai*(1950)라는 헬라어를 사용하는데, 이 말은 '무시하다' 또는 '생각에서 지우다'는 뜻이다.[7] 바울의 의도는 과거의 사람들이나 중요한 삶의 교훈, 깨우침을 준 경험, 그리스도가 행하신 긍정적인 일을 잊으라는 것이 아니다. 바울은 그리스도를 만나기 전의 삶이 산산조각 나면서 길 위에 흩뿌려진 "쓰레기"-모든 독선적인 노력과 자만심, 오만, 신성모독, 이단적 신념으로 행한 해악(3:4-8, 딤전 1:13, 15)-에 대해 말하고 있다. 과거에 연연하면-과거의 영광에 빠져 있거나 과거의 패배 때문에 우울해하거나-미래를 향해 담대히 나아갈 수 없다.

생각해보라. 백미러만 보면서 차를 운전하면 차선에서 벗어나지 않고 얼마나 멀리 갈 수 있겠는가? 당신의 목표가 앞으로 나아가는 것이라면 과거에 머물러서는 안 된다. 나는 과거의 영광에 사로잡혀 살고 있는 사람은 지금 할 수 있는 일을 소홀히 한다는 것을 알게 되었다. 그런 사람들은 예전의 모습, 심지어 하나님이 하신 일, 하나님이 이루신 큰일까지 계속 곱씹는다. 우리는 과거에 사로잡혀 있는 오래된 교회나 사역에서 이런 모습을 흔히 볼 수 있다. 역사를 폄하하려는 건 아니지만 우리는 지금 이곳에 발을 딛고 사역해야 한다. 우리는 과거를 존중하고 감사하며 과거에서 배워야 한다. 그러나 과거를 숭배해서는 안 된다.

누구에게나 계속 떠오르는 패배의 장면이나 실망했던 일들은 분명 있다. 우리는 모두, 누구나 그런 경험이 있다. 이런 일들은 비록 실패했어도 하나님의 신실하심을 가르쳐주는 훌륭한 반면교사가 될 수 있다. 그러나 계속 똑같은 옛 필름을 마음속에서 돌려보고 있으면 새로운 경험을 하거나, 새로운 추억을 쌓거나, 새로운 교훈을 얻는 데 방해가 된다.

셋째, 미래는 소망을 지탱해준다. 그러니 미래를 향해 손을 뻗으라(빌 3:13-14). 바울로 하여금 의식적으로 과거를 버리게 만든 그 결정적 사건으로 인해 그는 모든 관심을 미래로 돌리고 "푯대를 향하여 그리스도 예수 안에서 하나님이 위에서 부르신 부름의 상을 위하여"(3:14) 나아간다. 여기서 바울이 사용한 단어는 1등 상을 받고 싶어서 있는 힘을 다해 달리는 운동선수의 열정을 나타낸다. "앞에 있는 것을 잡[다]"(3:13)로 번역된 말은 *epekteinomai*(1901)인데 아주 생동감 있는 운동 용어다. 한 주석가는 이렇게 설명했다. "이

바울은 자신을 그리스도인으로서 계속 성장하며 영원한 상을 향해 나아가는 달리기 선수에 비유한다.

말은 운동선수가 경주에서 젖먹던 힘까지 다해 앞으로 내달린다는 뜻이다."[8] 세상의 운동선수가 곧 사라질 상을 위해 모든 것을 내던진다면, 하늘의 부르심을 받은 우리는 천국의 상을 받기 위해 얼마나 더 노력해야 하겠는가?

넷째, 비결은 단호한 태도다. 그러니 그 자세를 견지하라(3:15). 바울은 우리의 자세가 관건임을 상기시킨다. "이와 같은 마음가짐"(공동번역)으로 번역된 동사 *phroneō*(5426)는 '전념하다' 또는 '열중하다'는 뜻이다.[9] 바울은 뒤가 아닌 앞을 바라보는 자기의 모습을 예로 들면서 모든 관심과 열정을 다해 그리스도인의 삶에 매진하라고 요구한다.

그런데 어째서 바울은 "온전히 이룬 자들"에게만 이런 태도를 갖도록 촉구하는 것일까? 이 말이 모순처럼 들리지 않는가? 어떻게 여기서는 "누구든지 우리 온전히 이룬 자들"이라고 말하고, 3장 12절에서는 빌립보인들에게 자기가 "온전히 이루었다 함도 아니라"고 단언할 수 있는가?

바울이 3장 12절에서 사용한 헬라어 동사 *teleioō*(5048)는 '활동을 완료하다' 또는 '끝내다'는 의미다.[10] 바울은 자기가 아직 여정의 끝에 도달하지 않았다고 말한다. 그 여정은 부활 이후 천국 본향에 이르러 영광스러운 불멸의 삶을 살게 될 때 끝날 것이다(3:10-11). 또한 온전히 이룬다는 것은 현세의 삶에서 얻을 수 있는 것이 아니다. 그때까지, 그는 점점 더 그리스도를 닮아가기 위해 계속 나아갈 것이다.

바울은 3장 15절에서 비슷하지만 다른 용어인 형용사 *teleios*(5046)로 그가 어떤 유형의 사람에게 계속 나아가라고 권고하는 것인지 설명한다. 이 말은 "온전히"가 아니라 "성숙한"으로 번역하는 것이 제일 정확하다.[11] 바울이 여기서 이 용어를 사용하는 방식은 고린도전서 2장 6절과 비슷하다. "우리는 믿음이 성숙한 사람들 가운데서는 지혜를 말합니다"(현대인의 성경). 그들은 완전하지는 않지만 영적인 것을 진지하게 받아들일 수 있을 만큼 성숙했다. 나는 스튜어트 브리스코(Stuart Briscoe)가 이 구절에 담긴 바울의 생각을 풀어쓴 것을 좋아한다. "나는 지금 내가 할 수 있는 만큼 성장했고, 다음 교훈을 배울 준비가 되어 있다는 의미에서 온전합니다."[12]

그러나 바울이 본을 보여준 총력을 기울인 투지와 헌신으로 미래를 마주할 만큼 성숙하지 못한 사람들은 어떤가? 빌립보서 3장 15절의 마지막 부분이 답을 준다. "만일 어떤 일에 너희가 달리 생각하면 하나님이 이것도 너희에게 나타내시리라." 바울은 사람마다 그리스도 안에서 성장하는 속도가 다르다는 것을 너그럽게 인정한다. 영적 마라톤에서 어떤 이들은 결승선까지 전속력으로 달리고…어떤 이들은 훨씬 뒤에 처지며…어떤 이들은 거북이처럼 느릿느릿 걷고…몇몇은 다른 사람들에게 이끌려갈 것이다! 바울은 모든 사람이 최고 속도로 달음박질할 상태는 아직 아니라는 것을 알고 있었다. 그러나 바울은 그들이 예수 그리스도 안에서 위에서 부르신 부르심을 향해 나아가도록 하나님이 계속 역사하실 것을 확신했다.

마지막으로, 높은 기준을 지켜야 한다. 함께(3:16). 바울이 3장 12-14절에서 자신을 예로 들다가 3장 15-16절에서는 초점을 옮겨 "우리"라는 말로 모든 신자를 그 여정에 포함시킨 것을 눈치챘는가? 그리스도인의 삶을 사는 것은 함께 노력해야 하는 것이지 단독 임무가 아니다. 각자 자기의 영적 성숙도를 유지하면서 다른 사람들도 똑같이 하도록 격려하는 것이다. 우리는 하나님의 가족 안에 있는 형제자매들과 팔짱을 껴야 한다. 경주에서 한 형제가 속도를 늦추는 것을 보면 우리는 그의 팔을 붙잡고 계속 나아가라고 독려해야 한다. 한 자매가 인생에서 도발적인 도전을 받고 숨 가빠하는 것을 보면 그 자매에게 고개를 들어 앞을 보면서 성숙을 향해 계속 나아가라고 일깨워주어야 한다.

—3:17-21—

이 장의 결론 구절에서 바울의 어조는 잠깐 심각해진다. 자기가 경험을 통해 배운 것을 독자에게 상기시켜야 하기 때문이다. 우리 앞에 펼쳐진 길에는 우리의 속도를 늦추거나 주의를 분산시킬 수 있는 수많은 함정이 널려 있을 뿐 아니라, "그리스도의 십자가의 원수로 행하[는]"(3:18) 약탈자들이 득실거린다. 때때로 그들은 우리와 비슷해 보인다. 그들은 종종 우리와 같은 길을 터벅터벅 걷는 것처럼 보인다. 실제로 존재하는 이런 위협 속에서 바울은 빌립보인들이 어떻게 나아가야 하는지를 가르친다. 이것을 세 가지 간단한 문장으로 요약해보겠다. 나는 이것을 숱한 전투를 치른 노련한 고참이 그리스도인에게 내린 '행군 명령'이라고 부른다.

첫째, 우리는 따를 수 있는 경건한 본보기가 필요하다(3:17). 이 어두운 세상에서 빛과 소금으로 살려면 우리에게는 바울처럼-도전에 직면해보았고, 비극을 겪었으며, 장애물을 극복한 경험 많은 신도-성숙한 믿음의 본보기가 필요하다. 바울은 고린도전서 11장 1절에서 이와 비슷한 생각을 표명한다. "내가 그리스도를 본받는 자가 된 것 같이 너희는 나를 본받는 자가 되라."

그런데 어째서 바울은 주의를 예수님께로 돌리지 않는 것일까? 왜 한낱 인간인 자신을 예로 들까? 그것은 하나님이 의도적으로 우리에게 동시대의 본보기를 주셨기 때문이다. 그들도 우리처럼, 동일한 성령이 내주하시는 타락하고 연약한 인간이다. 그들도 우리처럼, 뒤틀리고, 타락했으며, 죄로 가득 찬 세상에서 하나님을 영화롭게 하는 삶을 살려고 애쓴다. 우리는 그리스도에게서 우리가 언젠가 보여줄 완전함을 본다. 그러나 점점 그리스도를 닮아가는 불완전한 인간을 볼 때 우리는 우리가 어떤 존재인지를 본다. 이 생에서 우리는 신인(神人)이신 그분께 결코 필적할 수 없다. 하지만 경건한 사람들의 발자취는 따를 수 있다.

험한 인생길을 따라 갈 수 있는 좋은 본이 되는 사람은 어떤 종류의 사람인가? 바울은 그가 생의 말년에 디모데에게 쓴 편지에서 그 질문에 답했다. "나의 교훈과 행실과 의향과 믿음과 오래 참음과 사랑과 인내와 박해를 받음과 고난과 또한 안디옥과 이고니온과 루스드라에서 당한 일과 어떠한 박해를 받은 것을 네가 과연 보고 알았거니와 주께서 이 모든 것 가운데서 나를 건지셨느니라"(딤후 3:10-11). 이 지점에서 이렇게 생각하는 사람도 있을 것이다. "그렇지만, 바울은 사도였잖아. 그러니까 디모데가 그의 본을 따르고 싶어 했겠지. 하지만 지금 우리에게는 사도가 없는데." 그러나 바울은 이런 말도 했다. "너희가 우리를 본받은 것처럼 그와 같이 행하는 자들을 눈여겨 보라"(빌 3:17). 그는 그들의 관심을 자기뿐만 아니라 그리스도가 계시지 않은 세상에서 그리스도와 같은 삶을 살면서 본이 되는 모든 사람에게 돌렸다.

하나님은 우리 각자에게 지금 세상에서 훌륭한 삶을 살고 있는 사람들을 주셨다. 그들의 본을 따르는 것은 아무 문제가 없다. 사실 전적으로 옳다. 단 하나 주의할 점은 그들을 우상화하거나 숭배하지 않는 것이다. 그들이 진짜로 그리스도를 닮았다면 그들도 어쨌든 숭배의 대상이 되기를 원치 않을 것이다! 그러므로 당신의 영적 영웅을 신중하게 선택하고, 그들의 삶을 연구하며, 진정으로 그리스도를 닮기를 추구했거나 추구하고 있는 사람들만을 따르라.

둘째, 우리는 수많은 십자가의 원수 가운데서 살고 있다(3:18-19). 바울은 빌립보인들에게 경건한 신자들의 본을 따르라고 촉구한 뒤(3:17) 그 이유를 말해준다. "내가 여러 번 너희에게 말하였거니와 이제도 눈물을 흘리며 말하노니 여러 사람들이 그리스도의 십자가의 원수로 행하느니라"(3:18). 그런 다음 바울은 3장 18-19절에서 그 원수에 대해 설명한다. 그들의 부정적인 특성이 얼마나 파괴적이었는지 바울을 울게 만들었다. 그들은 숱한 악의 하수인들과 맞서려면 우리 삶에 어떤 긍정적인 본보기가 필요한지 역설적으로 알려준다.

나쁜 본보기가 다음과 같다면	좋은 예는 다음과 같아야 한다.
십자가의 원수	십자가를 받아들인 자들
멸망의 길 위에 있음	구원의 길 위에 있음
자기들의 욕구를 하나님으로 섬김	욕구를 억제함
수치를 영광으로 삼음	수치를 슬퍼함
세속적인 일만 생각함	세속적인 일을 피함

그리스도의 인격과 사역을 거부한 이 사람들은 육욕에 휘둘리고 물욕에 혈안이 되어 영원한 절망의 운명을 짊어진 채 길을 잃고 방황하고 있다. 우리는 날마다 그런 사람들과 마주친다. 그들에게 필요한 것은 우리의 비난과 판단, 동의와 인정이 아니라 그리스도와 화해하고, 그분의 십자가의 동맹군-적이 아니라-이 되는 것이다. 우리가 각자에게 주어진 길을 가면서 훌륭한 경건의 본을 따른다면 하나님이 우리를 이 세상에 남겨두시고 잃어버린 바 된 사람들 사이에 있게 하신 이유를 망각할 수 없을 것이다. 우리의 소임은 그들이 거부하는 그분을 믿고, 그분의 왕국에 복종하며, 우리와 함께 천국 시민이 되자고 그들을

부르는 것이다.

이것은 세 번째 진술로 이어진다. 우리는 천국에 속한 자들이다(3:20–21). 바울은 믿지 않는 행악자들에 대해 길게 말하지 않는다(3:18–19). 빌립보인들에게 경고하고 "원수"들이 걷는 길을 신자들의 길과 대조할 필요는 있었다. 하지만 그는 이내 다시 긍정적인 면–그리스도가 다스리시는 왕국의 시민으로서 우리가 가진 미래의 희망–으로 방향을 튼다. 기억하라. 잃어버린 자들은 "땅의 일을 생각하는 자"(3:19)다. 그러나 신자인 우리는 위의 것을 생각한다(참조. 골 3:2). 우리는 늘 위만 바라보며 구주이신 예수 그리스도의 재림을 간절히 기다리고 기대한다(빌 3:20).

바울이 사용한 "시민권"이라는 용어는 '연방' 또는 '국가'라는 뜻의 헬라어 *politeuma* (4175)다.[13] 바울은 이 말로 우리의 본향은 이 땅이 아니며, 우리의 거주지는 완전히 다른 영역에 있다는 개념을 전달한다. 그래서 우리는 자기 나라 밖에 사는 '이방인 집단'인 것이다.[14] 그렇다고 우리 자신을 혼잡한 수용소에 웅크리고 있는 무력한 난민으로 생각해서는 안 된다. 우리는 현세를 살면서 내세를 대표하는 대사나 사자와 더 비슷하다. 그렇다. 언젠가는 우리의 왕이 오실 것이다. 우리의 왕은 "우리의 낮은 몸을 자기 영광의 몸의 형체와 같이 변하게 하[시고]"(3:21) 우리를 천국 본향으로 인도하실 것이다. 바울은 같은 내용을 데살로니가인들에게 썼다.

> 주께서 호령과 천사장의 소리와 하나님의 나팔 소리로 친히 하늘로부터 강림하시리니 그리스도 안에서 죽은 자들이 먼저 일어나고 그 후에 우리 살아 남은 자들도 그들과 함께 구름 속으로 끌어 올려 공중에서 주를 영접하게 하시리니 그리하여 우리가 항상 주와 함께 있으리라 그러므로 이러한 말로 서로 위로하라(살전 4:16–18).

언젠가, 우리는 천국 본향에 돌아갈 것이다. 이 길고 고단하고 괴로운 여정은 결승선을 향해 전력질주를 하든 절뚝이며 걸어가든 간에 언젠가는 끝날 것이다. 우리는 영광을 옷입고 우리 구세주의 광휘 아래 함께 서서 승리를 기뻐할 것이다. 마침내, 우리는 이 세상의 고통과 슬픔에서 놓여나고, 우리보다 앞서 간 사랑하는 성도들과 재회하며, 우리 왕이신 그리스도 안에서 영원토록 기쁨을 누릴 것이다.

적용: 빌립보서 3:12-21

굳은 믿음을 가지고 계속 달려가라

바울이 빌립보인들에게 보낸 편지는 시종일관 우리가 확신과 기쁨, 힘을 가지고 굳게 설 수 있는 능력의 근원이신 주님께 초점을 맞춘다. 그러나 우리는 가만히 서 있는 것과 굳게 서 있는 것을 혼동해서는 안 된다. 이 혼란스러운 세상에서는 많은 것이 우리를 막아설 수 있다. 하나님은 구석에 웅크리고 있거나, 틈새에 숨거나, 천국에 서둘러 가라고 우리를 여기에 두신 게 아니다. 그분은 지금 있는 곳에서 변화를 일으키라고 우리를 부르셨다. 우리 시대의 사악함에서는 분리되지만, 세상에서 고립되지는 말라고 하셨다.

우리가 가만히 있지 않으면서 굳게 서는 데 도움이 되도록 빌립보서 3장 12-21절이 제기하고 있는 몇 가지 질문-어쩌면 간섭일 수도 있는 질문-을 살펴보자. 이 질문들을 숙고하라. 이것에 대해 다른 사람들과 이야기를 나누라. 그들에게 당신이 곰곰이 생각해보고 다루어야 할 필요가 있는 영적 영역이 무엇인지 물어보라.

첫째, 당신은 과거에 머문 상태로 태도와 행동을 지배당하고 있는가? 아니면 오래전에 일어난 일들은 털어내고, 위의 것에 마음을 쏟고 성숙을 향해 계속 나아가고 있는가? 한편의 서사시 같은 빌립보서 3장 13-14절을 꼭 암송하기 바란다.

둘째, 당신은 좋은 모범을 따르고 있는가? 우러러볼 수 있는 바울, 본받을 만한 디모데, 추종할 수 있는 에바브로디도, 교훈을 얻을 수 있는 경건한 영웅이 있는가? 당신이 우러르고, 함께 시간을 보내며, 교훈을 얻는 그 사람들의 삶이 그리스도가 당신 안에 형성되기를 바라시는 성품을 구현하고 있는가? 아니면 바울이 생각한 모습에 더 가까운 멘토를 찾아야 하는가?

마지막으로, 당신은 그리스도의 재림을 간절히 기대하는가? 당신은 지금 천국 본향의 원칙에 따라 살고 있는가? 십자가의 원수는 이 세상이 당신의 본향이 아니라는 것을 아는가? 아니면 세상과 타협하고 뒤섞여 그리스도 안에 있는 당신의 진정한 정체성을 숨기고 있는가? 현재 당신의 삶에 천국 대사인 당신의 간증, 격려, 또는 경고의 말을 들어야 할 사람-가족, 친구, 이웃, 직장 동료-이 있는가? 당신의 삶에 다른 사람들에게 부정적인 영향을 미치는 영역이 있는가? 그것을 바꾸려면 어떻게 해야 하는가? 지금 시작하라.

주

1. Bauer et al., *Greek-English Lexicon*, 213.
2. 같은 책, 44–45.
3. Henry George Liddell, Robert Scott, et al., *A Greek-English Lexicon*, 10th ed.(Oxford: Clarendon Press, 1996), 1616.
4. Melick, *Philippians, Colossians, Philemon*, 131.
5. Nathan D. Holsteen and Michael J. Svigel, eds., *Exploring Christian Theology*, vol. 2, *Creation, Fall, and Salvation*(Minneapolis: Bethany House, 2015), 253.
6. Melick, *Philippians, Colossians, Philemon*, 138.
7. Bauer et al., *Greek-English Lexicon*, 373.
8. H. D. M. Spence–Jones, ed., *Philippians*, The Pulpit Commentary(New York: Funk & Wagnalls, 1909), 114.
9. Bauer et al., *Greek-English Lexicon*, 1065.
10. 같은 책, 996.
11. Gordon D. Fee, *Paul's Letter to the Philippians*, The New International Commentary on the New Testament(Grand Rapids: Eerdmans, 1995), 355.
12. Stuart Briscoe, *Bound for Joy*(Ventura, CA: Regal, 1975), 129.
13. Bauer et al., *Greek-English Lexicon*, 845.
14. 같은 책.

안식의 기쁨

빌립보서 4:1-23

나는 앞에서 바울이 빌립보인들에게 보낸 편지는 처음부터 끝까지 기쁨이라는 주제로 가득 차 있다고 말했다. 물론, 빌립보서 3장은 기쁨의 격려보다는 무서운 경고처럼 보인다는 것을 인정한다. 그러나 바울은 이 땅의 혼란과 광기 속에서 우리가 그리스도에게서 오는 형언할 수 없는 기쁨을 누리게 하도록 그가 목도하는 이 세상의 실상을 나누지 않을 수 없었다.

바울은 빌립보서 4장에서 숭고하고 감동적이며 용기를 북돋워주는 결론으로 그의 교향곡 "기쁨의 송가"에 마무리 손질을 한다. 성경에서 가장 많이 인용되고, 가장 사랑받는 몇 개의 성경 구절이 빌립보서 4장–뜻이 모호한 구절이 조금 있지만–에 나온다. 우리는 빌립보의 일부 그리스도인의 삶과 그들의 현실적인 갈등도 살짝 엿본다. 이 마지막 장에서 바울은 안식 안에 기쁨이 있다고 주장한다. 그는 아마도 성경에서 만족에 관한 가장 멋진 구절로 꼽힐 말을 이 장에 담았다. 이 만족은 불안한 세상에서 누리는 기쁨에 겨운 삶의 고갱이다. 바울은 불화(4:1–3), 불안(4:4–7), 평안의 결여(4:8–9), 불만(4:10–13), 또는 궁핍(4:14–19)이 마음을 불안하게 해도 오롯이 하나님 안에서만 안식하며 그리스도를 중심에 모시고 성령의 능력을 힘입은 기쁨을 찾으라고 권면한다.

핵심 용어

μεριμνάω[*merimnaō*, 메림나오]*(3309)* '걱정하다', '불안해하다', '신경 쓰다'

평안하고 기뻐하는 것의 반대인 *merimnaō*는 대개 우리가 어쩔 수 없는 것들에 대한 과도한 염려를 나타낸다(참조. 마 6:25–34). 이것은 부담과 두려움에 사로잡힌 정서적 동요에서 기인한다. 이 단어는 지혜롭고 신중한 선견지명, 다른 사람에 대한 사려 깊은 관심, 또는 합리적인 책임을 지는 것을 의미하지 않는다. 빌립보서 4장 6절에서 바울이 강조하는 것은 '지나치게' 염려하는 것이다.[1]

εἰρήνη[*eirēnē*, 에이레네]*(1515)* '평화', '조화', '일치'

*eirēnē*는 갈등, 분노, 불안의 정반대다. 잔잔하고 부드러운 교감을 묘사하는 영어 단어 irenic이 이 헬라어에서 나왔다. 빌립보서 4장에 나오는 하나님의 "평안"은 아마도 구약성경에 나오는 *shalom*(H7965)의 개념과 관련이 있을 것이다. *shalom*은 갈등이나 불안이 없는 상태를 넘어서 완전함, 조화로움, 기쁨의 의미를 담고 있다.[2]

분노와 염려의 치유제(빌립보서 4:1-9)

1그러므로 나의 사랑하고 사모하는 형제들, 나의 기쁨이요 면류관인 사랑하는 자들아 이와 같이 주
안에 서라
2내가 유오디아를 권하고 순두게를 권하노니 주 안에서 같은 마음을 품으라 3또 참으로 나와 멍
에를 같이한 네게 구하노니 복음에 나와 함께 힘쓰던 저 여인들을 돕고 또한 글레멘드와 그 외에 나
의 동역자들을 도우라 그 이름들이 생명책에 있느니라
4주 안에서 항상 기뻐하라 내가 다시 말하노니 기뻐하라 5너희 관용을 모든 사람에게 알게 하라
주께서 가까우시니라 6아무 것도 염려하지 말고 다만 모든 일에 기도와 간구로, 너희 구할 것을 감사
함으로 하나님께 아뢰라 7그리하면 모든 지각에 뛰어난 하나님의 평강이 그리스도 예수 안에서 너희
마음과 생각을 지키시리라
8끝으로 형제들아 무엇에든지 참되며 무엇에든지 경건하며 무엇에든지 옳으며 무엇에든지 정결
하며 무엇에든지 사랑 받을 만하며 무엇에든지 칭찬 받을 만하며 무슨 덕이 있든지 무슨 기림이 있든
지 이것들을 생각하라 9너희는 내게 배우고 받고 듣고 본 바를 행하라 그리하면 평강의 하나님이 너
희와 함께 계시리라

"주님 안에 굳게 서라!"

바울은 이 명령으로 빌립보서를 마무리한다. 그런데 '굳게 선다'는 것은 어떤 모습일까? 우리는 "시냇가에 심은 나무"(시 1:3) 같은–강한 폭풍에도 흔들리지 않고 열매 맺는–사람을 그려볼 수 있다. 또는 하나님의 영적 갑옷을 입은 신자가 "마귀의 간계"(엡 6:11, 13)에 단호히 맞서 유혹의 불화살을 피하고 막아내는 모습을 상상할 수 있다.

그러나 빌립보서 4장에서 바울은 엉뚱하게 '굳게 서다'는 개념을 분노와 불안의 경험과 연관시켜 적용한다. 분노는 외적 갈등과 분열을 일으키고, 불안은 내적 혼란과 절망을 낳는다. 분노와 불안은 우리가 꼭 다루어야 할 현실적인 주제다. 끊임없이 다투고 만사에 전전긍긍하는 세상에서 분노와 불안은 화합과 내적 평안으로 인도하는 사령선이 되어야 할 우리의 교회에도 만연해 있다.

바울은 빌립보서 4장 1-9절에서 이런 문제들을 정면으로 다루면서 분노와 불안에 맞서 '주님 안에서 굳게 서는' 방법을 알려준다.

—4:1–3—

하나님의 가족 안에서 사이좋게 지내려면 먼저 굳게 서야 한다. 바울은 이 중요한 원리를 여러 차례 언급했다. 그는 1장 27절에 이렇게 썼다. "오직 너희는 그리스도의 복음에 합당하게 생활하라 이는 내가 너희에게 가 보나 떠나 있으나 너희가 한마음으로 서서 한 뜻으로 복음의 신앙을 위하여 협력하는 것과 무슨 일에든지 대적하는 자들 때문에 두려워하지 아니하는 이 일을 듣고자 함이라."

이것이 바울의 기본 생각이다. '굳게 선다'는 말 속에는 주님의 명령을 따르고, 주님의 말씀을 믿으며, 주님의 우선순위를 받아들이고, 주님의 백성을 사랑하며, 주님의 본을 따른다는 의미가 함축되어 있다. 주님 안에서 굳게 서기로 결단한 신자들은 "주님 안에서" 하나인 동료 신자들과 좋은 관계를 유지하는 것을 비교적 덜 힘들어한다. 주님 안에서 굳게 선 자들은 모두 그리스도라는 든든한 반석 위에 함께 서 있다. 그분이 가지고 계신 큰 그림과 가장 중요한 계획은 우리 삶의 공통된 이야기가 된다. 편협한 생각과 개인의 호불호는 주님 안에 함께 서서 하나가 되는 것에 비하면 어리석은 일일 뿐이다. 해리 아이언사이드(Harry Ironside)는 이렇게 썼다. "사탄은 하나님의 백성이 똘똘 뭉쳐 적에 맞서 연합전선을 형성하는 것을 방해할 기회를 호시탐탐 노린다. 우리 안에 불화를 일으키려는 사탄의 노력은 우리 안에 있는 육신으로 인해 너무 쉽게 성공한다."[3]

바울은 4장 1절에서 "이와 같이 주 안에 서라"고 말한다(밑줄 나의 강조). 바울은 언쟁 끝에 아직도 화해하지 않은 빌립보 교회의 두 여인인 유오디아와 순두게에 대해 말하려고 이 말을 꺼낸 것 같다. 이 두 여인이 주님 안에서 굳게 서라는 원칙을 실행할 마음이 있다면 화해해야 한다. 바울은 이 점을 강조하려고 두 여인에게 권고할 때 "주 안에서"라는 구절을 반복한다. "주 안에서 같은 마음을 품으라"

> **바울의 다른 서신서에 나오는 "굳게 서라"**
>
> "깨어 믿음에 굳게 서서 남자답게 강건하라"(고전 16:13).
>
> "그리스도께서 우리를 자유롭게 하려고 자유를 주셨으니 그러므로 굳건하게 서서 다시는 종의 멍에를 메지 말라"(갈 5:1).
>
> "그러므로 너희가 주 안에 굳게 선즉 우리가 이제는 살리라"(살전 3:8).
>
> "그러므로 형제들아 굳건하게 서서 말로나 우리의 편지로 가르침을 받은 전통을 지키라"(살후 2:15).

(4:2, 밑줄 나의 강조). 다시 말해서, 그들은 주님 안에서 화목함으로써(4:2) 주님 안에 굳게 서라는 보편적인 원칙을 실천할 수 있다(4:1). 바울은 아주 간략하게 언급하지만, 우리는 이 구절들에서 몇 가지 합리적인 결론을 도출할 수 있다. 첫째, 그들은 둘 다 빌립보 교회의 교인이었다. 두 여인이 어떤 관계였는지는 자세히 모르지만, 아마도 자매나 인척 또는 사역의 동역자, 혹은 모녀 사이였을 수도 있다. 어떤 경우든, 그들은 "주님 안에서" 자매이고 같은 그리스도의 몸의 지체다.

둘째, 그들은 서로 생각이 달라서 다툼과 분열을 일으켰다. 바울은 두 사람에게 말 그대로 "같은 마음을 품으라"(4:2)고 당부한다. 그는 로마서 15장 5절("너희로 그리스도 예수를 본받아 서로 뜻이 같게 하여 주사")과 고린도후서 13장 11절("마음을 같이하며 평안할지어다")에서도 똑같은 말을 썼다. 이는 나름의 견해를 갖지 말라는 뜻이 아니라 어떤 이슈에 대한 자신의 의견을 사람보다 더 중요하게 생각하지 말라는 뜻이다. 유오디아와 순두게가 어떤 문제로 다투게 되었는지는 모르지만, 그것이 부활의 진리나 그리스도의 신성 또는 믿음으로 구원받는 것 같은 핵심 교리에 관한 언쟁은 아니었을 것이다. 그런 중요한 교리적 이슈였다면 바울이 절대 그냥 지나쳤을 리가 없기 때문이다. 바울이 무슨 일로 다투는지 언급하지 않은 것으로 보아 특별히 바로잡을 필요가 없는 사안이었을 것이다. 그러나 바울이 전교인을 대상으로 보낸 편지에 이 두 사람의 이름을 굳이 언급한 것을 보면, 이들이 사소한 문제를 침소봉대해서 호미로 막을 것을 가래로 막게 만들었음을 알 수 있다. 다시 말해서, 그들이 별 것 아닌 일에 대해 야단법석을 떠는 바람에 교회가 영향을 받기 시작한 것이다.

셋째, 바울은 두 사람 모두 자신의 권고에 긍정적으로 화답하기를 기대한다. 이 말은 양쪽 다 잘못했으므로 각자 화해의 노력을 해야 한다는 뜻이다. 바울이 어떤 동사를 사용했는지 잘 보라. 두 번이나 사용했다. "내가 유오디아를 권하고 순두게를 권하노니"(빌 4:2, 밑줄 나의 강조). 양쪽 다 불화에 책임이 있으므로 다시 하모니를 이루려면 그들이 내고 있는 불협화음을 조율해야 한다. 그들은 바울과 함께 복음을 위해 분투한 전력이 있었기 때문에(4:3) 바울은 그들을 잘 알았다. 그래서 바울은 그 두 사람이 자기의 권고에 응답할 것을 확신하는 것 같다. 그는 그들을 질책하거나, 잔소리를 늘어놓거나, 협박하거나 호소하지 않는다. 그냥 화해를 "권한다."

마지막으로, 바울은 다른 사람들에게 화해를 도우라고 부탁한다. 그렇다. 유오디아와 순두게는 자기를 비우고 하나 됨을 회복할 책임이 있다. 그러나 분열이 너무 깊고 다툼이 오래 지속되다 보면 객관적인 제삼자의 중재가 필요할 때가 있다. 이 일에 대해 바울은 "나와 멍에를 같이한 네게 구하노니"(4:3)라고 부탁한다. 우리는 "멍에를 같이한" 자가 누구인지 모른다. 아마 디모데나 에바브로디도 또는 빌립보 교회의 다른 권위자일 것이다. 여하튼, 이 사람은 잘 알려져 있고, 존경받는 사람이며, 화해를 돕는 중재자로서 충분한 자격이 있는 사람이었던 것이 분명하다.

이 단락을 긍정적인 말-"나의 사랑하고 사모하는 형제들, 나의 기쁨이요 면류관인 사랑하는 자들아"(4:1)-로 시작했던 바울은 역시 격려의 말로 끝을 맺는다. 예수 그리스도의 복음을 전파하는 바울의 여정에는 유오디아와 순두게만 함께한 것이 아니라 "그 이름들이 생명책에 있는" 여러 다른 동역자와 함께 글레멘드라는 남자도 있었다. 바울은 다투고 있는 두 사람 모두 "주님 안에서" 하나-영생이라는 공통의 희망을 가진-이며, 공동의 목표를 바라보는 동역자들이 모인 공동체라는 점을 상기시켜 신속한 화해를 이끌어내려 했던 것 같다.

생명책(빌립보서 4:3)

바울의 원 독자들이 "생명책"(4:3)이라는 말을 들었을 때 떠올린 것은 현대의 제본된 책이 아니라 둘둘 말린 두루마리였을 것이다. 바울이 생각한 것은 교인들의 명부나 빌립보 교회의 세례자 명단 같은 물리적인 기록이 아니었다. 설령 초대교회에 그런 기록이 존재했어도 바울이 언급한 "생명책"의 개념은 구약성경과 그리스와 로마의 개념에서 끌어온 것이었다.

세속적인 개념으로는 이 서신서의 앞부분에서 그가 만들어낸 "시민권"(3:20)이라는 개념과 연결지어 사용했을 수 있다. 한 주석가는 이렇게 풀이했다.

> 로마의 식민지였던 빌립보 시민들은 로마 시민으로 등록되어 있었다. 그들은 서로 싸우지 않고 화목하게 살아야 한다는 것을 알았다. 천국의 생명책에 이름이 등록된, 로마의 식민지 빌립보에서 천국의 식민지 시민으로 살고 있는 그들은 모든 권능 위에 계신 주님에게서 서로 평화롭게 살라는 명령을 받았다.[4]

그러나 이 이미지는 이 외에도 성경의 몇 가지 중요한 주제를 생각나게 했을 것이다. "생명책"이라는 개념은 구약성경에 깊은 뿌리를 두고 있다(참조. 출 32:32-33, 시 69:28, 단 12:1-2, 말 3:16). 구약 시대의 신자들은 선지자들이 예언하고, 율법의 원형과 이미지로 묘사된 오실 구세주를 기대하며 하나님의 약속을 신뢰했기 때문에 믿음

바울 시대에는 주로 이 사진과 같은 두루마리에 글을 썼다.

을 통해 은혜로 구원받았다. 예수님은 새 언약을 세우시면서 제자들에게 "너희 이름이 하늘에 기록된 것으로 기뻐하라"(눅 10:20)고 말씀하셨다. 히브리서도 교회는 "하늘에 기록된"(히 12:23) 자들로 구성된다고 분명히 말한다.

중요한 것은 천국 시민 명부에 이름이 오르면 안전이 보장된다는 사실이다. 그리스도는 계시록에서 하나님이 신자들의 이름을 생명책에서 절대 지우지 않으실 것이라고 약속하신다. 정말이다. 영원한 의를 옷 입은 사람에게는 영원히 안전한 미래가 보장된다. 물론 하나님은 그분 앞에서 우리의 신분을 알려주는 실제 장부가 필요 없으시다. 생명책은 영원한 안전을 상기시키는 상징이다. 우리가 장차 받을 축복은 마치 하나님이 커다란 천국 시민 명부에 우리 이름을 적어놓으신 것처럼 확실하다는 뜻이다.

—4:4–7—

빌립보서 4장 1–3절은 하나님의 가족끼리 화목하게 지내려면 먼저 주님 안에 굳게 서야 함을 보여주었다. 이제 4장 4–7절에서 바울은 주님 안에 굳게 서면 어떻게 불안감이 해소되는지를 설명한다.

우리 사회에서 '걱정'은 거의 전염병 또는 유행처럼 번지는 지경에 이르렀다. 이상하게

도, 어떤 사람들은 불안을 곁에 두고 싶은 친한 친구처럼 생각하는 듯하다. 그들은 그것을 변명하고, 그것을 위한 자리를 마련하며, 그것을 극진히 대하고, 애지중지한다. 그들은 파괴적이고 상호의존적인 관계에서 나타나는 태도로 그것을 대한다. 그래서 그것은 매일매일 그들의 기쁨을 갉아먹는다. 생각해보라. 걱정의 실체가 무엇인지, 걱정이 실제로 어떤 일을 하고 있는지. 걱정할 때 우리는 두려움에 사로잡혀 괴로워한다. 과거에 짓눌리고, 현재를 불안해하며, 미래를 고민한다. 우리는 "만약에…면 어쩌지?"가 지배하는 세상에 살고 있다. 이런 식의 정신적, 감정적 동요는 건강할 수가 없다.

그러니 예수님이 산상수훈에서 세속적인 염려를 본격적으로 다루신 것이 놀랍지 않다(참조. 마 6:25-34). 이 유명한 구절에는 "걱정하다"는 뜻의 헬라어 *merimnaō*(3309)가 다섯 차례나 나온다.

> 그러므로 내가 너희에게 이르노니 목숨을 위하여 무엇을 먹을까 무엇을 마실까 몸을 위하여 무엇을 입을까 염려하지 말라(마 6:25).
>
> 너희 중에 누가 염려함으로 그 키를 한 자라도 더할 수 있겠느냐(마 6:27).
>
> 또 너희가 어찌 의복을 위하여 염려하느냐(마 6:28).
>
> 그러므로 염려하여 이르기를 무엇을 먹을까 무엇을 마실까 무엇을 입을까 하지 말라(마 6:31).
>
> 그러므로 내일 일을 위하여 염려하지 말라 내일 일은 내일이 염려할 것이요 한 날의 괴로움은 그 날로 족하니라(마 6:34).

끊임없는 걱정에 매몰되어 있는 사람들은 자기들의 삶 전체가 정상적인 궤도에서 벗어나 있으며 몰락을 향해 치닫고 있다는 것을 발견하게 된다. 바울은 이 위험한 궤도에서 벗어나기 위해 우리가 집중해야 할 것을 거듭 강조한다. "주 안에서 항상 기뻐하라 내가 다시 말하노니 기뻐하라"(빌 4:4). 시종일관 기쁨이 주제인 편지에서 불안의 위협에 대해 이야기하는 지금 그 주제를 반복하는 것은 당연하다. "주님 안에서" 소유한 기쁨에 다시 초점을 맞추면 걱정을 땔감으로 삼아 타오르는 불길에 물을 붓기 시작한 것이다.

바울은 4장 5절에서 주님 안에서 누리는 삶에 두 가지 차원이 더 있음을 알려준다. 두 가지 다 불안을 몰아내는 데 도움이 된다. 첫째, 우리의 언행과 태도 속에서 "관용"이 빛을 발하면 우리의 마음과 생각이 변한다. 다시 말해 느긋해지라는 뜻이다. 우리는 삶-다른 사람들의 삶도-의 모든 것에 대해 시시콜콜 걱정하지 말고 쉴 필요가 있다. 내려놓으라. 다른 사람들에게 양도하라. 그리스도 안에 있는 형제자매들에게 은혜의 손길을 내밀라. 사소한 것들은 대수롭지 않게 넘기라. 다름을 받아들이라. 이런 종류의 "관용"은 걷잡을 수 없는 불안의 불길에 비를 내린다.

둘째, 우리는 늘 "주께서 가까우시[다]"(4:5)는 것을 명심해야 한다. 그리스도가 언제라도 이 세상에 오셔서 그분과 함께 거하게 하시려고 우리를 데려가실 수 있다는 사실은 매순간 우리에게 희망과 평안을 줄 수 있다. 다른 서신서에서 바울이 묘사한 그리스도의 재림을 보면 그리스도가 다시 오셔서 신자들을 부활시키시고 구출하실 것이다(살전 4:16-17). 바울은 그 구절을 이렇게 끝맺었다. "그러므로 이러한 말로 서로 위로하라"(살전 4:18). 그리스도가 약속하신 재림의 위로는 미래에 대한 두려움에서 모락모락 피어오르는 불안을 꺼트린다.

걱정의 또 다른 치료법은 우리의 염려를 기도로 하나님께 가져가는 것이다. 우리는 초조해하고, 긴장하면서, 불안한 삶을 살지 말고 모든 일을 하나님께 가져가야 한다. "아무것도 염려하지 말고 다만 모든 일에 기도와 간구로, 너희 구할 것을 감사함으로 하나님께 아뢰라"(빌 4:6). 여기서 "모든 일"이란 정말로 모든 일을 뜻한다. 이것이 핵심이다. 아무것도 염려하지 말라. 모든 일에 대해 기도하라. 감정이 동요되면 그것을 기도로 올려드리라. 겁이 나면 그것을 하나님께 올려드리라. 돌아오라고 위협하며 괴롭히는 과거에 짓눌려 있다면 하나님께 나아가 그것을 가져가달라고 간구하라. 한날한시도 사랑하는 사람들에 대한 걱정에서 벗어날 수 없다면, 쓸데없는 '만약에…' 시나리오로 정신적, 감정적으로 낭비하지 말고 그 시간에 그들을 위해 중보하라.

당신이 이런 일들-주님 안에서 기뻐하고, 관용을 나타내며, 그리스도의 재림을 기대하고, 기도로 하나님께 나아가는 것-을 하면 하나님의 영이 당신의 마음과 생각에 불타고 있는 불안의 불꽃을 끄실 것이다. 바울은 4장 7절에서 이 편안함을 "하나님의 평강"이라는 말로 표현한다. 바울은 필시 유대인들의 샬롬 개념을 염두에 두었을 것이다. 신학자 배리 존스(Barry Jones)는 샬롬 속에 담긴 풍성한 뜻을 설명한다.

샬롬은 종종 영어성경에서 'peace'(평화)라는 말로 번역된다. 그러나 샬롬은 평화라는 단어가 전달하는 일반적인 개념보다 더 많은 의미를 지닌다. 샬롬은 적개심의 부재나 마음 속에서 느끼는 행복감 이상이다. 이 히브리어 단어 하나에 담긴 뉘앙스를 적절히 나타내려면 일단의 용어가 동원되어야 한다. 완전함, 조화, 번영, 기쁨, 성취…. 샬롬은 바로잡힌 세상을 향한 하나님의 꿈이다.[5]

그러므로 바울이 하나님의 평강이 "모든 지각에 뛰어[나며]" 그리스도 안에서 우리의 마음과 생각을 "지키[실]" 수 있다고 말한 것은 당연하다! 하나님이 주시는 평안은 그냥 불안의 부재가 아니라 하나님의 위로와 기쁨의 영이 분명히 임재하심을 뜻한다. 이런 종류의 평강은 불안의 불길을 잠재우기만 하는 것이 아니다. 하나님의 샬롬은 걱정에 불을 댕기는 바싹 말라 건조한 마음 밭에 시원하고 맑고 풍요로운 생명의 강이 흐르게 한다!

—4:8-9—

지금까지 바울은 주님 안에 굳게 서면 어떻게 불화를 일으키는 분노(4:2-3)와 불안(4:4-6)이 치유되는가를 이야기했다. 대인간의 갈등과 내적 불만 대신 하나님은 평안을 보내신다(4:7). 바울은 4장 8-9절에서 "평강의 하나님"의 임재를 계속 경험할 수 있는 매우 간단하고 실제적인 방법을 알려주면서 이 단락을 마무리한다(4:9).

첫째, 긍정적인 생각을 심어서 사고를 정리해야 한다(4:8). 힘들고 실망스럽고 마음이 아파도 아름답고 덕스러운 것에 생각을 집중하면, 그러지 않았다면 훨훨 타올랐을 분노와 불안의 불꽃을 잠재울 수 있다. 이러한 영역에서 사고방식이 바뀌면 다른 사람들과 더 화목하게 되고, 우리 마음에도 더 깊은 평안이 자리하게 된다.

둘째, 훌륭한 모범에 집중해야 한다(4:9). 빌립보인들은 믿음, 사랑, 희망을 고취시켜야 할 때마다 바울을 바라볼 수 있었다. 그는 따를 수 있는 길-그리스도의 인격과 사역에 초점을 맞추고 성령의 능력을 힘입는-을 보여주었다. 지금 바울은 우리 곁에 없지만, 우리의 생각이 그리스도께 붙박여 있으면 하나님은 우리의 성장에 박차를 가하시고, '하나님의 꿈'

을 경험하도록 도와줄 관찰 가능한 본보기를 우리 삶에 늘 두신다.

분노와 불안은 우리에게서 기쁨을 훔치고 평화를 앗아간다. 그들은 우리가 그릇된 것에 집중하도록 강요하고, 그리스도를 닮는 삶에서 멀어지게 만든다. 우리가 훌륭하고 칭찬받을 만한 것으로 주의를 돌리고(4:8) 우리 앞에 있는 경건한 본을 따르면(4:9), "주 안에 [굳게] 서[는 것]"(4:1)의 의미를 진정으로 알고 경험할 뿐 아니라 하나님의 평안을 만나게 될 것이다.

적용: 빌립보서 4:1-9

평화를 위한 싸움

당신은 바울이 어떻게 주 안에서 굳게 설 수 있는지를 논의할 때 말한 여러 상황 중 하나에 어느새 공감하고 있을 것이다. 어쩌면 당신은 유오디아와 순두게처럼 교회나 집, 직장, 또는 어쩌면 이웃 사람과 해묵은 갈등 속에 있을지도 모른다. 혹은 바울이나 그 '동역자'처럼 난처한 입장-다른 사람들의 갈등을 해결하도록 돕는 입장-에 처해 있을 수도 있다. 혹은 실제로 스트레스를 주는 일 때문이든 어쩔 수 없는 것들에 대한 집착 때문이든 끊임없는 걱정이나 걷잡을 수 없는 불안에 시달리고 있을지도 모른다.

당신이 지금 어떤 상황-겉으로 드러난 갈등이나 마음속 불안-속에 있든, 바울은 삶의 평화를 쟁취하기 위해 싸울 때 필요한 실제적인 원칙을 알려준다. 분노와 불안을 극복하는 데 도움이 되고, 다른 사람들과 화평하며, 마음속의 평화를 회복할 수 있게 해주는 세 가지 구체적인 실천 사항에 대해 살펴보자.

첫째, **기뻐하라**. 이전에 냉소 짓던 얼굴을 웃는 얼굴로 바꾸라. 마음에게 다시 기뻐하는 법을 가르치라. 더 활짝 웃으라. 즐겁고 밝게 살라. 유머 감각을 키우라. 하나님과 사람들을 진지하게 대하라. 하지만 당신 자신은 너무 진지하게 대하지 말라. "마음의 즐거움은 양약"이라고 잠언 17장 22절은 말씀한다. 나는 지금까지 사는 동안 기뻐하면서 다른 사람과 계속 불화한 상태로 있을 수 있는 사람은 보지 못했다. 또 같은 마음과 생각 속에 기쁨과 불안이 오랫동안 함께하는 경우는 거의 없다. 그러니 기뻐하라.

둘째, **여유를 가지라**. 우리는 온유와 인내가 많이 필요하다. 달리 말해서, 우리는 마음을 다스려야 한다. 다른 사람이 내뱉는 고약한 말에 일일이 다 불쾌한 반응을 보일 필요가 없다. 때로는 그냥 내버려둬도 괜찮다. 사람들에게 엄격하기보다는 너그러워도 된다. 인간관계—배우자, 자녀, 친구, 생판 모르는 사람들—에서 여유를 가지라. 유오디아와 순두게가 조금만 너그러웠다면 서로의 차이를 덮고 지나갈 수도 있었을 것이다. 그리고 스트레스를 받는 상황 속에서 마음을 느긋하게 먹는 법을 배운다면 모든 지각에 뛰어나신 하나님의 평안을 누릴 수 있다.

셋째, **쉬라**. 아무것도 하지 말라는 것이 아니다. 우리를 끊임없이 불안하고 초조하게 하는 일들, 마음을 졸이고, 가슴이 쿵쾅거리며, 속이 울렁거리는 일을 멈추라는 뜻이다. 스트레스를 받을 때 우리의 인간관계가 얼마나 엇나가는지 알아챘는가? 바울이 생각하는 쉼이란 긍정적인 것에 마음과 생각을 집중하는 것이다. 빌립보서 4장 8절에서 바울이 나열한 예를 잘 보고 여기에 대입할 만한 것을 곰곰이 생각해보라.

- 무엇에든지 참되며: 거짓되지 않고, 신뢰할 수 있으며, 허황되지 않고.
- 무엇에든지 경건하며: 부끄럽지 않고, 비뚤어지지 않으며, 어리석지 않고.
- 무엇에든지 옳으며: 그릇되지 않고, 악하지 않으며, 반항적이지 않고.
- 무엇에든지 정결하며: 타락하지 않고, 상스럽지 않으며, 부도덕하지 않고.
- 무엇에든지 사랑받을 만하며: 뒤틀리지 않고, 추하지 않으며, 무례하지 않고.
- 무엇에든지 칭찬받을 만하며: 남의 험담을 하지 않고, 남을 헐뜯지 않으며, 비아냥거리지 않고.
- 무슨 덕이 있든지: 남보다 못하지 않고, 사치하지 않으며, 흠이 없고.
- 무슨 기림이 있든지: 무례하지 않고, 모욕하지 않으며, 사악하지 않고.

기뻐하라, 여유를 가지라, 쉬라. 이 원칙들을 실천하고, 그 실천이 습관이 되면 "그리하면 모든 지각에 뛰어난 하나님의 평강이 그리스도 예수 안에서 너희 마음과 생각을 지키시리라"(4:7). 하나님의 꿈이 당신에게 실현될 것이다.

필요를 초월한 삶(빌립보서 4:10-23)

10내가 주 안에서 크게 기뻐함은 너희가 나를 생각하던 것이 이제 다시 싹이 남이니 너희가 또한 이를
위하여 생각은 하였으나 기회가 없었느니라 11내가 궁핍하므로 말하는 것이 아니니라 어떠한 형편에
든지 나는 자족하기를 배웠노니 12나는 비천에 처할 줄도 알고 풍부에 처할 줄도 알아 모든 일 곧 배
부름과 배고픔과 풍부와 궁핍에도 처할 줄 아는 일체의 비결을 배웠노라 13내게 능력 주시는 자 안에
서 내가 모든 것을 할 수 있느니라 14그러나 너희가 내 괴로움에 함께 참여하였으니 잘하였도다

15빌립보 사람들아 너희도 알거니와 복음의 시초에 내가 마게도냐를 떠날 때에 주고 받는 내 일
에 참여한 교회가 너희 외에 아무도 없었느니라 16데살로니가에 있을 때에도 너희가 한 번뿐 아니라
두 번이나 나의 쓸 것을 보내었도다 17내가 선물을 구함이 아니요 오직 너희에게 유익하도록 풍성한
열매를 구함이라 18내게는 모든 것이 있고 또 풍부한지라 에바브로디도 편에 너희가 준 것을 받으므
로 내가 풍족하니 이는 받으실 만한 향기로운 제물이요 하나님을 기쁘시게 한 것이라 19나의 하나님
이 그리스도 예수 안에서 영광 가운데 그 풍성한 대로 너희 모든 쓸 것을 채우시리라 20하나님 곧 우
리 아버지께 세세 무궁하도록 영광을 돌릴지어다 아멘

21그리스도 예수 안에 있는 성도에게 각각 문안하라 나와 함께 있는 형제들이 너희에게 문안하고
22모든 성도들이 너희에게 문안하되 특히 가이사의 집 사람들 중 몇이니라

23주 예수 그리스도의 은혜가 너희 심령에 있을지어다

빌립보서의 목적을 기억하고 있는가? 신도들이 성령의 능력을 힘입어 삶과 섬김과 나눔과 안식 속에서 그리스도 중심의 기쁨을 찾도록 격려하는 것이다. 빌립보서의 주제는 바울이 처음부터 끝까지 반복하고 있는 한 마디로 요약된다. "기뻐하라!" 만물이 그리스도의 장중에 있음—큰일뿐만 아니라 아주 사소한 것까지도—을 확신할 때 우리 안에 파급력 있는 기쁨이 깊이 뿌리내리게 된다.

빌립보서 4장의 첫 대목에서 알게 되었듯이, 그런 기쁨은 어려운 상황은 물론이고 틀어진 관계에도 작용해 시름을 덜어준다. 우리가 긍정적이고 고무적이며 덕스럽고 탁월한 것에 마음을 집중하면 변화를 받아 하나님의 놀라운 평화에 에워싸이게 된다. 참으로 놀라운 삶의 방식 아닌가!

바울은 빌립보인들에게 보낸 이 위대한 편지를 마무리하면서 진정한 기쁨이라는 보약이 효력을 발휘할 수 있는 또 다른 영역—만족—을 탐구한다. 바울은 4장 10-13절에서 다시 한번 자기를 독자들이 따를 수 있는 본보기로 제시한다. 그다음 4장 14-19절에는 만족의

열매인 관용이 나온다. 마지막으로 4장 20-23절에서 바울은 충만한 은혜와 기쁨으로 가득 찬 작별 인사로 편지를 마친다.

—4:10-13—

바울이 빌립보에 교회를 세운 지 어언 10년이 흘렀다(행 16:11-40). 바울은 그 후 여행에서 돌아오는 길에 빌립보를 다시 한번 방문했고(행 20:6), 그 10년 동안 빌립보인들을 본 것은 그때 딱 한 번이었다. 그러나 빌립보인들은 바울이 로마에 투옥되어 있으며, 어떤 결과가 나올지 모르는 상황에서 가이사의 법정에서 받을 재판을 앞두고 있다는 소식을 듣고 급히 에바브로디도 편에 후원금을 보내 바울에게 필요한 경비를 충당했다(빌 4:18).

바울은 요청하지도 않았는데 뜻밖의 선의를 베푼 빌립보인들로 인해 "주 안에서 크게"(4:10) 기뻐했다. 그 금전적 선물은 청구서를 지불하는 수단일 뿐 아니라 빌립보 교회가 베푼 희생적 사랑의 가시적 표현이었다. 그리고 그들이 바울을 걱정하고 있으며 그와 계속 동역하겠다는 의사 표시였다. 바울은 그들이 이번에 재정적 선물을 보낼 기회가 주어지기 전부터 줄곧 자신의 안녕을 걱정하고 있었지만, 행동에 옮길 "기회가 없었[다는 것]"도 알고 있었다(4:10).

바울은 그들에게 죄책감을 유발하거나 더 많은 돈을 뜯어내려고 유도한다는 오해를 사지 않기 위해 자기가 어떤 상황에서도 만족하는 법을 배웠노라고 안심시킨다(4:11). 바울이 사용한 "자족"이라는 헬라어는 *autarkēs*(842)이다.[6] 일부 헬라 철학자는 이것을 '상황에 좌우되지 않는다'는 뜻뿐만 아니라 자기 안에서 만족의 원천을 찾는다는 뜻으로도 받아들였다.[7] 그러나 이런 세속적인 의미는 바울의 생각과 거리가 멀다. 바울이 권장한 것은 자족이 아니라 그리스도만으로 충족되는 만족이었다. 그는 힘을 발휘하고 상황과 전망을 활용하는 자신의 능력이 아닌 그리스도의 공급과 타이밍을 믿었다.

바울이 무기한 가택 연금 상태에 있을 때 이 말을 썼다는 것이 참으로 흥미롭다. 그는 아마 로마 군인에게 쇠사슬로 묶여 있고, 살고 있는 집의 임대료를 자비로 지불하며, 사생활과 자유가 전혀 없는 상태였을 것이다. 그런데 그는 가택 연금 상태에 있는 지금이 훨씬 쉽다고 할 만큼 극한 상황을 수년 동안 감내하며 만족하는 법을 배웠다.

바울은 지난 수년 간 그가 직면했던 몇 가지 상황—마치 롤러코스터처럼 오르락내리락 했던—을 설명한다. 그는 온갖 종류—때로는 극심한—의 상황을 경험하면서 만족을 배웠다(4:12). 이 구절을 도표로 만들면 이런 모습일 것이다.

모든 상황에서 만족했던 바울

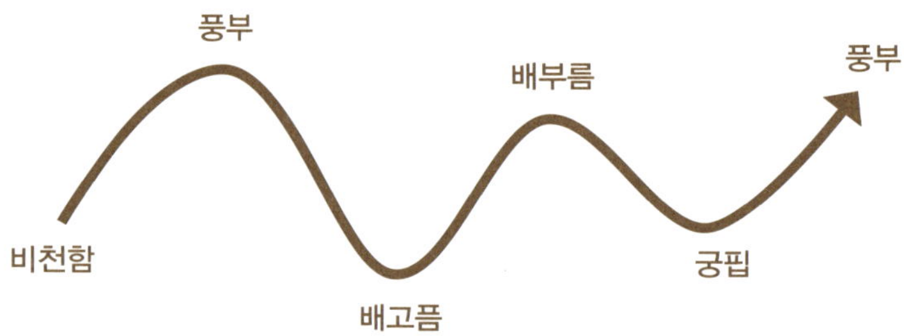

바울은 이 모든 일을 겪으면서 삶이 그에게 준 모든 상황 속에서 살아나가는 법을 배웠다. 그는 허기진 배를 끌어안고 딱딱한 땅에서 자면서도 믿음을 잃지 않았다. 안락한 집에서 매일 따뜻한 식사를 하고, 매일 밤 포근한 침대에서 자며, 융숭한 대접을 받을 때에도 하나님 한 분만이 만물의 원천이심을 잊지 않았다. 그는 양극단과 그 사이의 모든 것을 감당하는 법을 배웠다.

이로 인해 바울은 융통성과 자신감을 가지고 그를 기다리고 있는 어떤 도전에도 맞설 수 있는 능력을 갖추게 되었다. 그는 삶에 대한 이런 자세를, 성경에서 가장 많이 인용되지만 가장 많이 오역되기도 하는 구절로 요약한다. “내게 능력 주시는 자 안에서 내가 모든 것을 할 수 있느니라”(4:13). 이 말은 바울이 개인적인 목표를 모두 성취하고, 꿈을 이루며, 부와 명예를 얻을 수 있다는 뜻이 아니다. “모든 것”이란 극한의 삶에서 살아남는 것을 의미한다. 이것을 풀어쓰면 이렇다. “내가 가는 인생길이 아무리 험하더라도 나는 내 능력이 아니라 그리스도의 능력으로 어떤 일이든 감당할 수 있다.” 그리스도 외에는 그 어떤 것으로도 충분하지 않다. 오직 그분만이 감당할 수 있는 힘을 주신다. 교육, 물질, 정치적 영향력, 긍정적인 사고방식, 자신감으로는 불가능하다.

—4:14-19—

그러면 우리는 그리스도를 통해 모든 일-즉, 어떤 상황에서도 만족하는 것-을 할 수 있으므로 다른 사람은 전혀 필요 없다는 뜻일까? 우리의 필요를 더는 알리지 않고, 다른 사람들에게 도움을 청하지 않으며, 하나님이 우리의 모든 필요를 채워주시기를 기도해야 하는가? 바울은 4장 14-19절에서 하나님이 우리의 필요를 채워주는 다른 사람들을 통해 어떻게 우리를 돌보시는지 보여준다. 모든 것은 성령의 능력으로 그리스도를 통해 하나님 아버지에게서 오지만, 삼위일체의 하나님은 신자들을 사용하셔서 그분의 목적을 성취하기를 좋아하신다.

바울은 빌립보인들이 그의 고난에 참여한 것을 칭찬하며 이 단락을 시작한다(4:14). 어떻게 참여했는가? 그들은 최악의 순간에도 바울을 잊지 않고 함께했다. 바울이 빌립보를 떠나 계속 선교 여행을 하는 동안에도 빌립보인들은 그의 사역에 필요한 도움을 후히 베풀었다. 실제로, 바울은 그의 선교 사역에 마게도냐의 다른 교회들이 재정적 도움을 전혀 주지 않았던 때를 회상한다(4:15). 빌립보인들은 실제적인 방법으로 바울과 복음 전파에 대한 헌신을 보여주었다. 그들은 일회성 작별 선물뿐 아니라 그의 사역이 부침을 거듭할 때 몇 차례나 후원금을 보냈다(4:16).

바울은 왜 "데살로니가에 있을 때에도" 그들이 몇 차례 선물을 보낸 것을 굳이 끄집어낼까? 그것이 왜 그렇게 중요한가? 그것은 빌립보인들이 바울의 사역에 즉시 기부를 시작했으며, 계속 여러 번 했다는 사실을 강조한다. 바울과 그들의 동역은 일찍부터 그리고 오래도록 지속되었다. 그들은 넘치도록 베풀었다.

또 바울이 빌립보인들의 헌신적인 베풂이 자기에게뿐 아니라 그들에게도 어떻게 축복이 되는지를 진정으로 살폈다는 점에 주목하라(4:17). 그렇다. 그는 사역을 수행하기 위해 계속 기부를 받아야 했다. 그러나 빌립보인들의 헌신에는 더 중요한 무언가가 있었다. 바울은 대의를 위해 아낌없이 베푸는 그들의 성숙한 모습에서 격려를 받았다. 그들의 희생적인 베풂은 바울과 바울이 사역하고 있는 사람들을 향한 그리스도를 닮은 사랑의 확실한 본보기였다.

빌립보인들의 긍휼과 희생적 베풂으로 바울은 필요한 것을 모두-그리고 조금 더!-가졌다. 그는 필요한 경비를 다 채우고도 "풍족"했다(4:18). 에바브로디도는 로마에 있는 바울에게 충분한 기금을 전달했다. 바울은 그것을 빌립보인들의 예배와 헌신의 행위로 받아들였다. 실제로 그는 성전의 희생제물과 관련해서 자주 사용하는 언어로 그들의 선물에 담긴 거룩한 본질을 강조한다. "이는 받으실 만한 향기로운 제물이요 하나님을 기쁘시게 한 것이라"(4:18).

그들이 하나님을 경외하는 마음으로 그리스도처럼 사역에 희생적인 공헌을 했기 때문에 바울은 주님이 그들을 계속 재정적으로 축복하실 것을 확신했다. "나의 하나님이 그리스도 예수 안에서 영광 가운데 그 풍성한 대로 너희 모든 쓸 것을 채우시리라"(4:19). 4장 13절과 마찬가지로, 이 구절도 그리스도인들이 자주 잘못 인용하고 잘못 적용한다. 어떤 사람들은 건강과 부와 행복으로 가득 찬 천국의 거대한 보물창고를 상상한다. 신자들은 그 창고를 믿음으로 열어 마음껏 재물을 취하면 된다. 나는 자기들에게 돈을 보내면 천국의 수문이 열려 '멋진 삶'을 경험할 수 있다고 주장하는 건강과 부의 전도사들을 안다. 그러나 그것은 바울이 마음속에 그리고 있는 것과는 전혀 다른 그림이다. 그보다는 우리가 바울처럼 진짜 도움이 필요한 사람들에게 후히 베푸는 충실한 통로 역할을 하면 하나님이 우리에게 필요한 것을 계속 공급하시며, 그래서 우리는 또 계속 다른 사람들을 축복할 수 있다는 것이 그의 생각인 것 같다. 많은 사람이 옳게 관찰한 바와 같이 빌립보서 4장 19절은 하나님이 우리의 욕심이 아니라 필요를 채워주실 것이라고 말한다.

—4:20-23—

바울은 기도로 이 편지를 시작했다(1:3-5, 9-11). 이제 그는 그 기도를 송영으로 마친다. "하나님 곧 우리 아버지께 세세 무궁하도록 영광을 돌릴지어다 아멘"(4:20). 바울은 복음 사역에서 이방인들의 사도로 자기의 본분을 다했고, 빌립보인들은 기도와 물질로 도왔다. 디모데와 에바브로디도 같은 동역자들은 결연한 자세로 바울을 열심히 섬겼다. 그러나 궁극적으로는 이들이 하나님의 사명을 수행하면서 담당한 각자의 역할로 인정받거나 칭송받을 수는 없었다. 모든 것을 공급하시는 하나님 한 분만 모든 찬양과 영광을 받으실 자격이 있다.

바울은 관례적인 축사로 끝을 맺는데(4:23), 그 전에 몇 가지 인사를 나눈다. 우선 빌립보의 "성도"에게 개인적인 인사를 전한다(참조. 4:21). 그들의 이름을 일일이 거명하지 않고 모든 신자가 하나님을 섬기고 예배하기 위해 구별된 자들(성도의 원뜻)임을 상기시키면서 격려한다.

바울은 개인적인 안부를 전한 뒤 범위를 넓혀, 아마도 디모데와 에바브로디도를 포함한 다른 동역자들일 "형제들"(4:21)의 인사를 전한다. 이들 외에도 가이사의 집 사람들을 위시해서 "모든 성도들"(4:22)에게 안부를 전한다. 이들 중에는 로마서 16장에 언급된 사람-안드로니고와 유니아(롬 16:7), 아리스도불로(롬 16:10), 나깃수(롬 16:11), 그 외 많은 사람-이 다수 포함되어 있었을 것이다. 바울은 이 신자들을 "성도"로 일컬으면서 빌립보인들 역시 그들보다 훨씬 큰 어떤 것의 일부임을 상기시켰다. 그들은 비록 물리적으로 떨어져 있지만 언젠가 같은 주님을 모신 같은 왕국에서 영원히 함께 살게 될 것이다.

그때에는 성령의 능력을 힘입은 그리스도 중심의 기쁨이 얼마나 더 충만하겠는가!

가이사의 집 사람들(빌립보서 4:22)

바울은 빌립보 교회에 전하는 마지막 인사에서 "모든 성도들…특히 가이사의 집 사람들"을 언급한다. 이 구절은 도대체 복음이 사회와 정치권에 얼마나 깊이 침투했는지에 대한 많은 추측을 불러일으켰다. 황제의 가족이 개종했다는 뜻일까? 황후? 자녀들? 그들이 배후에서 바울의 석방을 돕고 있었을까?

그건 아닐 것이다. 그렇게 초기에 황제의 직계 가족이 그리스도를 구세주로 받아들였다는 증거는 아무 데도 없다. 그러나 몇 세기 후에는 복음이 황제의 집안에까지 침투했다. 대표적으로 4세기에 재임했던 콘스탄티누스 황제의 그리스도인 어머니 헬레나는 아들에게 큰 영향을 미쳐 그리스도인들에게 호의를 품게 만들었다. 그러나 1세기의 네로 황제와 그의 가족은 별난 유대인 종파 따위에 전혀 관심이 없었다.

우리가 알기로는 황궁과 관련이 있는 다수의 노예와 자유인들이 예수 그리스도를 주님으로 불렀다.[8] 가족이라는 용어가 꼭 직계 가족을 가리키는 것은 아니라는 점을 기억해야 한다. 노예를 포함해서 가사일을 돌보기 위해 고용된 사람들도 가족으로 지칭할 수 있었다. 복음은 이 사람들에게 먼저 전파되었고, 그것을 밑거름으로 다음 세대의 각계각층 사람들이 기독교에 호의를 갖고 대거 받아들이게 되었다.

적용: 빌립보서 4:10–23

내 안을 보고, 주변을 보고, 위를 보라

바울과 빌립보인들의 만족과 관용에서 드러난 바와 같이, 그들은 그리스도의 성품을 닮는 데 있어서 영적으로 높은 수준의 성숙을 보여주었다. 우리는 어떻게 그들을 본받아야 할까? 어떻게 해야 바울과 빌립보인들이 보여준 성숙한 모습에 도달할 수 있을까? 주님 안에서 즐겁게 안식하며 성장하기 위해 당신이 살펴보아야 할 영역이 있다.

첫째, **마음속을 보라. 그리고 내보내라.** 당신 안에 성장을 방해하는 것이 있는가? 당신을 끌어내리고 진정한 만족과 기쁨으로 베푸는 관용을 누리지 못하게 가로막는 것이 있는가? 그것은 만족보다는 안락을, 관용보다는 사치를 원하는 욕망일 수 있다. 혹은 희생적인 자비심 대신 당연시되는 권리 의식일 수도 있다. 지금 당장 속마음을 진단해보라. 이렇게 자문해보라. "바울이 빌립보서 4장에서 말하고 있는 만족을 경험하지 못하도록 나를 막고 있는 것은 무엇인가?" "나는 무엇 때문에 그리스도의 사역보다 지금 내가 하는 일에 더 많은 시간과 물질을 쏟는가?"

마음속을 보라. 그리고 이런 것들을 내보내라.

둘째, **주위를 보라. 그리고 응답하라.** 때때로 우리는 너무 바빠 주변 사람들의 필요를 보지 못해서 우리의 시간과 열정, 물질을 베풀지 못한다. 빌립보인들은 멀리 떨어진 곳에서도 바울의 필요를 보고 즉시 지속적으로 충성스럽게 응답했다. 그들은 돈뿐만 아니라 에바브로디도라는 사람도 보내어 도왔다. 그들은 다른 교회가 먼저 움직이기를 기다리지 않았다. 그들은 필요를 보고 그것을 채웠다. 당신도 그렇게 해보지 않겠는가? 남미의 정글 부족에게 장기간 헌신하는 것 같은 극단적인 일로 시작하지 않아도 된다. 대신 그곳에서 사역하고 있는 선교사를 찾아서 금전적 후원을 시작하면 된다. 또는 홀로 자녀를 키우며 힘들게 살고 있는 이웃에게 도움의 손길을 내밀 수도 있다. 당신의 도움이 필요하고, 그 도움을 기꺼이 받을 사람들은 다양하게 많다.

주위를 보라. 그리고 응답하라.

셋째, **위를 보라. 그리고 기뻐하라.** 하나님이 과거에 행하셨고, 현재 행하고 계시며, 미래에 행하시겠다고 약속하신 것을 모두 상세히 살펴보라. 하나님을 찬양하고 특별히 당신 삶에서 행하신 일을 찬양하며 감사하기를 잊지 말라. 하나님이 당신에게 베푸시고 행하신 많은 좋은 것을 기뻐하고, 온갖 좋은 은사가 그분에게서 오는 것임을 기억하라(약 1:17). 바울이 빌립보인들과 함께 누렸듯이, 하나님이 다른 사람들의 삶에서 매일 이루시는 좋은 것들을 기뻐하고 감사하라. 하나님은 우리의 감사와 찬양의 표현을 듣기를 좋아하신다.

위를 보라. 그리고 기뻐하라!

주

1. Bauer et al., *Greek-English Lexicon*, 632.
2. Barry D. Jones, *Dwell: Life with God for the World*(Downers Grove, IL: InterVarsity, 2014), 34.
3. Ironside, *Philippians and Colossians*, 86.
4. Hansen, *Letter to the Philippians*, 286.
5. Jones, *Dwell*, 34.
6. Bauer et al., *Greek-English Lexicon*, 152.
7. John R. W. Stott, *The Message of 1 Timothy and Titus*, The Bible Speaks Today(Downers Grove, IL: InterVarsity, 1996), 149.
8. Alfred Plummer, *A Commentary on St. Paul's Epistle to the Philippians*(London: Robert Scott, 1919), 107.

골로새서 인사이트

간결하지만 강력한 바울의 골로새서를 깊이 공부해본 사람이라면 1세기 그리스도인들의 문제를 다루고 있는 이 편지가 오늘날에도 딱 들어맞는다는 사실을 이내 알게 된다. 바울의 옛 언어는 지금 우리가 당면하고 있는 문제를 그대로 묘사한다. 당대의 이단들은 우리 시대에도 여전히 번성하고 있다. 우왕좌왕하는 골로새 신자들을 향한 바울의 권고는 현대를 사는 우리를 향한 것이기도 하다.

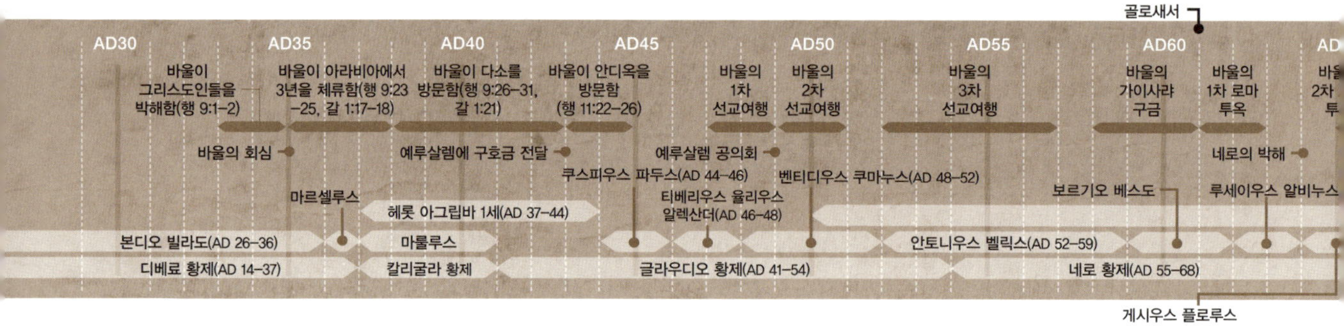

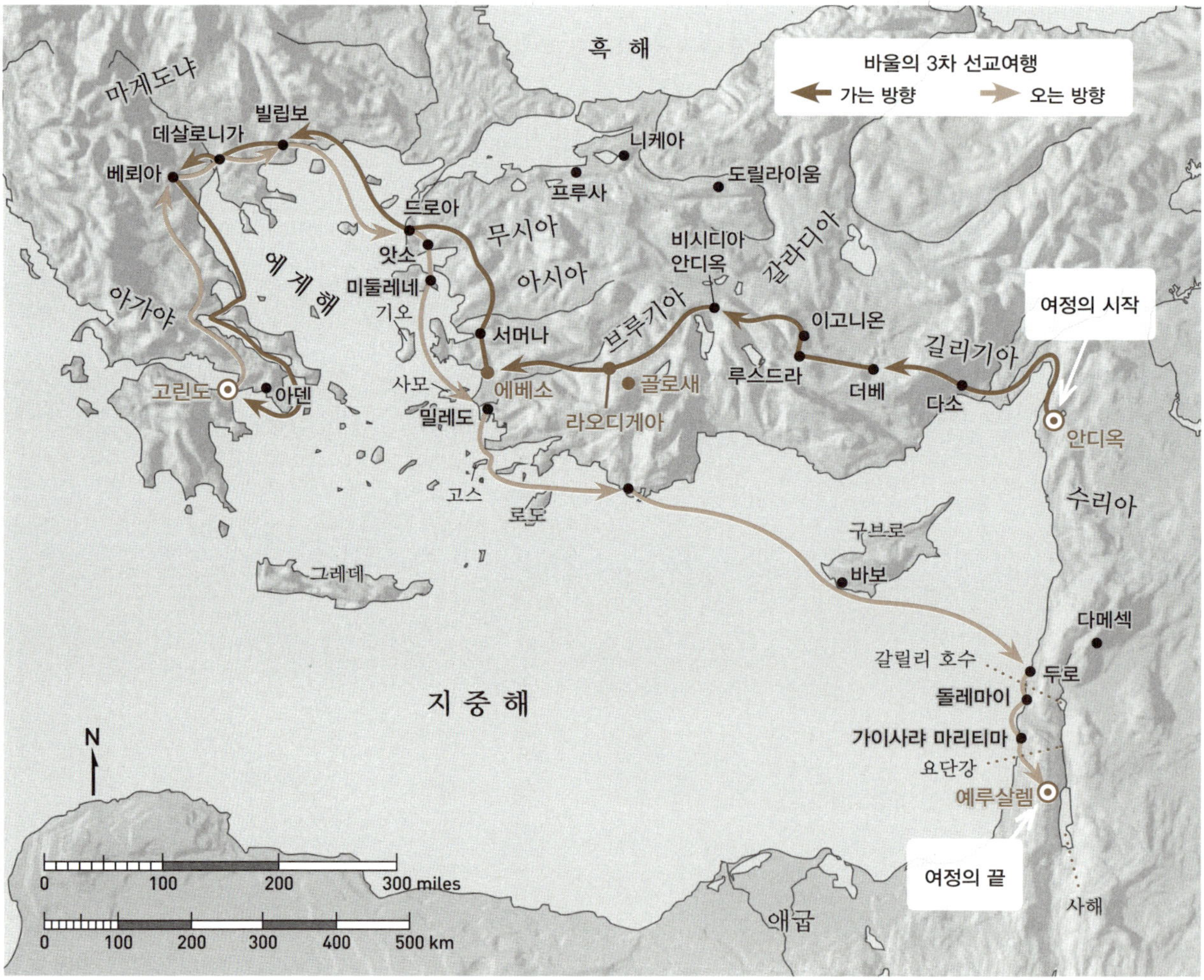

바울의 3차 선교여행. 골로새는 라오디게아 북쪽에서 멀지 않은 소아시아(현대의 터키)에 있었다. 바울은 3차 선교여행 때 에베소, 라오디게아, 골로새 교회를 방문했다.

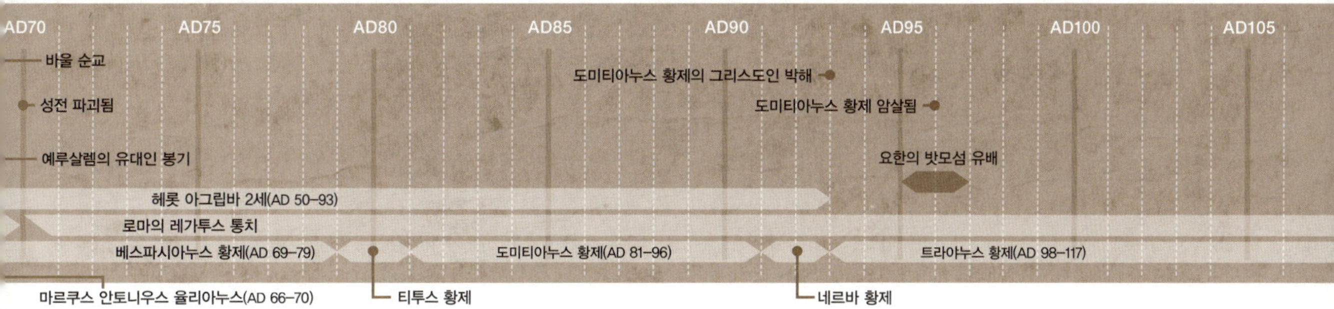

골로새서

서론

종교 다원주의의 짙은 안개가 밀려와 교회의 영적 분별력을 흐리고 예수 그리스도의 복음을 혼탁하게 만들었다. 쉴새없이 변하는 헛된 철학의 바람은 닻을 잃은 신자들을 믿음의 안전한 항구에서 멀리 밀어낸다. 어떤 이들은 성경적 근거가 전혀 없는, 해야 할 일과 하지 말아야 할 일에 의지하는 엄격한 율법주의로 이 영적 위기에 맞선다. 또 어떤 이들은 미신적인 주술적 신비주의로 도피한다. 방향을 잃고 표류하는 신자들이 서서히 영적 해이와 도덕적 타협의 탁류에 휩쓸리면서 믿음의 배는 곧 파선될 듯 위태위태하다.

그런데 항상 존재하는 성경적 진리의 등대는? 묵살된다.

소아시아 중심에 위치한 1세기의 골로새 교회의 전반적인 상황이 이랬다. 그러나 이처럼 문화적 종속과 영적 굴복에 시달리고 있는 기독교 교회의 모습은 주변 문화에 함몰된 수많은 21세기 교회의 초상이기도 하다.

간결하지만 강력한 바울의 골로새서를 깊이 공부해본 사람이라면 1세기 그리스도인들의 문제를 다루고 있는 이 편지가 20세기에도 딱 들어맞는다는 사실을 이내 알게 된다. 바울의 옛 언어는 지금 우리가 당면하고 있는 문제를 그대로 묘사한다. 당대의 이단들은 우리 시대에도 여전히 번성하고 있다. 우왕좌왕하는 골로새 신자들을 향한 바울의 권고는 현대를 사는 우리를 향한 것이기도 하다. 자아 중심의 철학, 자기 과시적 율법주의, 자아 도

한눈에 보는 골로새서

단락	예수 그리스도, 우리의 주	
주제	교리와 교정	
	지침	경고
	바울의 개인적 소개 바울의 감사 바울의 기도 바울의 찬양 바울의 명령	그리스도는 주님이시므로 누구든지…못하게 하라 ~에 복종하지 말라
핵심 용어	믿음, 소망, 사랑	
	으뜸이 되심 충만	
본문	1:1–2:23	

예수 그리스도, 우리의 생명	예수 그리스도, 우리의 지도자
실천과 위로	
도전	일깨움
그리스도 중심의 사고 그리스도 중심의 삶 당신 마음속에 깃들인 그리스도의 평화 당신 가정을 주관하시는 그리스도	기도에 헌신함 잃어버린 자들을 위한 지혜의 말씀 친구들과의 관계 개인적 결론
지혜, 철학	
새롭게 함 생명	종 동역자
3:1–4:1	4:2–18

골로새서가 기록된 배경

누가 썼는가? 바울이 디모데와 함께(골 1:1).

어디서 썼는가? 바울이 가택 연금 중에 있던 로마에서(행 28:16, 30–31).

언제 썼는가? AD61년 경, 바울이 로마에서 가택 연금 상태에 있으면서 가이사의 재판을 기다리던 중에(행 28:16–31).

왜 썼는가? 예수 그리스도가 우리의 주님, 우리의 생명, 우리의 지도자로 부족함이 없으시다는 것을 입증하기 위해서.

취적인 금욕주의로 사람들을 기만하는 자들은 지금도 여전히 있다. 사기꾼들은 오늘날에도 예수 그리스도의 복음을 훼손시키는 번드르르한 주장으로 청중을 현혹한다.

1세기의 골로새인들은–오늘날 많은 그리스도인처럼–그들을 태운 배가 이단의 들쭉날쭉한 암초에 좌초되기 전에 항로를 대폭 수정해야 했다. 바울이 골로새인들에게 보낸 편지는 1세대 그리스도인들에게 그랬듯 오늘날에도 변함없이 자리를 지키는 등대 역할을 할 수 있다. 그 환한 빛은 거짓 가르침의 탁한 안개 속에서 표류하는 배를 우리의 모든 것 되시는 그리스도의 안전한 항구로 인도해준다.

우리는 본향에 이를 때까지 위에 계신을 그분을 바라보며 따라가면 된다.

골로새서의 저자, 독자, 배경

사도행전의 말미에서 누가는 로마에서 가택 연금을 당하고 있는 사도 바울과 함께한 교회의 탄생과 성장에 관한 포괄적인 기사를 마무리한다(행 28:30–31). AD 61에서 63년까지 2년 동안 바울은, 웬만한 선교사들을 다 안달나게 했을 대기 상태로 지내야 했다. 그러나 바울은 외부 세계와 단절된 채 갇혀 있으면서도 의기소침하지 않았다. 감시병이 한시도 눈을 떼지 않고 지켜보고 있는 환경이기는 했지만(행 28:16), 바울은 가이사의 재판을 기다리면서 사역을 계속할 수 있는 상당한 자유를 누렸다.

바울이 자비로 세들어 살던 집은 많은 방문객을 한꺼번에 들일 수 있을 만큼 넓었고(행 28:23), 그를 지키던 로마 병사는 별 이의 없이 방문객들을 허용했던 것 같다. 바울은 2년의 공백이 사역에 불행한 차질을 빚었다고 생각하지 않았다. 바울은 가만히 앉아서 해시계만 바라보거나 안달복달하지 않았다. 선교 활동을 강제로 쉬는 동안 사도 바울은 학자들이 '옥중 서신'이라고 부르는 소수의 저작을 포함해서 그가 한동안 마음에 두고 있었던 것이 분명한 몇 가지 저술 작업에 시간을 할애할 수 있었다.[1] 그 결과 에베소서, 골로새서, 빌립보서, 빌레몬서가 나왔다. 실제로, 바울은 옴짝달싹 못하는 처지를 슬퍼하거나 가택 연금 상태에 있는 것을 초조해하지 않았다. 오히려 그 상황을 가르침과 저술 사역을 통해 그리스도의 몸을 세우는 기회로 삼았다.

그런데 바울은 왜 하필 골로새 사람들에게 편지를 썼을까? 바울은 빌립보(행 16:12, 20:6)와 에베소(행 19–20장) 교회와는 개인적으로 친밀했지만, 골로새는 사도행전에 언급조

1세기의 골로새(골로새서 1:2)

고대 도시 골로새가 있던 곳은 지금은 숲이 우거진 교외에 볼록 솟은 녹색 둔덕에 불과하다. 거기서 서쪽으로 약 260킬로미터 떨어진 곳에서는 관광버스가 잘 발굴된 에베소의 유적을 보러 온 기독교 순례자들을 계속 실어나른다. 그러나 골로새 매몰지는 고고학자들의 손길이 거의 닿지 않았다. 만약 바울이 골로새 교회에 편지를 쓰지 않았다면 역사가들과 인근 도시 호나스 주민들 외에는 아무도 한때 번화했던 그 도시를 기억하지 못했을 거라고 말해도 과언이 아니다.[2]

©Barry Beitzel

지금은 발굴되지 않은 흙더미에 불과하지만, 한때 번성했던 고대 도시 골로새는 소아시아의 브루기아 중부 지역에 있는 라이쿠스강 유역에 위치했다.

바울이 가택 연금을 당하고 있을 무렵(AD 61년에서 63년 사이) 골로새는 큰 지진으로 인접한 대도시들과 함께 폐허가 되었다. 그러나 라이쿠스 계곡과 더 큰 자매 도시인 라오디게아와 히에라볼리에 인접한 좋은 입지 덕분에 골로새는 결국 재건되었다.[3] 이미 1세기에 세가 기울었던 골로새는 그 후 이슬람의 발흥과 중세 시대에 투르크인들에게 그 일대가 정복당하면서 더욱 쇠락했고, 결국 골로새 주민들은 그 도시를 떠났다.[4]

로마 시대 이전의 전성기에 골로새는 섬유 산업, 특히 자줏빛으로 염색된 모직물로 유명했다.[5] 여러 민족 공동체가 정착한 지역에 위치했으므로 다양한 종교적, 문화적 사상이 교류되었을 것이다.[6] 1세기의 유대인 역사가 요세푸스는 안티오쿠스 3세가 BC 3세기 말 또는 2세기 초에 바빌론에서 브루기아 지역으로 유대인 2천 가구를 이주시켰다고 말한다.[7] 바울의 시대면 그로부터 2세기 후이므로 이 유대인들이 종교적 다양성으로 유명한 골로새에 뿌리를 내릴 시간이 충분했을 것이다.

작은 마을 골로새에 새로 설립된 기독교 공동체는 이러한 문화적, 종교적 사상의 소용돌이 속에서 큰 영향을 받았던 듯하다. 그들은 유대교와 다른 이교들과 통합될 위험에 직면했을 것이다. 골로새에서 유명했던 자주색 모직물처럼, 골로새의 그리스도인들은 복음의 순수성을 버리고 주변 세계의 혼합된 색채를 취하기 시작했다.

차 되지 않았다. 실제로 골로새에 교회를 개척한 사람은 바울의 동료 선교사 에바브라였고(골 1:7), 그 신생 교회의 지도자인 바울의 또 다른 친구 빌레몬이 교회의 개척을 도왔던 것 같다(몬 1:1-2). 바울은 골로새 교회에 대해 잘 몰랐지만 그 회중에 대한 좋은 소문을 들었다(골 1:4, 8). 복음이 에베소를 넘어 동쪽의 라오디게아, 골로새, 히에라볼리까지 퍼져 나가고 있다는 것을 알게 된(4:13) 그는 새로 설립된 교회들 사이에서 쉽게 회람될 수 있는 편지를 써야겠다는 의무감을 느꼈다(4:15-16).

에바브라가 로마에 있는 바울을 찾아갔을 때 그들은 이 신생 교회에 대한 몇 가지 구체적인 염려를 나누었던 것 같다. 실제로 바울은 에바브라가 골로새 교회를 위해 "하나님의 모든 뜻 가운데서 완전하고 확신 있게 서기를"(4:12) 끊임없이 기도하고 있다고 말했다. 에바브라의 염려를 들은 바울은 골로새 교회의 믿음이 단단해지도록 그가 할 수 있는 일을 했다. 이 편지를 보면 이미 회중 속에서 그릇된 가르침이 움트고 있었음을 알 수 있다. 바울은 뿌리가 깊어지기 전에 이 싹을 미리 잘라내기로 마음먹었다. 그래서 긍정적인 격려와 분명한 경고를 다 동원해 골로새와 주변 도시의 교회를 공고히 세우려고 했다.

바울은 두기고를 통해 골로새에 편지를 전달했는데, 두기고는 오네시모와 함께 골로새

뿐만 아니라 에베소와 빌레몬에게도 편지를 전달했다(4:7-9, 참조. 엡 6:21, 몬 1:10-12). 바울의 동역자였던 두기고는 편지만 배달한 것이 아니라 신뢰할 수 있는 전령으로서 골로새인들이 바울의 가르침을 이해하도록 도왔다. 그런 다음 그는 골로새 교회의 영적 상태를 다시 바울에게 전했다.

골로새서에 나오는 그리스도의 충분성

골로새서의 주제는 예수 그리스도가 우리의 주님, 우리의 생명, 우리의 지도자로서 충분하시다는 것이다. 골로새의 어린 신자들은 아직 세상 철학과 인간이 만든 종교의 맹렬한 공격을 견뎌내게 해줄 그리스도의 인격과 사역의 충분성에 깊이 뿌리내린 성숙한 신앙이 부족했다. 그때 마침 그리스도를 중심으로 하는 삶을 강조하는 이 편지가 도착했다. 골로새의 미성숙한 그리스도인들은 하나님의 아들이신 그리스도의 정체성을 훼손하고, 그분이 행하신 구원 역사의 충분성을 깎아내리며, 만유의 상속자이자 통치자이신 그분의 절대 권위를 폄하하는 거짓 교사들의 공격을 받고 있었다.

바울은 골로새 교회를 한 번도 방문한 적이 없었지만, 이 문제를 정면으로 돌파하는 방법-그리스도의 인격과 사역의 충분성에 집중하게 하는 것-을 알았다. 창조자이자 구속자이신 예수 그리스도의 본질은 타협할 수 없다. 그리스도가 그들의 천상의 주님, 생명의 근원, 고귀한 지도자이심을 분명히 이해하지 못하면, 골로새인들은 계속 다른 천상의 지배자들에게서 오는 계시를 찾거나, 제의, 의식, 종교성을 통해 영생을 추구하고, 그럴듯한 메시지와 인간적인 매력을 가진 거짓 교사들의 지도를 따르고 싶어 할 터였다. 바울은 기필코 골로새인들의 관심을 이런 기만적인 행태에서 돌이켜 그들의 마음과 생각을 온전히 예수 그리스도의 위대함과 영광에 집중시켜야 했다.

내가 '예수 그리스도, 우리의 주'라고 제목을 붙인 골로새서의 첫 번째 단락에서(1:1-2:23) 바울은 골로새인들이 예수 그리스도를 믿게 해주신 것에 대해 하나님께 진심으로 감사드린다(1:1-8). 그러면서 그들이 구원자이시며 주님이신 그분의 뜻을 섬기기 위해 더 큰 지식과 지혜와 깨달음을 얻기를 기도한다(1:9-14). 많은 교리가 응축되어 있는 1장 15-20절의 '그리스도 찬가'는 만물의 으뜸 되시는 예수 그리스도가 최고의 주권자이심을

골로새에 전파된 거짓 가르침

- 교묘한 말로 속임(2:4).
- 무신론적 철학과 헛된 속임수(2:8).
- 사람의 전통(2:8).
- 율법주의적 의식주의(2:16, 20-21).
- 신비주의적 탐색과 체험(2:18).
- 세속적인 교만한 태도(2:18).
- 그리스도의 충분성을 거부함(2:8, 17).
- 과도한 금욕주의(2:23).

강조한다. 그리스도 한 분만이 온전한 인간이자 온전한 하나님이시며, 하늘과 땅 사이의 중보자시다(1:21-23). 따라서 그리스도는 구원과 생명을 베푸시기에 부족함이 없으시다(1:24-29). 골로새인들은 그들이 새롭게 발견한 그리스도에 대한 믿음에 비추어보면서 쓸모없는 거짓에 속아 길을 잃지 않도록 조심해야 한다(2:1-8). 독보적인 그리스도의 인격과 사역을 통해 골로새인들은 온전해졌다. 즉, 용서받고, 정결해지며, 그들의 주님께 합당한 삶을 살 수 있는 능력을 받았다(2:9-15). 인간이 만든 규율과 종교는 진정한 영적 성장에는 아무 쓸모가 없다. 오직 예수 그리스도 한 분만으로 충분하다(2:16-23).

'예수 그리스도, 우리의 생명'이라는 제목의 두 번째 단락에서는(3:1-4:1), 초점이 영생으로 바뀌면서 위의 것과 앞의 것-신자를 향한 하늘의 부르심과 그리스도의 재림에 대한 열망-을 바라보게 한다(3:1-4). 바울은 그리스도와 함께하는 영생이 실제인 만큼 예수님의 본을 따라 새 삶을 살라고 골로새인들에게 촉구한다(3:5-17). 그리스도 안에서 얻은 이 새 생명은 아내와 남편, 부모와 자식, 주인과 종의 관계를 포함한 모든 관계에 영향을 미쳐야 한다(3:18-4:1). 그리스도의 지고한 인격과 완전한 사역은 우리 삶의 모든 면-개인적, 도덕적, 사회적-을 변화시키기에 충분하다.

마지막 세 번째 단락, '예수 그리스도, 우리의 지도자'(4:2-18)에서 바울은 그리스도가 신자들의 '천국 주인'이라는 사실에 담긴 함의를 풀어준다(4:1). 우리의 지도자이신 그리스도는 기회와 도전을 함께 제공하시면서 우리의 길을 인도하신다(4:2-6). 사역으로 부름받은 신실한 일꾼들은 그리스도의 종이자 동역자이며, 주님은 당신의 일을 수행하시기 위해 많은 사람을 사용하신다(4:7-18). 그 일을 혼자 할 수 있는 사람은 없다. 모든 신자는 온전한 몸 안에서 일해야 하며, 그 몸은 우리가 절대적인 충성과 순종을 바쳐야 하는 유일한 지도자이신 그리스도 한 분에게서 모든 것을 충족받는다.

그러므로 골로새서의 핵심은 주 예수 그리스도다. 이 편지에서 사도 바울은 신약성경을 통틀어 가장 고상한 언어로 그리스도의 뛰어나심과 충분성에 초점을 맞추어 예수님을 묘사한다. 바울은 그리스도를 우주의 중심, 활동적인 창조주일 뿐만 아니라 만유의 상속자로 제시한다. 그리스도는 보이지 않는 하나님의 가시적 형상이며, 그 안에 신성이 충만하시다(2:9). 그분의 신성으로 인해 예수님은 만유의 주권자가 되시며, 아버지께로부터 받은 권위를 가지신다. 그분은 또한 교회의 머리이시며, 십자가 위에서 죽으심으로 만물을 자신과 화해시켜 신자들을 하나님 앞에서 살아 있게 하시고 올바른 삶의 길에 세우셨다. 그리스도에 대한 이 올바른 시각은 골로새를 물들이던 이단의 해독제가 되고 그리스도인의 삶과 교리의 바탕이 된다.

요컨대 예수 그리스도는 우리의 주님, 우리의 생명, 우리의 지도자로서 충분하시다.

골로새서의 핵심 용어

πίστις; ἀγάπη; ἐλπίς[*pistis*, 피스티스; *agapē*, 아가페; *elpis*, 엘피스]*(4102; 26; 1680)* '믿음', '사랑', '소망'

흔히 '신학적 덕목'으로 불리는 이 트리오는 바울의 글에서 그리스도인의 삶의 토대를 이룬다. 고린도전서 13장 13절에서 바울은 "그런즉 믿음, 소망, 사랑, 이 세 가지는 항상 있을 것"이라고 말한다. 이 세 가지는 골로새인들을 위한 바울의 기도에서도 주요한 역할을 한다(골 1:4-5). 바울의 글에서 *pistis*는 믿음, 확신, 의존, 신뢰를 뜻하는데, 이는 그리스도인의 삶의 출발점이자 토대다(엡 2:8). 바울이 말하는 사랑(*agapē*)의 개념에는 우리를 향한 하나님의 무조건적인 사랑(롬 8:38-39)뿐만 아니라 신자들이 다른 사람들을 향해 품어야 하는 사랑도 포함된다(고전 13:1-3). 마지막으로 천국을 지향하며 위를 보는 소망(*elpis*)은 아직은 볼 수 없지만 장차 보게 될 것으로 우리의 주의를 돌린다(살전 1:3, 2:19, 4:13, 5:8).

σοφία[*sophia*, 소피아]*(4678)* '지혜', '고등 지식'

φιλοσοφία[*philosophia*, 필로소피아]*(5385)* '철학', '궤변'

헬라어 *sophia*는 '이해하고 그에 따라 기능할 수 있는 능력'을 뜻한다.[8] 이것은 명석한 추론과 관련된 이론적인 용어가 아니라 요령 있는 삶과 관련된 실용적인 용어다. 이 용어는 골로새서에서 여섯 번 쓰였는데, 그 중 다섯 번은 그리스도를 통해 오는 진정한 '영적' 지혜를 뜻하는 긍정적인 의미로 쓰였다(골 1:9, 28, 2:3, 3:16, 4:5). 딱 한 번 세속적인 지혜를 나타내는 부정적인 뜻으로 쓰였는데(2:23), 여기서 말하는 "지혜"란 거짓되고, 근거 없으며, 세속적이고, 인간이 만든 '궤변'과 연관된다. 바울은 이것을 신자들을 진정한 영적 지혜에서 유인해내기 위해 꾸며낸 "철학"(*philosophia*)이라고 말한다(2:8).

주

1. 바울이 어디서 골로새서를 썼는가에 대한 논의는 Douglas J. Moo, *The Letters to the Colossians and to Philemon*, The Pillar New Testament Commentary(Grand Rapids: Eerdmans, 2008), 41–46을 보라.
2. Richard R. Losch, *The Uttermost Part of the Earth: A Guide to Places of the Bible*(Grand Rapids: Eerdmans, 2005), 71.
3. Moo, *Letters to the Colossians and to Philemon*, 26.
4. Troy Martin and Todd Still, “Colossians”, in *The Blackwell Companion to the New Testament*, David E. Aune 편집(Malden, MA: Wiley–Blackwell, 2010), 493.
5. 같은 책.
6. Melick, *Philippians, Colossians, Philemon*, 163.
7. Josephus, *Antiquities of the Jews* 12.3.4, in The New and Complete Works of Josephus, rev. and exp. ed., trans. William Whiston, ed. Paul L. Maier(Grand Rapids: Kregel, 1999), 397.
8. Walter Bauer et al., *A Greek-English Lexicon of the New Testament and Other Early Christian Literature*, 3rd ed.(Chicago: University of Chicago Press, 2000), 934.

예수 그리스도,
우리의 주

골로새서 1:1-2:23

골로새인들에게 보낸 바울의 편지에서 전체를 아우르는 주제는 예수 그리스가 우리의 주, 우리의 생명, 우리의 지도자로서 충분하시다는 것이다. '예수 그리스도, 우리의 주'가 주제인 골로새서 1장 1절–2장 23절에서 바울은 우리 삶의 모든 영역에 미치는 그리스도의 지고한 인격과 사역의 충분성에 담긴 의미를 자세히 살핀다. 그는 먼저 골로새의 신자들에게 깊은 감사를 표한다. 그들을 위한 바울의 기도에 그의 진심 어린 배려와 관심이 잘 드러난다(1:3–8). 그는 감사하는 마음으로 그리스도인에게 꼭 필요한 영적 덕목인 지식과 지혜와 총명을 위해 기도한다. 이 세 가지는 우리에게 주 예수 그리스도의 뜻을 나타낸다(1:9–14).

우리는 또 그리스도의 신성과 인성 그리고 모든 것 위에 군림하시는 그분의 절대 주권에 대한 가장 심오하고 강력한 표현을 마주한다. 아마도 그리스도의 주권과 충분성을 기리는 초기 찬송가였을 골로새서 1장 15–20절은 그분 홀로 모든 것 위에 뛰어나신 분임을 일깨운다. 그분은 완전한 인간이시면서 완전한 하나님, 만물의 근원이자 통치자, 하늘과 땅의 중보자시다. 바울은 이 장엄한 찬송가를 사용해 그 믿음을 계속 지키라고 격려하고 도전하면서, 진정한 사역은 그들이 복음을 선포하면서 얻은 소망과 예수님을 주님으로 믿는 믿음에서 비롯된다고 설명한다(1:21–29).

그러나 하늘과 땅에 편만한 악의 세력은 그리스도의 주권에 저항하고 다른 사람들을 그릇된 길로 끌고 가려고 한다. 골로새인들도 그리스도의 충분성에 대한 확신을 타협하고, 그분의 주권을 거짓말과 맞바꾸려는 유혹–헛된 철학과 세속적인 종교적 전통과 의의 행위로–에 시달리고 있었다(2:1–23). 골로새서 1장과 2장에 나오는 바울의 그리스도 찬가는 주님이신 그분의 절대적인 충분성에 대한 반박할 수 없는 논거다.

핵심 용어

πρωτεύω[*prōteuō*, 프로튜오]*(4409)* '최고의 지위를 갖다', '으뜸/일등을 차지하다'

이 단락에서 딱 한 번밖에 안 나오지만(1:18), *prōteuō*는 골로새서 1장 15-20절의 '그리스도 찬가'에 나타난 그리스도의 인격과 사역의 이미지를 한마디로 압축한다. 사실 이 용어는 너무나 독특해서 신약성경 외에 다른 어디에도 나오지 않는다. 이것은 우선순위나 어떤 장소에서 제일 앞에 오는 것을 가리키는 형용사 *prōtos*와 관련이 있다.[1] *prōteuō*는 만물 위에 계시는 그리스도의 절대적 우위를 강조한다.

πλήρωμα[*plērōma*, 플레로마]*(4138)* '충만', '완성'

골로새서에 두 번 나오는 이 단어는 예수 그리스도가 충만한 신성의 소유자이심을 나타낸다. 첫 번째는 그분의 권위, 우선순위, 권능의 충만함을 일컫는다(1:19). 두 번째는 육신의 형태 안에 담긴 그분의 신성의 완전성을 나타낸다(2:9). "충만"으로 번역된 이 용어는 만물에 대한 그리스도의 절대적인 충분성을 강조하는 데 쓰였다. 그리스도가 하나님의 본성과 성품, 권능과 우월성으로 충만한 분이시라면 우리의 모든 필요를 채움받기 위해 그분 외에 다른 존재나 다른 어떤 것에 의지할 필요가 없다.

진리를 아는 지식을 구하는 기도(골로새서 1:1-14)

1하나님의 뜻으로 말미암아 그리스도 예수의 사도 된 바울과 형제 디모데는

2골로새에 있는 성도들 곧 그리스도 안에서 신실한 형제들에게 편지하노니 우리 아버지 하나님으
로부터 은혜와 평강이 너희에게 있을지어다

3우리가 너희를 위하여 기도할 때마다 하나님 곧 우리 주 예수 그리스도의 아버지께 감사하노라
4이는 그리스도 예수 안에 너희의 믿음과 모든 성도에 대한 사랑을 들었음이요 5너희를 위하여 하늘
에 쌓아 둔 소망으로 말미암음이니 곧 너희가 전에 복음 진리의 말씀을 들은 것이라 6이 복음이 이미
너희에게 이르매 너희가 듣고 참으로 하나님의 은혜를 깨달은 날부터 너희 중에서와 같이 또한 온 천
하에서도 열매를 맺어 자라는도다 7이와 같이 우리와 함께 종 된 사랑하는 에바브라에게 너희가 배웠
나니 그는 너희를 위한 그리스도의 신실한 일꾼이요 8성령 안에서 너희 사랑을 우리에게 알린 자니라

9이로써 우리도 듣던 날부터 너희를 위하여 기도하기를 그치지 아니하고 구하노니 너희로 하여
금 모든 신령한 지혜와 총명에 하나님의 뜻을 아는 것으로 채우게 하시고 10주께 합당하게 행하여 범
사에 기쁘시게 하고 모든 선한 일에 열매를 맺게 하시며 하나님을 아는 것에 자라게 하시고 11그의 영

광의 힘을 따라 모든 능력으로 능하게 하시며 기쁨으로 모든 견딤과 오래 참음에 이르게 하시고 [12]우리로 하여금 빛 가운데서 성도의 기업의 부분을 얻기에 합당하게 하신 아버지께 감사하게 하시기를 원하노라

[13]그가 우리를 흑암의 권세에서 건져내사 그의 사랑의 아들의 나라로 옮기셨으니 [14]그 아들 안에서 우리가 속량 곧 죄 사함을 얻었도다

나는 평생 사역을 하면서 거짓 교사들은 새신자나 신앙이 제대로 성숙하지 못한 사람을 노리는 경향이 있음을 알게 되었다. 그들은 목사나 교사, 신학 사상가 같은 잘 훈련된 그리스도인을 노리지 않는다. 만약 거짓 교사들이 확실한 성경적 증거와 유력한 교리적 논거를 가지고 있다면 성경적, 신학적으로 예리한 통찰력을 지닌 사람들 중에서 들을 준비가 된 이들을 찾을 것이다. 그런데 거짓 교사들은 굶주린 포식자처럼 무리의 가장자리를 배회하면서 낙오자, 갓난아기, 영적으로 연약하고 병든 자, 즉 쉽게 속고 쉽게 혼란에 빠지는 희생자를 호시탐탐 노린다.

왜일까?

첫째, 거짓 교사들은 성경적 기초가 탄탄하고 신학적으로 성숙한 사람들은 그 중심에 진리가 있음을 안다. 하나님의 말씀에서 나온 참된 지식은 신자를 강건하게 하고 안정시킨다. 둘째, 하나님의 지식 안에서 성장하고 있는 사람들은 거짓 교리를 더 잘 간파한다는 것을 거짓 교사들은 안다. 이런 사람들은 보통 이름만 들어도 이단인지 안다. 셋째, 성숙한 신자는 진리와 거짓, 선과 악, 빛과 어둠의 차이를 분별한 경험이 있다.

갓 태어난 골로새의 작은 교회에서 거짓 교사들은 신자들의 영적 미성숙과 무지를 이용하려 하고 있었다. 이런 교사들이 가져온 질병이 무엇이든—세상 철학, 이교의 신비주의, 유대인의 율법주의, 경건한 금욕주의—그 치료법은 똑같았다. 그것은 예수 그리스도의 진리를 아는 것과 만물에 대한 그분의 충분성을 받아들이는 것이다.

—1:1-2—

바울은 늘 하는 관례대로 저자와 독자가 누구인지를 밝히면서 이 편지를 시작한다. 편지는

바울의 것이지만, 그는 "형제 디모데"(1:1)도 언급한다. 골로새서가 쓰였던 때는 바울이 선교 사역에 동참하라고 젊은 디모데-소아시아의 루스드라에서 개종한-를 부른 지 10년 정도 되었을 즈음이었다(행 16:1-3). 디모데는 10여 년 동안 빌립보, 데살로니가, 아덴, 고린도에 교회를 개척한 것을 포함해서 흥미진진하고 위험한 모험에 바울과 동행했다(행 17-19장). 디모데는 또 바울이 체포되고 결국 로마에서 투옥되면서 정점을 찍은 바울의 3차 선교여행 내내 바울을 수행했다(행 21:27-28:31).

여기서 바울이 디모데를 언급한 까닭이 어떤 의미에서건 디모데와 이 서신을 공동 집필했기 때문인지, 아니면 디모데가 바울의 대필자(서기 또는 비서)로 일했기 때문인지는 확실하지 않다.[2] 편지의 일부는 일인칭 복수("우리")로 쓰여 있어서 바울과 디모데가 함께 이러한 감정을 피력했다는 것을 알 수 있다(참조. 골 1:3-12). 그런데 편지는 1장 23절에서 "나 바울은"으로 갑자기 인칭이 바뀐다. 일인칭을 사용한 그 지점부터 편지는 주로 단수 형태를 사용한다(참조. 1:23-29, 2:1-5, 4:7-18). 이 서신서를 쓰고 보내는 데 디모데가 함께했음에도 불구하고 이 서신의 배후에 있는 주 권위자는 분명 사도 바울이었다.

편지의 수신인은 "골로새에 있는 성도들 곧 그리스도 안에서 신실한 형제들"(1:2)이었다. 그들은 직선거리로 거의 1,600킬로미터나 떨어진 곳에 있었지만, 그들이 성령을 통해 누린 유대감은 바울과 골로새인들을 영적 가족으로 묶어주었다. 그들은 같은 하늘 아버지를 공유했고 그리스도 안에서 형제자매였다. 그래서 바울은 그들이 영적으로 안녕하도록 도와야 할 의무감을 느꼈다. 그는 이렇게 편히 생각할 수도 있었다. "골로새? 거기 가본 적도 없는데! 그 사람들 문제라면 내 소관이 아니지. 그 교회는 에바브라와 빌레몬의 아이야! 그들이 해결해야지." 그러나 그는 대리인을 통해 아는 것이 전부인 사람들의 영적 건강을 위해 굳이 끼어들었다.

"은혜와 평강이 너희에게 있을지어다"(1:2). 이 어구는, 바울의 통례적 인사말이기는 했지만, 특히 적절했다. 바울이 이 편지로 골로새인들에게까지 확장하고 있는 은혜와 그들의 평안에 대한 바람은 이 인사말을, 누군가 재채기를 하면 잽싸게 "God bless you"라고 말하는 것처럼, 아무 의미 없는 공식이 되지 않게 해주었다. 바울은, 직접 만나보지는 못했지만, 진심으로 자기 독자들에게 은혜와 평화가 임하기를 바랐다.

—1:3-8—

골로새인들을 향한 바울의 진정한 관심과 염려는 1장 3-8절의 감사 기도에서 분명하게 드러난다. 바울은 자기가 중보 기도하고 있는 사람들을 만난 적은 없지만, 들은 것으로 인해 그들에게 감사했다. 그러나 바울은 다음 장에서는 날카로운 어조로 심히 우려되는 몇 가지를 지적하면서 곧고 좁은 길로 돌아오라고 촉구한다. 그는 먼저 그들에게 감사와 찬사를 표하면서 긍정적인 어조를 취한다. 그를 '사도'로만 아는 청중의 마음을 얻기 위해 그는 진심 어린 감사 기도를 드린다.

바울은 골로새인들을 개인적으로 알지는 못했지만, 모든 신자에게 필요한 것이 무엇인지는 알았다. 그것은 신학자들이 흔히 '신학적 덕목'이라고 부르는 믿음, 사랑, 소망이 성장하고 강해지는 것이다. 이 세 개의 기둥이 그리스도인의 삶을 지탱하는 기본이다. 바울은 골로새인들이 이 기본 요소를 다 갖춘 것에 대해 하나님께 감사한다. 이 트리오 중에서 믿음이 제일 먼저 언급된 이유는 그리스도인의 삶이 믿음에서 시작되고(엡 2:8-9), 믿음이 없으면 하나님을 기쁘시게 할 수 없기 때문이다(히 11:6).

믿음의 샘에서 사랑이 흘러나온다.

성령이 우리 마음에 들어오시면 사랑-하나님과 다른 사람을 향한-이 샘솟는다. 실제로, 갈라디아서 5장 22절에서 바울이 말한 성령의 열매 목록에는 사랑이 제일 앞에 나온다. 바울은 골로새인들의 "성도에 대한 사랑"(골 1:4)을 들었다고 말한다. 이 신자들은 하나님이 주신 조건 없는 사랑의 능력을 보여주고 있었다.

다음으로 바울은 소망을 언급한다(1:5). 이것은 미래에 맞이할 천국의 소망이지만, 신자가 지금 여기서 하나님을 신뢰하고 다른 사람을 사랑하는 것을 방해하지 않는다. 오히려 정반대다! 천국에서 받을 상급에 대한 확신은 우리에게 더 큰 믿음과 사랑을 불러일으킨다.

믿음은 구원의 닻-예수 그리스도의 인격과 사역-을 뒤돌아본다. 사랑은 주변을 둘러보며 성령의 능력으로 서로를 사심 없이 섬기면서 그리스도의 몸을 세운다. 소망은 하나님 아버지가 언젠가 우리를 그분 앞으로 인도하실 것이라는 그분의 변함없는 약속을 내다본다. 이 불가분의 관계에 있는 신학적 덕목은 그리스도인의 삶의 다른 모든 것을 받쳐주는 기반이 된다. 우리의 삶이 예수 그리스도에 대한 믿음에 닻을 내리고 있으면 하나님과 다른 사람을 향한 사랑이 자연스럽게 우러나와 화합하고 단결하게 한다. 믿음과 사랑은 거듭되는 시련과 삶의 투쟁을 헤쳐나가게 해줄 수 있는 확고한 소망을 가리키며 그로부터 힘을 얻는다.

바울은 골로새인들에 대한 감사 기도를 계속하면서 그들이 두 팔 벌려 환영했던 복음으로 주제를 확장한다. 첫째, 그는 복음이 "너희에게 이르[렀다]"(1:6)고 말한다. 골로새서 1장 7절에 나와 있듯이 골로새인들에게 구원의 메시지를 전한 사람은 바울의 동역자이자 함께 그리스도의 종 된 에바브라였다. 이것은 당연하지만 중요한 점을 강조한다. 태어날 때부터 복음을 아는 사람은 없다. 사람들은 스스로 그것을 발견하지 못한다. 누군가가 말해주어야 한다. 복음은 사자(使者)를 통해 우리에게 온다. 바울은 로마서 10장 14절에서 그것을 이렇게 표현했다. "그런즉 그들이 믿지 아니하는 이를 어찌 부르리요 듣지도 못한 이를 어찌 믿으리요 전파하는 자가 없이 어찌 들으리요."

둘째, 바울은 복음이 열매를 맺고 있으며 온 세계에 퍼지고 있다고 말한다(골 1:6). 골로새인들에 대한 에바브라의 사역은 잃어버린 세계에 믿음을 전하고 있는 많은 선교 사역의 한 예에 불과하다. 이 구절을 더 자세히 보면 골로새인들도 이 믿음을 주변 사람들에게 전하는 일에 참여했음을 짐작할 수 있다. "너희 중에서와 같이"라는 구절은 열매 맺고 세상으로 퍼져나가는 복음을 나타낸다. "너희 중에서"라고 번역된 어구는 골로새인들의 삶을 변화시키면서 열매를 맺고 있는 복음 사역을 강조한다. 그러나 이 말은 "너희에 의해서"라고 번역할 수도 있다. 이 경우에는 골로새의 신자들이 세상에 두루 복음을 전파하는 일에 참여한 것을 강조한다. 바울의 의도가 후자였다면 바울은 그들이 전해 받은 좋은 소식을 묻어두지 않고 주변 사람에게 선포하는 것을 칭찬하는 것이다.

셋째, 바울은 복음이 그들의 삶을 변화시키고 있음을 시사한다(1:6, 8). 복음은 그냥 받아들여지고 그냥 전달된 것이 아니었다. 그들이 "진리 가운데 나타난 하나님의 은혜를 깨달은 날부터"(1:6, 현대인의 성경) 성령은 골로새인들의 삶에서 사랑을 생산하기 위해 일하기 시작하셨다(1:8). "사랑"[*agapē*(26)]이라는 말은 단순히 다른 사람들에 대한 따뜻한 느낌이나 친절한 배려가 아니다. 이것은 자기희생적이고 관대한 사랑을 나타낸다. 바울은 에바브라에게서 골로새인들의 사랑이 얼마나 깊은지를 들었다. 에바브라는 복음으로 변화된 그들의 모습에 너무나 감동한 나머지 바울에게 보고할 때 그 부분을 특별히 강조했다.

—1:9-14—

바울은 미혹하는 거짓 가르침의 위협을 목도하고 그 조잡한 주장을 직접 반박하기를 바랐던 터라(골 2장), 1장 9-14절에 나오는 골로새의 그리스도인들을 위한 그의 기도는 특별히 지식에 주의를 기울인다(1:9-10). 이 기도에서 그는 골로새인들의 관심을 거짓된 영적 지식에서 그리스도인의 믿음과 사랑, 소망에 대한 친밀하고 체험적인 지식으로 이끈다. 바울이 골로새인들에게 보낸 편지에서 지식이라는 용어를 어떤 의미로 사용하고 있는지 알려면 그가 다른 편지에서 이 개념을 어떻게 설명하는지 보면 된다. 바울은 고린도전서 8장 1절에서 절제되지 않은 지식에 대한 중요한 통찰을 제공한다. "지식은 교만하게 하며 사랑은 덕을 세우나니." 여기서 바울이 사용하고 있는 "지식"이라는 헬라어는 *gnōsis*(1108)로, 지식을 뜻하는 일반적인 용어다. 이 단어는 종종 영적인 통찰력(예. 롬 11:33, 고전 12:8) 또는 하나님에 대한 정확한 지식(예. 고후 2:14)을 가리키기도 한다. 앞으로 보겠지만, 일부 거짓 교사들은 복음을 통해 선포된 그리스도로 말미암는 구원의 지식을 뛰어넘는 더 심오한 *gnōsis*를 장려했다. 다른 편지에서 바울이 "거짓된 지식"(딤전 6:20)에 대해 언급할 때 이런 종류의 가르침을 말하는 것일 수도 있다.

거짓 교사들은 대개 '더 깊이 들어가거나' 아니면 대중의 '단순한' 또는 '얄팍한' 지식에 대안을 제시하는 지식을 약속한다. 그들은 흔히 특별한 엘리트만을 위한 더 수준 높은 지식을 가진 사람들을 소개하겠다고 제안하면서 자만심을 부추긴다. 그런 사람들은 '단순한 기독교'를 믿는 단순하고, 짐작건대, 순진한 신앙을 가진 평범한 신자들을 얕본다. 그러나 이런 거짓 교사들이 제공하는 것은 하나님, 하나님의 지혜, 하나님의 뜻에 대한 참 지식이 아니다. 그들은 머리를 쥐어짜서 그릇된 가르침을 생각해내고, 최근에 유행하는 교리를 제시하며, 성경을 전통에서 벗어난 방식-문맥을 무시하고 여기저기서 조금씩 취하는-으로 대충 꿰맞춘다. 그리고 그리스도인에게 친숙한 말씀을 낯선 방식으로 이용한다. 워렌 위어스비가 이것을 잘 표현했다. "사탄은 정말 잘 속인다! 사탄은 기독교의 어휘를 즐겨 빌려 쓰면서 기독교 사전은 사용하지 않는다!"[3] 골로새의 거짓 교사들은 지식, 지혜, 깨달음과 같은 아주 멋진 기독교 용어의 의미를 왜곡하고 있었다. 그들이 선전하는 지식은 신학적 진리가 아니라 철학적 장광설에 의거했다.

바울은 이에 대응해서 골로새의 신자들이 참된 지식, 지혜, 총명으로 충만하게 해달라고 계속 간절히 기도한다(골 1:9). 바울이 여기서 하나님의 뜻을 아는 "지식"(현대인의 성경)이라고 할 때 사용하는 단어는 단순히 지적, 이론적 지식이 아니라는 점이 흥미롭다. 그는 *epignōsis*(1922)라는 변형어를 사용하는데, 일부 주석가들은 이것을 *gnōsis*의 강화형으로 해석한다. *epignōsis*는 '온전한 지식' 또는 '완전한 지식'으로 번역할 수 있다.[4] 바울은 그들이 "그의 뜻을 아는 지식으로 채워[지고]"(1:9, 현대인의 성경) "하나님을 아는 지식이 점점 자라기를"(1:10, 현대인의 성경) 기도한다. 바울이 여기서 이 용어를 이렇게 두드러지게 사용한 의도는 자신들의 목적을 위해 이 용어를 왜곡하려고 하는 젠체하는 거짓 교사에게서 기독교의 지식 개념을 구해내기 위해서라고 생각할 수밖에 없다.

1세기 영지주의의 뿌리(골로새서 1:9-10)

교회 역사가들이 일반적으로 '영지주의'(Gnosticism)라고 부르는 다양한 종파는 1세기 후반 마술사 시몬의 추종자들이 전파한 혼합주의적이고 비교(秘敎)적인 가르침에 뿌리를 둔 것으로 추정된다. 마술사 시몬은 사도행전 8장 9-24절에서 처음 언급되었고, 그 후 믿음이 부족해 베드로에게 질책받은 인물이다(행 8:20-23). 초기 기독교 역사를 보면 그때부터 시몬은 자기가 하늘에서 내려온 위대한 신이며, 그를 수행하는 창녀 헬레나가 그의 최초의 창조물이라고 주장하기 시작했다.[5] 시몬은 네로의 선왕 글라우디오 황제가 재위하고 있던 때 로마에 있었다. 시몬은 악령의 힘을 빌린 마술로 큰 반향을 일으킨 나머지 로마인들이 "거룩한 신 시몬에게"라는 비문을 새긴 그의 동상을 세웠다는 기록도 있다.[6] 누가가 AD 60년대에 사도행전을 쓰면서 그의 가짜 회심을 포함한 이유도 그의 악명이 높았기 때문일 수 있다. 소위 말하는 시몬의 개종은 30년대 중반쯤에 일어났을 것이다. 그래서 누가가 집필하고 있을 무렵에는 그의 비행이 사마리아에서 로마까지 퍼져 있는 거짓 교사들에게 영향을 미쳤을 수 있다.

시몬의 가르침이 60년대에 골로새까지 도달했는지는 확실하지 않지만, 가능성은 분명히 있다. 어찌 되었든, 바울이 사역하던 당시 그런 류의 가르침은 시몬의 가르침 외에도 많았다. 다른 교사들과 분열파들은 이교, 동방 신비주의, 이원론적 세계관과 기독교의 혼합을 꾀했고, 이런 것들이 영지주의의 기본 요소다. 영지주의자들은 일반적으로 그리스도는 특별하고 비밀스러운 지식(*gnōsis*)에 의한 구원을 영적 엘리트에게 가져오기 위해 미지의 신에게서 나온 여러 영적 존재 중 하나라고 가르쳤다. 많은 영지주의자는 사도들의 글과 경쟁하기 위해 직접 거짓 경전을 쓰거나 자기들의 괴상하고 사변적인 신학을 뒷받침하기 위해 지나치게 우의적이거나 영적인 의미로 성경을 재해석했다.

어떤 형태로 나타나든 영지주의는 몇 가지 주요 특징을 공유했다. 첫째, 모든 인간에게는 신성의 불꽃이 있다. 하늘에서 세상으로 떨어진 이 불꽃은 깨어나서 신과 재결합해야 한다. 둘째, 진정한 유일신이 이 죄로 가득찬 물리적 세상을 창조한 것이 아니라 그 밑에 있는 존재가 위임받아서 한 것이다. 셋째, 구원은 "아는 자"가 계시 또는 비밀스러운 지식 안에 있는 영적/신적 요소를 인지하게 되면서 천상의 영적 세계로 돌아가는 것이라고 가르쳤다.[7]

바울이 간구한 하나님의 뜻을 아는 지식은 단순한 정보가 아닌 "모든 신령한 지혜와 총명"(1:9)이다. 이 지식의 근원은 하나님 안에 있으며, 모든 것에 대해 충분하신 예수 그리스도를 통해 공급된다. 그리고 이 지식은 단순히 정보를 전달하는 것이 아니라 신자들의 변화를 위해 주어진다.

바울은 1장 10절에서 이러한 하나님의 뜻을 아는 지식을 받은 결과를 세 가지로 개괄한다. 첫째, 우리가 사는 방식이 주님을 높이고 기쁘시게 할 것이다. "주께 합당하게 행하여." 우리가 생각하고 말하고 행하는 모든 일에서 주님의 영광을 구할 것이다.

참된 지식과 지혜와 총명의 두 번째 결과는 우리 삶에 맺히는 건강한 열매다. "모든 선한 일에 열매를 맺게 하시며." 다시 말해 믿음, 사랑, 소망의 신학적 덕목(1:4-5)과 갈라디아서 5장 22-23절의 성령의 열매를 생각하면 된다(참조. 벧후 1:5-8).

세 번째 결과는 하나님에 대한 지식이 계속 더 깊어지는 것이다. 그리스도인은 하나님과 개인적인 관계를 누리기 때문에 그분에 대한 우리의 잠재적 지식의 깊이는 무한하다. 우리는 그분을 아는 지식과 그분과의 관계에서 성장을 멈출 수 없다.

골로새인들의 완전한 지식을 위해 기도한 바울은 이어서 그들의 영적 능력을 위해 기도한다(골 1:11-12). 그는 방금 영적 열매와 더 깊은 영적 성장이 나타나는 삶으로 주님을 높이고 기쁘시게 하는 것에 대해 말했다(1:10). 이제 그는 독자에게 하나님이 그 성장을 도우시는 진정한 영적 힘의 원천이심을 상기시킨다. 우리는 모든 것에 대해 그분 한 분만 의지한다. 우리의 "모든 견딤과 오래 참음"(1:11)은 우리의 헛된 노력이 아니라 하나님의 "영광의 힘"에서 나온다.

"견딤"으로 번역된 *hypomonē*(5281)는 '어려움에 직면하여 버티거나 견딜 수 있는 능력'을 뜻한다.[8] 이것은 역경을 이겨내며 보여준 끈기를 강조한다. "오래 참음"으로 번역된 *makrothymia*(3115)는 강단이 있거나 정신적, 정서적으로 꿋꿋해서 '결과를 기다리는 동안 평온을 유지하는 것'을 나타낸다.[9] 온갖 어려움 속에서도 도전에 맞서거나 아무리 해도 만족할 줄 모르는 사람들과 부대껴보았던 사람이라면 하나님이 주신 이런 능력이 우리에게 얼마나 절실한지 안다. 바울은 골로새인들이 그리스도의 충분성에 대한 믿음을 공격하는 거짓 가르침의 돌풍을 막아내려면 이런 종류의 천상의 힘이 필요하다는 것을 알았다.

하나님이 우리 안에 이런 결기와 끈기를 주시면 기쁨에 찬 감사가 우러난다. 그 감사는 우리가 견디고 있는 고통과 고난, 시련과 환난에 대한 것이 아니라 하나님이 "성도의 기업의 부분을 얻기에 합당하게 하신" 것(1:12)을 믿는 확고한 소망에 대한 것이다.

미래의 영광에 대한 이 소망이 확고할 수 있는 까닭은 그리스도 안에서 그것이 이미 성취되었기 때문이다! 바울이 1장 13-14절에서 우리의 미래의 구원을 과거와 현재에 연결하는 것에 유의하라. 그는 언젠가, 머지않은 장래에, 우리가 하나님의 나라에 있게 될 것이라고 말한 것이 아니다. 그의 말은 우리가 태어난 타락과 죽음이 지배하는 이 어둠의 영지에서 "구원 받아"(과거 시제), 하나님의 아들이신 예수 그리스도의 왕국으로 우리가 "옮겨졌다"(과거 시제)는 뜻이다(1:13). 즉, 우리의 시민권은 이미 이전이 완료되었다. 그로 인해 우리가 "속량"(현재 시제)-바울이 "죄사함"이라고 정의한-을 얻는다(현재 시제, 1:14).

골로새서를 여는 이 기도에서 우리는 과거, 현재, 미래 사이의 흥미로운 관계를 볼 수 있다. 주님의 죽음과 부활로 인해 우리는 속량되었고 죄 사함을 받았다. 구원을 위해 오직 그리스도만 믿은 우리 각 사람은 이 구원을 얻어 어둠에서 빛으로, 세상 왕국에서 그리스도의 왕국으로 옮겨졌다. 따라서 지금은 잠정적으로 이방인으로 거주하고 있지만 우리는 천국 시민권을 확보했다. 빌립보서 3장 20절에서 바울은 우리의 현재 상태와 미래의 소망 사이의 이 관계를 강조한다. "우리의 시민권은 하늘에 있는지라 거기로부터 구원하는 자 곧 주 예수 그리스도를 기다리노니."

적용: 골로새서 1:1-1:14
기도하자

바울은 골로새인들을 개인적으로 알지 못했지만, 그래도 그들을 위해 성실히 구체적으로 기도하기를 멈추지 않았다. 나는 작은 마을 골로새에 있는 생면부지의 형제자매들을 위해 드린 바울의 기도가 우리가 기억하고 따라야 할 본이라고 생각한다. 또 우리가 사람들을 잘 알고 그들의 어려움과 필요를 익히 알고 있는 경우에도 바울이 골로새인들을 위해 무릎 꿇고 구했던 고귀한 것들을 마음에 새겨야 한다.

우리도 바울처럼 기도에 충실하자. 우리는 서로를 끊임없이 고취해야 한다. 사람들의 갈등, 불안, 필요, 고통을 열거한 문자 메시지, 이메일, 주일학교 공고를 받을 때까지 마냥 기다리지 말자. 사람들의 고민거리를 다 알지 못해도 우리가 아는 사람이나 모르는 사람들을 위해 기도할 수 있다. 다시 말해, 신실하게 기도하기 위해 그들의 아픔이나 고통을 시시콜콜 다 알지 않아도 된다. 그리스도 안에 있는 형제자매를 중보하기 위해 재정적 위기나 대인관계의 고충을 일일이 들어야 할 필요는 없다. 우리는 누구를 위해서든 꾸준히 성실하게 기도할 수 있다.

또 바울처럼, **다른 사람들을 위해 기도할 때 구체적으로 해야 한다.** 이 말은 앞서 했던 말과 모순되는 것처럼 들릴 수 있다. 기도 제목을 모르면서 어떻게 구체적으로 기도할 수 있는가? 내 말은, 모든 신자에게 공통적으로 필요하다고 성경이 강조하는 것을 위해 구체적으로 기도해야 한다는 뜻이다. 우리는 고개를 숙이고 눈을 감고 "하나님, 조앤과 밥과 함께 해주세요. 그리고 메리와 조를 도와주세요"라고 말하는 것 이상을 할 수 있다. '함께하다'와 '돕다'라는 말은 사뭇 애매할 수도 있다. 골로새서 1장의 기도는 우리가 모르는 사람들을 위해서도 구체적으로 기도할 수 있음을 보여준다. 우리는 이 기도에서 모든 사람에게 필요한 구체적인 것이 무엇인지 통찰할 수 있다.

1. **지식을 위해 기도하라.** 특별히 그들이 하나님의 뜻을 분별하고, 진리에 충성하며, 거짓된 가르침을 분별할 수 있는 비판적 사고를 갖게 해달라고 기도하라. 또 그들 앞에 어떤 시험과 도전이 닥치든지 능숙하게 해결할 수 있는 더 성숙한 지혜와 영적 깨달음을 달라고 간구하라.
2. **하나님을 영화롭게 하는 삶을 살게 해달라고 기도하라.** 특별히 그들이 하나님을 기쁘시게 하는 것을 알고 행하게 해달라고 기도하라. 그들이 양질의 영적 열매를 맺기 위해 그들 안에서 역사하시는 성령께 굴복하고, 믿음과 사랑, 소망 안에서 계속 성장하게 해달라고 기도하라.
3. **힘을 달라고 기도하라.** 특별히 그들이 인내심을 갖고 끈기를 발휘하게 해달라고 기도하라. 주님이 그들에게 기쁨이 넘치는 투지와 역경을 견뎌내고 좌절의 구렁텅이에서도 기뻐할 수 있는 힘을 달라고 기도하라.

이제 교회, 직장, 학교, 친척 중에서 아는 사람을 생각해보라. 그가 신자이든 아니든 그 사람을 위해 기도하라. 내가 말한 것–골로새서 1장 1–14절에 나오는 영적 승리를 위해 꼭 필요한 것–을 시간을 들여 살펴보라. 다음 몇 주 동안 매일 그 사람을 중보하라. 그러면서 당신이 하나님의 뜻에 따라 기도하고 있으며, 하나님은 오직 그분만이 주실 수 있는 것–참된 지식, 진정한 거룩함, 지속적인 힘–을 주시기를 기뻐하신다는 것을 알라.

만유의 주(골로새서 1:15–23)

15그는 보이지 아니하는 하나님의 형상이시요 모든 피조물보다 먼저 나신 이시니 16만물이 그에게서
창조되되 하늘과 땅에서 보이는 것들과 보이지 않는 것들과 혹은 왕권들이나 주권들이나 통치자들이
나 권세들이나 만물이 다 그로 말미암고 그를 위하여 창조되었고 17또한 그가 만물보다 먼저 계시고
만물이 그 안에 함께 섰느니라 18그는 몸인 교회의 머리시라 그가 근본이시요 죽은 자들 가운데서 먼
저 나신 이시니 이는 친히 만물의 으뜸이 되려 하심이요 19아버지께서는 모든 충만으로 예수 안에 거
하게 하시고 20그의 십자가의 피로 화평을 이루사 만물 곧 땅에 있는 것들이나 하늘에 있는 것들이
그로 말미암아 자기와 화목하게 되기를 기뻐하심이라

21전에 악한 행실로 멀리 떠나 마음으로 원수가 되었던 너희를 22이제는 그의 육체의 죽음으로 말
미암아 화목하게 하사 너희를 거룩하고 흠 없고 책망할 것이 없는 자로 그 앞에 세우고자 하셨으니
23만일 너희가 믿음에 거하고 터 위에 굳게 서서 너희 들은 바 복음의 소망에서 흔들리지 아니하면
그리하리라 이 복음은 천하 만민에게 전파된 바요 나 바울은 이 복음의 일꾼이 되었노라

내가 공부하고 졸업하는 특혜를 누렸을 뿐 아니라 하나님의 은혜로 총장과 학장으로 섬기는 영예까지 누리고 있는 달라스 신학교의 공식 찬송가는 "주 예수 이름 높이어"이다. 현재 우리가 알고 즐겨 부르는 찬송은 특별히 제임스 엘러(James Ellor)가 편곡한 버전으로 "Diadem"(면류관)이라고 불린다. 우리는 이 찬송을 졸업식 같은 공식 행사나 동창회에서 부르고 간혹 개학식에서 부르기도 한다. 이 장엄한 가사를 남녀노소가 화음을 이루어 합창하는 소리를 들을 때마다 나는 소름이 돋는다.

주 예수 이름 높이어
다 찬양하여라
금 면류관을 드려서

만유의 주 찬양![10]

이렇게 하나님을 찬양하는 찬송가는 수천 년 동안 계속 쓰였다. 우리는 구약성경 전체에서 주님의 위대하신 사역을 찬양하고 감사하는 노래를 볼 수 있다(참조. 출 15:1-18, 신 31:30-32:43, 삿 5:1-31). 시편은 전체가 영감으로 가득 찬 고대 찬송가 모음집으로 많은 교회가 지금도 곡을 붙여서 예배드릴 때 부른다. 또 2천 년 동안 재능 있는 그리스도인 작곡가와 작사가들이 음악으로 주님을 예배하기 위한 시편, 찬송가, 성가를 써왔다(참조. 엡 5:19, 골 3:16).

골로새서 1장 15-20절을 잘 보면 이 짧은 편지 안에 삽입되어 있는 그리스도 찬가를 발견할 수 있다. 이 찬가는 분명 그리스도를 찬양하는 최초의 기독교 찬송가 중 하나였을 것이다. "Diadem"처럼 이것 역시 '예수님 이름의 권세를 찬양하고 만유의 주님께 왕관을 씌워드리자'는 취지를 담고 있다. 가사는 그리스도에 대한 깊은 경외심과 심오한 신학적 진리로 가득 차 있다. 또 주님이신 그리스도의 절대적인 충분성을 강조하면서 그분의 독특한 인격과 사역에 초점을 맞추고 있다.

—1:15-20—

현대의 학자 대부분은 골로새서 1장 15-20절에 그리스도를 찬양하는 1세기의 찬송가가 포함되어 있다는 데 동의한다. 실제로 이 구절을 연으로 나누어 시 형식으로 구성한 성경이 여럿 있다. 이 찬송가는 바울이 썼거나, 아마 그보다는, 다른 사도나 선지자나 초대 교회 지도자가 이전에 쓴 찬송가를 바울이 고쳐 썼을 것이다.[11]

믿음에 관한 멋진 찬송가들이 대부분 그렇듯, 골로새서 1장에 나오는 바울의 찬송가는 주 예수 그리스도의 인격과 사역에 초점을 맞추고 있다. 이 구절은 성경을 통틀어 예수 그리스도의 권위, 주권, 패권, 충분성에 대한 가장 위대한 진술 중 하나다. 바울은 그리스도의 복음의 중심 진리에서 신화적이고, 신비스러우며, 불가사의한 추론으로 관심을 돌리는 여러 형태의 거짓 가르침으로 몸살을 앓고 있는 교회를 위해 이 인상적인 찬송가를 사용해 모든 사람의 시선을 다시 예수님에게 집중시켰다. 이 여섯 구절을 읽으면서 바울이 "그",

신약성경에 나오는 역사적인 찬송가(골로새서 1:15–20)

AD 111년경 로마 총독 소 플리니우스(Pliny the Younger)는 트라야누스 황제에게 그리스도인들의 '과실'에 대해 보고하는 편지를 썼다. 그의 보고는 이랬다. "그들은 정해진 날 동트기 전에 정기적으로 모여서 신에게 하듯이 그리스도에게 경의를 표하면서 번갈아 성구를 외쳤습니다."[12]

우리는 이미 신약성경에서 그리스도를 높이고, 죽었다가 다시 살아나신 성육하신 신인(神人)으로서 그분의 독특한 인격과 사역을 강조하는 찬송가의 흔적을 본다. 플리니우스에 따르면 그리스도론이 담긴 그런 초기의 찬송가가 예배 때 불려지고 낭송되었다. 분명한 것은, 교회의 초창기에 찬송가가 많이 창작되었다는 사실이다.

다음은 많은 학자가 신약성경에 나오는 초기 기독교 찬송가의 예로 생각하는 구절들이다.[13]

- 요한복음 1:1–5
- 골로새서 1:15–20
- 히브리서 1:3
- 빌립보서 2:6–11
- 디모데전서 3:16
- 베드로전서 3:18–22
- 에베소서 2:14–16
- 디모데후서 2:11–13

"그로 말미암아", "그가…친히"라는 말을 얼마나 많이 사용하고 있는지 살펴보라. 그리스도는 만물의 중심이자 근원이시다.

이 찬송가에서 나는 그리스도가 독보적으로 으뜸이신 여섯 가지 영역을 본다. 바울이 그리스도에 관해 주장하고 있는 바를 보기 위해 정확한 순서대로 이 구절을 읽지 않고 주제별로 다루려고 한다.

첫째, 그리스도는 영원함의 으뜸이시다(1:15, 17). 바울은 성자가 "보이지 아니하는 하나님의 형상"(1:15)이심을 단언하면서 그리스도와 성부 하나님과의 영원한 관계를 정립한다. 본질적으로 완전한 초월자이시며 유한한 인간이 볼 수 없는 하나님이 자기 아들을 통해 자신의 속성, 성품, 능력, 의지, 사역을 알리셨다. 히브리서 1장 3절도 이에 상응하는 개념을 전달한다. "이는 하나님의 영광의 광채시요 그 본체의 형상이시라." 히브리서에서 "본채의 형상"으로 번역된 단어는 명사 *charaktēr*(5481)를 은유적으로 사용한 표현이다. *charaktēr*(5481)는 주화에 주조된 형상처럼 "금형이나 봉랍으로 주조된 형상이나 날인"을 일컬을 때 쓰였다.[14] 골로새서에 사용된 "형상"이라는 용어는 *eikōn*(1504)인데, 이 용어는 그리스도가 덜 중요한 존재라는 뜻이 아니라 오히려 반대다. 그리스도는 아버지와 동등하시다. 바울의 원 독자–그리고 우리–에게 전달하려는 요지는 분명하다. 하나님을 제대로 알려면 스스로 초월적인 신격을 드러내신 성자 하나님께 집중해야 한다.

그리스도는 또한 "만물보다 먼저"(골 1:17) 계셨다. 행성이 생기기 전, 은하계가 생기기 전, 물질과 에너지가 생기기 전, 시간과 공간이 생기기 전-우리의 유한한 상상력이 미칠 수 있는 가장 먼 옛날-에 성자 하나님은 이미 거기 계셨다. 신학자들은 이것을 성자와 성부의 '영원 공존성'(coeternality)이라고 부른다. 여기에 실린 그리스도 찬가에는 나오지 않지만, 성령 또한 성부와 성자와 함께 영원히 존재하신다. 영원하신 성부는 영원하신 성자와 영원하신 성령 없이 존재하지 않으셨다. 눈에 보이는 것과 보이지 않는 모든 것이 성령에 의해, 성자를 통해 성부로부터 비롯된다.

둘째, 그리스도는 모든 피조물 중의 으뜸이시다(1:15-17). 그리스도는 "보이지 아니하는 하나님의 형상"이실 뿐 아니라 "모든 피조물보다 먼저 나신 이시[다]"(1:15). 이 구절은 간혹 하나님이 제일 먼저 그리스도를 창조하셨다는 뜻으로 잘못 해석되기도 한다. 이런 착오는 "먼저 나신 이"라는 말에서 비롯되었다. 신학자 스콧 호렐(Scott Horrell)은 그것을 이렇게 설명한다.

> "먼저 나신 이"라는 용어는 예수님이 마리아의 장자였던 것처럼(눅 2:7, 시간순으로 제일 먼저) 첫째 아들을 뜻하거나 서열 1위의 상속자[시 88편(칠십인역), 참조. 신 21:15-17]를 뜻할 수 있다. 장자와 상속자는 유대인과 이방인 문화에서 모두 관례로 정해진 운명이었다. 여기서는 성자를 모든 피조물보다 우위에 있는 상속자로 이해해야 한다.[15]

따라서 그리스도가 "모든 피조물보다 먼저 나신 이"라는 뜻은 하나님이 구약성경의 다윗 왕을 "장자로 삼고 세상 왕들에게 지존자"(시 89:27)로 세우신 것과 같다. "장자"라는 말은 피조물 중에서 첫 번째 창조물을 의미하는 것이 아니라 피조물 위에 군림하는 최고의 권위자로서 그리스도의 위치를 강조하기 위해 비유적으로 쓰였다.[16]

"장자"라는 말을 "모든 피조물 위에 계신 이"라고 해석하는 것은 다음 구절의 논리를 보면 확실해진다. "만물이 그에게서 창조되[었다]"(1:16). 만약 골로새서 1장 15절의 "먼저 나신 이"라는 말이 '최고의 권위자'라는 뜻이면 바울의 논리는 이렇게 된다. "그리스도가 만물을 창조하셨기" 때문에 그분이 만물 중에 으뜸이시다.

바울이 말한 "만물"은 말 그대로 모든 것을 뜻한다. 혼란을 주지 않으려고 바울은 만물이란 하늘과 땅에 있는 보이는 것과 보이지 않는 것, 천사적 존재를 일컫는 "왕권들이나 주권들이나 통치자들이나 권세들"까지 포함한다고 특별히 언급한다.[17] 한마디로, 원자를 구성하는 입자부터 거대한 은하계에 이르기까지 그분의 창조의 권능과 별개로 존재할 수 있는 것은 없다. 이 사상은 요한복음 서두의 진술과 비슷하다. "만물이 그로 말미암아 지은 바 되었으니 지은 것이 하나도 그가 없이는 된 것이 없느니라"(요 1:3).

이런 이유로 바울은 이 개념을 "만물이 다 그로 말미암고 그를 위하여 창조되었[다]"라고 요약할 수 있다(골 1:16). 그리고 그는 이렇게 덧붙인다. "만물이 그 안에 함께 섰느니라"(1:17). 이 말은 문자적으로나 비유적으로나 모두 맞는 말이다. 문자적으로, 하늘과 땅의 모든 것은 모든 피조물 위에 으뜸이신 그리스도의 권위로 유지된다. 히브리서 저자는 이것을 다음과 같이 표현했다. "그의 능력의 말씀으로 만물을 붙드[신다]"(히 1:3). 비유적으로, 만물은 그리스도로 인해 의미 있는 통합체로 함께 유지된다. 즉, 만물은 "그분을 통해" 그리고 "그분에 의해서"만이 아니라 "그분을 위해서" 창조되었기에, 그리스도 안에서 그 궁극적 의미와 목적을 발견한다.

영지주의자들은 그리스도를 가장 높으신 하나님에게서 방사된 존재 중 하나로 보았다. 태양 광선이 태양에서 멀어질수록 약해지듯이 성부에게서 나온 '그리스도'도 필연적으로 능력과 권위가 적으리라는 것이 영지주의자들의 생각이었다. 그리스도는 파생된 존재이므로 당연히 성부보다 나중에 생겨났다는 것이다. 바울은 간명한 필치로 그런 철학적 궤변을 일축한다. 그리스도는 피조물이 아니라 창조자시다. 그리스도는 광원에서 나온 광선이 아니라 그 근원 자체시다. 그분은 우주 속의 톱니바퀴가 아니라 우주 전체를 하나로 아울러 의미와 목적을 주시는 분이다.

셋째, 그리스도는 교회의 으뜸이시다(골 1:18). 시간과 공간에 대한 그리스도의 절대적 주권을 분명하게 보여준(1:15-17) 바울은 독자를 위해 우주적이고 추상적인 것을 더 구체적인 영역으로 축소한다. 기억하라. 신자는 "흑암의 권세"에서 구출되어 "그[하나님]의 사랑의 아들의 나라"(1:13)로 옮겨졌다. 우리는 더는 죄와 세상의 악한 세력에게 종속되지 않는다. 교회에 있는 우리는 이제 하나의 머리, 예수 그리스도 아래 있다(1:18).

바울은 여기서는 "그리스도의 몸"의 이미지를 상세히 설명하지 않지만, 다른 글, 특히 고린도와 에베소에 보낸 편지에서 자세히 설명한다. 에베소서에서 그리스도를 몸의 머리로 묘사한 것은 교회에 대한 그분의 유일한 권위뿐 아니라 교인들 사이의 화합도 강조한다(참조. 엡 1:22-23, 4:15-16, 5:23). 그리스도의 몸의 연합은 클럽이나 조직처럼 인간이 만든 사회의 연합과 비교할 수 없다. 성령이 각 신자에게 세례를 베푸셔서 그리스도와 영적으로 하나가 되게 하시고(고전 12:13), 그들 모두를 하나의 영적인 몸으로 결합시키시며, 머리이신 그리스도와 일체가 되게 하셨다. 그리스도-그리고 그리스도 한 분만-가 교회의 머리가 되신다는 점에 유의하라. 목사나 교황이 아니다. 협의회나 회중이 아니다. 장로나 집사 또는 감독이 아니다. 대주교나 군주도 아니다. 그리스도는 지상 사역을 수행하시려고 부목자들을 세우셨지만(엡 4:11-12, 벧전 5:1-3), "목자장"(벧전 5:4)은 그분이시다. 교회는 그리스도 한 분 외에는 누구에게도 교회의 머리 자리를 내주어서는 안 된다.

넷째, 그리스도는 부활의 으뜸이시다(골 1:18). 바울의 말은 그리스도가 죽음 이후 육신의 생명을 회복한 최초의 경험자라는 뜻이 아니다. 구약성경에서는 엘리사 선지자가 죽은 아이의 생명을 회복시켜달라고 주님께 기도했다(왕하 4:32-37). 그리고 예수님도 지상에서 사역하실 때 도래할 왕국의 표적으로 죽은 자를 살리셨다(마 11:5, 막 5:35-43, 눅 7:11-17, 요 11:41-44). 이 모든 경우 필멸의 몸으로 회복된 사람들은 다시 죽음의 지배를 받았다. 그들의 부활은 일시적인 소생이었다.

그러나 그리스도의 부활은 그 종류 중에서 첫 번째였다. 그리스도는 썩지 않는 영화롭게 된 몸으로 살아나셨으므로 다시는 죽음을 당하실 수 없었다. 이와 같이 그리스도는 "잠자는 자들의 첫 열매가 되셨[다]"(고전 15:20). 나중에 고린도전서 15장에서 바울은 현재의 몸과 미래의 부활한 몸이 질적으로 다르다고 설명한다. "죽은 자의 부활도 그와 같으니 썩을 것으로 심고 썩지 아니할 것으로 다시 살아나며 욕된 것으로 심고 영광스러운 것으로 다시 살아나며 약한 것으로 심고 강한 것으로 다시 살아나며"(고전 15:42-43).

그리스도의 부활은 죽음보다 우월하기 때문에 죽음은 그 쏘는 것을 잃어버렸다(고전 15:55). 그리스도가 우리의 머리이시기 때문에 우리는 영광스러운 부활의 경험을 포함한 모든 일에서 그분과 일체다. 빌립보서 3장 21절에서 바울은 이렇게 말한다. "그는 만물을 자기에게 복종하게 하실 수 있는 자의 역사로 우리의 낮은 몸을 자기 영광의 몸의 형체와 같이 변하게 하시리라." 이 말은 우리가 더는 죽음을 두려워해서는 안 된다는 뜻이다. 우리가 그리스도 안에 있다면-믿음으로 성령에 의해 그리스도와 연합되어 있다면-우리가 부활할 것을 전적으로 확신할 수 있다. 부활에 대한 그리스도의 주권으로 인해 우리도 죽음을 이겼다.

다섯째, 그리스도는 구속함의 으뜸이시다(골 1:19-20). 그리스도 찬가의 이 마지막 두 구절에서 바울은 그리스도의 구속 사역과 관련된 그리스도의 인격을 두 가지 진술로 설명한다. 첫째, 그리스도 안에 "충만"(1:19)이 거한다. 영지주의 교사들은 거대한 *plērōma*(4138)라는 존재 또는 신성의 "충만"이 거기서 방사된 더 작은 신들에게로 퍼져나갔으며, 그리스도는 그 중 하나일 뿐이라고 추론했다. 이에 대해 바울은 그리스도 안에 하나님의 권능의 충만함-하나님의 모든 속성-이 있다고 반박한다.

둘째, 그리스도의 정체성-온전한 하나님이자 온전한 인간-으로 인해 그분은 하늘과 땅의 화해를 온전히 성취하실 수 있다. 여기서 바울은 그리스도의 인격에서 그리스도의 사역으로, 만물 위에 군림하시는 주권에서 모든 것에 대한 충분성으로 이동한다. 십자가에서 이루신 그리스도의 대속 사역을 통해 그분은 모든 것, 즉 "땅에 있는 것들이나 하늘에 있는 것들"(1:20)을 화해시키셨다.

눈에 보이지 않는 천상의 영적인 존재만 구원받을 수 있다는 영지주의자들의 추론은 틀렸다. 천지만물이 원래 그리스도로 인하여 창조되었듯이(1:16), 그리스도로 인하여 화목하게 될 것이다(1:20). 아담의 타락 이후로 지금까지 모든 인류는 하나님과 불화했다. 그러나 우리를 위한 그리스도의 대속의 죽음-불의한 자가 의로운 자로 치환되는-으로 우리는 하나님과 화목하게 되었다(고후 5:18-21). 무력하고 절망적인 상태에서 하나님이 먼저 "그의 십자가의 피로 화평을 이루[셨다]"(골 1:20). 우리의 전 존재-몸과 영혼-는 그리스도가 역사하심으로 구원받는다.

여섯째, 그리스도는 만물의 으뜸이시다(1:18). 그리스도 찬가의 정점에서 바울은 그리스도의 절대적 주권에 대해 결정적인 진술을 한다. "친히 만물의 으뜸이 되려 하심이요." 그리스도의 정체성과 그분이 행하신 일 때문에 우리는 모든 것을 그분께 내어드릴 수 있다. 거기에는 사소한 것과 중요한 것, 과거, 현재, 미래 그리고 보이는 것과 보이지 않는 것이 포함된다. 예수 그리스도는 이 모든 것의 주님이시다. 그분이 모든 것의 으뜸이 되셔야 한다.

1:21-23

그리스도를 찬미하는 우렁찬 합창소리는 1장 20절에서 절정에 달한다. 뜻 깊은 가사가 아직도 공중에 맴돌고 있는 가운데 바울은 그리스도의 화해 사역을 개인적인 도전으로 바꾸어 독자에게 화두로 던진다. 골로새서 1장 15-20절의 찬송가는 일반적으로 "모든 것", "교회", "죽은 자"에 대해 말했다. 이제 바울은 "너희"라는 대명사 하나로 일반적인 것에서 특정한 것, 보편적인 것에서 개인적인 것으로 넘어간다.

본질적으로 그리고 의지적으로 죄인인 우리는 모두 화해가 필요하다. 그리스도가 성육신, 죽음, 부활을 통해 하늘과 땅을 화해시키셨다는 추상적인 생각만으로는 부족하다. 이 화해는 개인적이고 실제적으로 이루어져야 한다. 골로새인들은 오직 그리스도 한 분만을 믿음으로써 오직 은혜로 하나님과 화목하게 되었을 때 이 화해를 체험했다. 그들은 악한 행실로 "[하나님을] 멀리 떠나…원수가 되었[다]"(1:21). 바울은 그들의 죄를 일일이 나열할 필요가 없었다. 그들은 자기들이 어떤 악행에서 구원받았는지 알고 있었다. 그런데 그리스도가 이루신 화목이 그분의 대속의 죽음을 통해 그들의 것이 되자 그들의 죄성이 거룩하게 변하기 시작했다. 그들이 구원받은 목적은 죄를 용서받기 위해서뿐 아니라(1:14) "거룩하고 흠 없고 책망할 것이 없는"(1:22) 삶을 살기 위해서였다.

바울은 골로새 교회의 일부 사람들을 위협하고 있는 위험이 구체적으로 무엇이든 간에 이 긍정적인 진술에 엄중한 경고를 덧붙일 필요가 있다고 보았다. 그는 "만일" 그들이 믿음과 복음의 소망을 계속 지키면 하나님과 화목하게 된 것이라고 말한다(1:23). 언뜻 보면 이 조건절은 그들이 믿음과 소망을 계속 지키지 못하면 구원을 잃고, 하나님과의 화목도 잃으며, 그들을 구속하신 분과 다시 멀어지고 원수가 될 것이라는 말로 들린다. 그렇다면 결국 우리의 구원은 우리 자신의 신실함에 달려 있다는 뜻일까?

"만일"이 들어간 말은 때때로 모든 아이가 싫어하는 "만일 야채를 먹으면 아이스크림을 줄게" 같은 조건을 나타낼 수 있다. 그 함의는 분명하다. 녹색 음식을 먹지 않으면 디저트는 없다! 그러나 "만일"은 "만일 리스트의 랩소디를 연주할 수 있으면 당신은 진정한 피아니스트다"라는 말처럼 무언가의 진실성을 입증하는 데 사용되기도 한다. 음악을 연주한다고 해서 다 피아니스트가 되는 것이 아니다. 진정한 피아니스트는 어려운 작품을 연주함으로써 인정받는다. 여기서 바울이 사용하고 있는 "만일"도 이런 경우다. 바울은 만일 골로새 인들이 처음에 가졌던 믿음과 소망을 계속 굳게 지킨다면 그것으로 그들이 진정한 그리스도의 몸의 지체임이 입증되리라고 말한 것이다.

물론, 바울은 그리스도를 믿고 회심했다고 주장하는 사람들이 다 진짜는 아니라는 것을 알고 있었다. 또 참된 신앙을 버리고 거짓된 영지주의의 가르침을 받아들인 일부 골로새의 개종자들에 대한 보고를 들은 그로서는 영지주의의 가르침이 근심거리였을 것이다. 어쩌면 그들은 그리스도의 인격과 사역의 권능에 대한 진정한 복음을 제대로 이해하지 못했을 수도 있다. 어쩌면 에바브라가 전파한 단순명료한 복음이 현학적 영지주의자들이 전파한 허황된 신화와 추론에 오염되고 있었을 수도 있다.

구체적인 위협이 무엇이었든 간에 바울은 1장 15-20절의 그리스도 찬가와 1장 21-23절의 개인적인 적용을 통해 오해를 바로잡는다. 예수 그리스도는 그들의 최고 주권자로서 자격이 충분하셨다.

적용: 골로새서 1:15-23

믿음으로 굳게 서라

바울은 그리스도가 만물의 으뜸이심을 선포한 뒤(1:15-20) 독자에게 "너희가 믿음에 거하고 터 위에 굳게 서서 너희 들은 바 복음의 소망에서 흔들리지 [말라]"(1:23)고 압박한다. 유다서 1장 24절이 일깨우듯이, 궁극적으로는 하나님이 우리를 책임지고 보호하신다. 하나님은 "능히 너희를 보호하사 거침이 없게 하시고 너희로 그 영광 앞에 흠이 없이 기쁨으로 서게 하실 이"로 일컬어지신다. 그러나 하나님은 우리가 그리스도인으로서 삶의 풍성한 축복을 누리려면 우리도 인내하고 충성해야 한다고 말씀하신다.

인내에는 다음의 두 가지 요소가 요구된다. 우리는 믿음을 통해 은혜로 받은 구원에 안심하며 안식한다. 그리고 우리는 하나님이 우리 안에서 그리고 우리를 통해 그분의 능력을 행사하고 계신다는 것을 알고, 성령의 능력으로 하나님 앞에서 고결하게 살 책임이 있다. 골로새서 1장 15-23절에 나오는 바울의 메시지에 따르면 우리가 믿음으로 굳게 서기 위해 특별히 해야 할 일은 무엇인가? 그리스도 안에 있는 참 신자가 믿음과 소망을 계속 굳게 지키고 싶다면 꼭 붙들어야 하는 실제적인 지침 두 가지를 살펴보자.

첫째, **모든 일에서 그리스도를 제일 앞에 두라.** 우리가 하루를 "…가 걱정되는데"로 시작하지 않고 "그리스도가…보다 높으신 분이다"로 시작한다면 우리 삶이 얼마나 놀랍게 변화될지 생각해보라. 이 중요성이 충분히 이해되지 않는다면 그리스도가 "모든 것"에 으뜸이 되신다고 할 때 그 모든 것의 구체적인 예를 몇 가지 들어보겠다.

- 우리의 계획과 결정
- 우리의 말과 행동
- 우리의 생각과 감정
- 우리가 먹고 마시는 것
- 우리의 집과 가족
- 우리의 일과 취미
- 우리의 교회와 사역
- 우리의 일정과 혼란
- 우리의 우선순위와 열정
- 우리의 고난과 투쟁
- 우리의 승리와 성공

그리스도는 매일 매순간 이 세상을 통제하고 계신다. 이 사실을 상기하라. 당신이 믿음을 통해 은혜로 그리스도께 나아와 오직 그분만을 구세주로 믿었다면 어째서 당신 삶의 모든 영역의 주인 되시는 그 한 분께 순종하지 않는가?

둘째, **초점을 그리스도께 다시 맞추라.** 골로새서 1장 15-20절에 나오는 찬가의 핵심은 우리가 아니라 그분이시라는 점에 유의하라. 중심이 하나님의 창조물이 아니라 창조주시다. 구원이 아니라 구세주시다. 그리스도 그리고 그리스도 한 분만 예배의 중심이 되셔야 한다.

골로새서 1장 21-23절의 강조점은 "믿음"과 "복음의 소망"에 있다. 이 믿음은 일반적인 믿음이나 우리 자신에 대한 주관적인 신뢰가 아니라 예수 그리스도의 인격과 사역에 관한 진리를 믿는 것이다. 유다는 이 믿음을 "성도에게 단번에 주신 믿음의 도"(1:3)라고 불렀다. 여기서 말하는 소망은 막연한 바람, 맹목적인 낙관주의, 희망사항이 아니라 그리스도의 인격과 사역을 통한 구원의 약속을 말한다. 우리 관심의 초점을 그리스도께 맞추어야 한다.

우리는 우리가 원하고, 필요로 하며, 바라는 것에만 관심을 쏟으면서 우리 자신에게만 집중하기가 얼마나 쉬운가! 또 우리의 관심을 끌고 충성을 요구하는 주변 것들에 얼마나 자주 관심을 빼앗기는가! 심지어 교회에서도 우리는 자칫 예수 그리스도의 믿음과 소망을 제시하는 것보다 목회자, 음악가, 프로그램으로 관심을 끌어 그 자체가 중심이 되는 사역 모델을 받아들이기도 한다.

우리가 모든 일에 그리스도를 최우선으로 하고 그분께 다시 관심을 모은다면, 믿음 안에 굳게 서서 그분 앞에 거룩하고, 흠이 없으며, 책망할 것이 없는 자로 설 수 있다(골 1:22).

사역에 대한 정확한 설명(골로새서 1:24-29)

24나는 이제 너희를 위하여 받는 괴로움을 기뻐하고 그리스도의 남은 고난을 그의 몸된 교회를 위하
여 내 육체에 채우노라 25내가 교회의 일꾼 된 것은 하나님이 너희를 위하여 내게 주신 직분을 따라
하나님의 말씀을 이루려 함이니라 26이 비밀은 만세와 만대로부터 감추어졌던 것인데 이제는 그의 성
도들에게 나타났고 27하나님이 그들로 하여금 이 비밀의 영광이 이방인 가운데 얼마나 풍성한지를 알
게 하려 하심이라 이 비밀은 너희 안에 계신 그리스도시니 곧 영광의 소망이니라 28우리가 그를 전파
하여 각 사람을 권하고 모든 지혜로 각 사람을 가르침은 각 사람을 그리스도 안에서 완전한 자로 세
우려 함이니 29이를 위하여 나도 내 속에서 능력으로 역사하시는 이의 역사를 따라 힘을 다하여 수고
하노라

이따금 사용하는 칼은 날이 예리해서 정밀하게 잘리지만 계속 쓰면 날이 무뎌진다. 말도 그렇다. 어떤 말들은 너무 자주 쓰여서 그 날카로움을 잃게 된다. 원래의 의미는 상투어로 무뎌지고, 익숙함으로 둔해지며, 정밀도가 감소하면서 효력도 떨어진다.

이런 현상은 사역 언어, 즉 교회와 여타의 기독교적 맥락에서 쓰이는 말에서 특히 더 두드러진다. 말을 남용하다 보니 이제는 의미가 너무 다양해져서 실제 사역과 관련된 의미는 거의 없어진 경우가 허다하다. '사역자'로 섬기는 사람들도 마찬가지다. '사역자'가 된다는 것은 정확히 어떤 의미인가? 다른 사람들의 삶을 '사역'한다는 것은 무엇을 한다는 말인가?

우리가 사역에 관해 생각할 때 보통 사역이 무엇인지를 설명하는 것보다 무엇이 사역이 아닌지를 지적하기를 더 잘한다는 것이 흥미롭다. 예를 들어, 우리는 사역이 상품이나 서비스를 파는 영리 사업으로 전락하면 안 된다는 것을 안다. 호평을 받고 높은 시청률이 나오기를 바라며 열렬 팬들에게 표를 파는 엔터테인먼트 산업이 되어서는 안 된다는 것을 안다. 또 수업료를 받고, 학위나 경력을 위해 현장 실습을 제공하는 교육 기관이 되어서는 안 된다는 것을 안다. 사역은 컨트리클럽, 제조 공장, 전략 회의실이 되면 안 된다. 우리가 아는 것은 그 정도다.

그렇다면 건강하고 참된 사역을 어떻게 정의할 수 있을까? 바울은 자신의 역할이 하나님의 종이라는 것을 알았다. 무엇보다도 먼저 그는 주님의 권위 아래 있었다. 그래서 그분께 보고해야 했다. 양 떼를 위해 봉사했지만, 그가 순종하는 대상은 양 떼가 아니라 주 예수 그리스도였다(벧전 5:1–4). 그리고 하나님의 사역자로서 그는 단 하나의 임무–예수 그리스도의 복음을 선포하는 것–에 서약했다(골 1:23). 바울은 사역자의 소명과 성품, 책임과 임무를 명확히 이해했다. 그렇다면 사역 자체는 어떨까?

골로새서 1장의 나머지 부분에서 바울은 진정한 사역에 대한 통찰을 제공한다. 그의 솔직한 평가를 보면 건강한 사역을 구성하는 몇 가지 요소를 알 수 있다. 이 마지막 구절을 잘 읽어보면 바울이 염두에 두고 있는 진정한 사역의 세 가지 필수 요소를 알게 된다. 모든 세대에 다 부합하는 이 세 가지는 그리스도를 위해 고난받음(1:24), 그리스도를 선포함(1:25–28), 그리스도를 의지함(1:29)이다.

—1:24—

단어 연상을 해보자. 고난이라는 말을 들을 때 제일 먼저 무엇이 떠오르는가?

대부분의 사람처럼 당신도 아마 고통, 불행, 슬픔 또는 이와 비슷한 무언가를 생각했을 것이다. 당신이 좀 더 신학적인 사고방식을 가졌다면 십자가에 달리신 그리스도의 고난을 생각했을 수도 있다. 어쨌든 당신 마음속에 떠오른 첫 번째 단어가 기쁨은 아니었을 것이다. 그런데 바울은 자신의 사역에 대해 말하면서 고난을 정확히 이렇게 묘사했다. "나는 이제 너희를 위하여 받는 괴로움을 기뻐하고"(1:24).

바울이 정신이 나갔다고 생각하기 전에 그가 고난 중에 기뻐할 수 있는 이유를 알아야 한다. 그리스도의 복음을 전파하는 참된 사역자였던 바울은 자기의 고난이 다른 사람들을 위한 것임을 알았다. "나는 이제 너희를 위하여 받는 괴로움을 기뻐하고"(1:24). 그리스도와 그분의 백성을 위해 고난받는 것이 진정한 사역의 첫 번째 필수 요소다. 바울은 어떤 고난을 견뎌냈을까? 고린도후서에서 그는 자기가 겪었던 시련을 자세히 설명한다. 그리스도의 진정한 종으로서 그가 겪은 고난은 다음과 같다.

> 그들이 그리스도의 일꾼이냐 정신 없는 말을 하거니와 나는 더욱 그러하도다 내가 수고를 넘치도록 하고 옥에 갇히기도 더 많이 하고 매도 수없이 맞고 여러 번 죽을 뻔하였으니 유대인들에게 사십에서 하나 감한 매를 다섯 번 맞았으며 세 번 태장으로 맞고 한 번 돌로 맞고 세 번 파선하고 일 주야를 깊은 바다에서 지냈으며 여러 번 여행하면서 강의 위험과 강도의 위험과 동족의 위험과 이방인의 위험과 시내의 위험과 광야의 위험과 바다의 위험과 거짓 형제 중의 위험을 당하고 또 수고하며 애쓰고 여러 번 자지 못하고 주리며 목마르고 여러 번 굶고 춥고 헐벗었노라 이 외의 일은 고사하고 아직도 날마다 내 속에 눌리는 일이 있으니 곧 모든 교회를 위하여 염려하는 것이라(고후 11:23-28).

바울이 복음 사역을 위해 받은 이 모든 고난 속에 자기연민의 흔적은 눈곱만큼도 없다. 오히려 바울은 "그리스도의 남은 고난을 그의 몸된 교회를 위하여"(골 1:24) 참여하는 기쁨을 표현한다. 그것은 정말로 마음속 깊은 곳에서 우러나오는 기쁨이다. 그는 자기가 받은 고난에 목적이 있다는 것을 알았다. 그렇다. 바울은 그리스도가 고난당하셨듯이 고난을 통해 하나님의 은혜와 능력을 경험했다(빌 3:10-11). 그리고 그리스도를 위해 고난받은 자들에게는 특별한 영광이 주어진다(롬 8:17-18). 그러나 골로새서에서 바울은 교회를 강건하게 세우기 위해 다른 사람들을 위해 고난받는 자기의 사역을 성취하는 데 관심이 더 많다.

바울은 이 고난이 "그리스도의 남은 고난을 그의 몸된 교회를 위하여 내 육체에 채우[는 것]"(골 1:24)이라고 말한다. 일견 이 말은 한 번으로 완성된 그리스도의 고난과 십자가 위에서의 죽음에 무언가 결핍된 것이 있다는 말로 들릴 수 있다. 만일 그게 사실이라면, 어떤 이유에서건 그리스도의 고난이 대속하지 못하고 남은 죄에 대한 대가를 계속 치르기 위해 바울의 고난이 필요했다. 그렇다면 바울의 이 말은 무슨 의미였을까?

이 난해한 구절에 대한 해석이 분분한데,[18] 나는 신약학자인 더글라스 무(Douglas Moo)의 해설을 지지한다. "바울의 사도 사역은 세상을 향한 그리스도의 사역의 '확장'이기 때문에 바울은 자신의 고난을 그리스도의 고난과 거의 같은 것으로 여긴다. 이러한 고난은 교회를 구속하지는 못해도 마지막 때에 하나님의 비밀의 계시를 선포하는 바울의 '사명'을 완수하는 일에 필연적으로 수반된다."[19] 아마도 바울은 그리스도와 그분의 몸 된 교회가 긴밀하게 연결되어 있어서 교회를 박해하는 것은 어떤 의미에서 그리스도를 박해하는 것이라고 생각하는지도 모른다. 이런 생각은 사도행전 9장 3–5절에서도 볼 수 있다. 회심하기 전에 교회를 핍박하고 있던 바울(이때에는 아직 사울이었던)이 다메섹 도상에서 부활하신 주님과 마주쳤다. 예수님이 그에게 말씀하셨다. "사울아 사울아 네가 어찌하여 나를 박해하느냐?" 사울이 물었다. "주여 누구시니이까?" 예수님이 대답하셨다. "나는 네가 박해하는 예수라."

몇 년이 지난 지금은 바울이 교회를 위해서 그리스도의 적들에게 극심한 핍박을 받고 있다. 바울은, 어떤 의미에서, 그리스도가 다시 오셔서 모든 핍박과 고난이 끝날 때까지 교회가 감내해야 하는 고난의 정량을 채우고 있는 것이다.

요컨대, 진정한 사역의 특징은 그리스도, 교회 그리고 복음 선포를 위해 기꺼이 고난을 받는 사람들이 있다는 것이다. 시련이나 학대를 생각만 해도 움츠러드는, 안락만을 추구하는 이 세상에서 그리스도를 위해 고난을 받으라는 소명을 성취한다는 생각은 낯설다. 하지만 세상 곳곳에서 사역자들이 불신자들에게 고통당하는 것은 흔히 예측할 수 있는 일이다. 유진 피터슨(Eugene Peterson)은 이렇게 말한다.

> 다른 무엇보다도 목회는 가장 사적이고 친밀한 관계에서 고난을 감내하겠다는 결단이다. 목회는 고난을 최소화하거나 회피할 방법을 모색하지 않는다. 특히 고난의 이유를 찾는 데 관심이 없다. 고통에 대한 치유책을 찾지 않는다. 목회는 고난을 끌어들인다. 목회는 의식적이고 의도적으로 고난 속으로 뛰어드는 것이다.[20]

그리스도가 자유롭게 선포되고 받아들여질 수 있는 곳에서도 진정한 사역을 하려면 사역자는 양 떼들이 당하는 고난에서 도망치지 않고 그 안으로 들어가야 한다.

사역자로서 내 임무 중 하나는 사람들이 고통과 고난을 잘 헤쳐나가도록, 아니 그 안에서 살아남고 성장하도록 돕는 것이다. 너무 분주해서 그 일을 하지 못하는 사역자는 참 사역을 하기에는 너무 바쁜 사람이다. 다른 사람들의 삶에 들어가는 사람들은 시간을 투자한다. 그들은 듣는다. 그들은 관심을 보인다. 그들은 울고 슬퍼한다. 사역하는 사람들이 다른 사람들을 위해 고난 속으로 들어가기를 거부한다면 그것은 건강한 사역이 아니다.

—1:25-28—

참 사역의 두 번째 필수 요소는 그리스도를 선포하는 것이다. 바울은 하나님에게서 "하나님의 말씀을 이루[는]" 청지기직을 받았다고 말한다(골 1:25). 하나님이 주신 이 메시지의 내용은 한때 숨겨진 계획 속에 감춰져 있었지만, 그리스도가 오시면서 밝혀지고 신자들에게 분명하게 드러났다(1:26). 바울과 그의 동료 사역자들에게 위탁된 이 위대한 비밀은 무엇일까? 그것은 지금 그리스도가 이방인 사이에 그리고 그들 안에 거하신다는 사실이다. "너희 안에 계신 그리스도시니 곧 영광의 소망이니라"(1:27). 드러난 비밀은 그리스도 자신이다(2:2).

한때 유대인에게만 선지자와 성경을 통해 공공연하게 선포되었던 하나님의 구원의 자비가 이제 예수 그리스도의 인격과 사역을 통해 유대인과 이방인 모두에게 널리 선포되고 있었다! 이방인도 이제는 하나님의 자녀가 되는 혜택을 누릴 수 있게 되었다.

- 그들은 이제 하나님의 영광스럽고 풍성한 은혜의 품 안에 들어왔다.
- 그들은 구속, 화해, 죄사함을 받았다.
- 그리스도가 성령으로 그들 안에 사시면서 내밀한 소망을 채워주셨다.

이것은 완전한 혁명이었다. 이방인들도 이 메시지를 믿기 힘들어했지만, 유대인들은 이것에 분개하고 거부하려고 했다. 오직 그리스도만을 믿음으로써 오직 은혜로 구원받는다는 메시지가, 그런 구원이 자기들에게 임하리라고 꿈에도 생각지 못했던 이방인에게 어떤 의미였을지 생각해보라.

바울은 골로새서 1장 28절에서 그가 선포하는 요체를 밝힌다. 바로 "예수 그리스도"(고전 2:2)다. 그리스도의 구원 역사를 선포하는 데서 이탈한 사역은 진정성을 잃은 사역이다. 복음의 메시지가 모든 이름 위에 있는 이름, 예수 그리스도를 가리키지 않는다면, 그 메시지는 온전하지 않으며 그 사역은 건강하지 않다.

예수 그리스도의 인격과 사역–그리고 그리스도의 은혜로 구원받은 사람들에게 그분이 기대하시는 것–을 열심히 선포하는 사역에는 "권면"과 "가르침"이 포함된다(골 1:28). "권면"은 말씀에 대한 부정적인 사역이라고 할 수 있다. "권면"으로 번역된 헬라어 *noutheteō* (3560)는 '부적절한 행동거지를 삼가거나 중단하라고 권하다'는 뜻이다.[21] 권면을 소홀히 하거나 의도적으로 회피하는 사역은 모두 진짜가 아닌, 신뢰할 수 없는 사역이다. 바울이 그의 역할을 대신하던 디모데에게 "너는 말씀을 전파하라 때를 얻든지 못 얻든지 항상 힘쓰라 범사에 오래 참음과 가르침으로 경책하며 경계하며 권하라"(딤후 4:2)고 엄중히 지시한 것도 이 때문이다.

선포의 두 번째 요소는 가르침이다. 가르침은 말씀의 긍정적인 사역을 나타낸다. 권면이 믿지 말고, 하지 말아야 할 것을 경고하는 반면에 가르침은 예수 그리스도를 따르는 자들로서 어떻게 생각하고 살아야 하는지를 가르친다. 건전한 사역에는 진정한 선포의 두 가지 요소가 모두 포함된다. 권면을 소홀히 해서 엇나가는 사역이 있는가 하면 부정적인 면을 지나치게 강조하는 바람에 잘못되는 사역도 있다.

진정한 선포에는 가르침과 권면이 모두 필요하다. 도로 표지판이 그 도로가 가지 않는 곳만 알려준다면 무슨 소용이 있겠는가? 우리가 알아야 할 것은 그 길이 어디로 향하는가다. 그렇지 않으면 우리는 아무 데도 갈 수 없을 것이다. 또 노란색 경고등이나 속도 제한이나 단속에 걸릴 위험이 전혀 없다면 매일 통근하면서 얼마나 사고를 많이 당하겠는가? 사람들은 위험에서 보호받기 위한 약간의 제약이 필요하다.

각 사람의 특정한 상황에 얼마큼의 권고와 얼마큼의 가르침을 주어야 할지 사역자들이 어떻게 알 수 있을까? 그것을 알려면 하나님이 주신 지혜가 있어야 하고, 우리가 어디로 사람들을 이끌려고 하는지를 알아야 한다. 그렇기 때문에 바울은 사역자들이 "각 사람을 그리스도 안에서 완전한 자로 세우[기 위해]"(골 1:28) 가르쳐야 한다고 쓴 것이다. "완전한" 이라는 말은 성숙을 뜻한다. 성숙은 하나님의 말씀을 효과적으로 적용해서 지속적인 영적 성장이 이루어진 결과로 나타난다. 사람들이 그리스도 안에서 성숙해지도록 사역자가 지혜롭게 권면하고 가르침으로써 그리스도를 선포하지 못하면 그 사역은 건강하지 않다.

—1:29—

참 사역의 세 번째 필수 요소는 그리스도께 의지하는 것이다. 사역에 얼마간이라도 몸담아 본 사람이라면 그것이 참으로 힘든 일임을 안다. 바울은 참된 사역이 얼마나 힘든 것인지 전혀 모를 독자에게 이것을 알리기 위해 강한 어조로 말한다. 바울은 사역의 수고로움을 표현하기 위해 '노동하다'라는 뜻의 *kopiaō*(2872)와 "애쓰다"라는 뜻의 *agōnizomai*(75)라는 동사를 사용한다. 전자는 '육체적, 정신적, 영적으로 힘을 다하다'는 뜻이다.[22] 이 단어는 어부가 밤새 힘들게 일하는 모습을 표현할 때도 쓰였다(눅 5:5). 후자는 영어 단어 *agonize*(고뇌하다)의 어원으로, 어려운 과제를 성취하기 위해 고군분투한다는 뜻이다.[23] 분명한 것은, 나태는 참 사역의 적이다.

그러나 바울은 "힘을 다하여 수고[한다]"로만 끝내지 않는다. 만약 그랬다면 우리는 하나님이 거의 불가능한 임무를 부여하시고 "이제 이 일은 다 네 소관이다. 한번 해봐라. 저쪽에서 만나자…해낼 수 있다면 말이다!"라고 말씀하시는 것 같은 느낌을 받았을 것이다. 절대 그렇지 않다! 오히려 바울은 이렇게 말한다. "이를 위하여 나도 내 속에서 능력으로 역사하시는 이의 역사를 따라 힘을 다하여 수고하노라"(1:29, 밑줄 나의 강조). 힘겨운 사역을 효과적으로 할 수 있는 비결은 그리스도의 능력을 의지하는 것이다. 그리스도는 교회의 주님이시고 교회 사역의 주님이시다. 그분은 자기의 사역자들에게 고난받고, 좋은 소식을 선포하며, 역경을 견뎌내고, 끝까지 힘써 일할 수 있는 능력을 주신다. 사역자들이 그리스도께 의지해서 소명을 위해 일할 힘을 얻지 못하는 사역은 건강하지 않다.

적용: 골로새서 1:24-29

우리 모두의 소명

꼭 다메섹 도상의 회심이나 갈릴리 호숫가에서의 부르심 같은 경험으로 사역의 소명을 받아야 하는 것은 아니다. 개인적으로 그리스도를 구주로 받아들이고 주님으로 섬기려는 사람은 모두 다른 사람을 섬기라는 부르심과 성령의 은사를 받았다. 사역으로 부르심을 받은 복음 전도자, 목사, 교사만 그런 것이 아니다. 사실, 하나님이 부여하신 그들의 임무는 "성도를 온전하게 하며 봉사의 일을 하게 하[는 것]"이다(엡 4:12). 여기에는 그리스도의 몸 안에 있는 모든 사람이 포함되며, 당신이 이 글을 읽고 있고 그리스도의 이름을 주장한다면 당신도 다른 모든 신자와 공동의 소명을 나눠 가지고 있는 것이다. 우리는 모두 그리스도의 몸 안에서 섬기라는 부르심을 받았으므로, 우리 모두와 직접 관련이 있는 건강하고 참된 사역에 대해 일깨워주는 네 가지를 살펴보기로 하자.

첫째, 우리는 직장에 고용된 것이 아니라 종으로 임명되었다. 물론, 우리 중에서 훈련받고, 안수받고, 전임 사역의 소명을 받은 사람들은 수고에 대한 보상을 받는다(참조. 딤전 5:17-18). 그러나 그렇게 보수를 받고 일하는 경우에도 그리스도의 종과 그 몸의 사역자가 되어야 한다. 그들은 그리스도를 본받고 그분이 보여주신 목자의 모범을 따른다(베드로전서 5장 1-4절을 보면 이 목양에 무엇이 포함되는지 잘 알 수 있다).

둘째, 우리는 고난받을 때 분을 내지 말고 기뻐해야 한다. 사역자는 시련과 고난의 험한 길을 피하려고 하면 안 된다. 우리는 환난과 시련을 겪으면서 같은 어려움을 겪고 있는 사람들과 공감하는 법을 배운다(사역에서 고난의 역할에 대한 다른 시각을 더 알려면 고린도후서 1장 3-7절을 묵상하라).

셋째, 우리는 그리스도의 비밀을 우리만 알고 있지 말고 큰 소리로 선포해야 한다. 모든 사람은 예수 그리스도를 통한 화해, 구속, 영원한 구원에 관한 좋은 소식을 들어야 한다. 그 메시지를 나누는 것은 부담이 아니라 특권이다. 복음이 유대인과 이방인, 노예와 자유인, 남자와 여자에게 임했기 때문에 사역할 때 인종, 민족, 사회경제적, 종교적 노선에 따라 차별하면 안 된다. 좋은 소식을 모두와 나누는 것은 우리의 기쁨이다(이를 위해 야고보서 2장 1-9절의 원칙을 되새기라).

넷째, 우리는 게으름을 피우거나 몸을 사리지 말고 사역에 전력을 다해야 한다. 삶의 끝자락에 섰을 때-그때가 언제이든-우리는 그리스도를 위해 다른 사람들을 섬겼던 시간을 절대 후회하지 않을 것이다. 우리는 아이들에게 주님을 경외하는 것을 가르치기보다 골프를 더 많이 쳤기를 바라지 않을 것이다. 주일 오후에 그리스도 안에 있는 형제자매들을 도우면서 놓친 낮잠 때문에 눈물을 흘리지 않을 것이다. 욕실을 새로 꾸미거나 유럽 여행을 가는 것보다 전도와 선교에 시간과 물질을 사용한 것을 후회하지 않을 것이다(고린도전서 3장 5-15절을 읽고 당신이 교회에 얼마나 기여했는지 생각해보라).

근심 어린 사도의 권고(골로새서 2:1-10)

1내가 너희와 라오디게아에 있는 자들과 무릇 내 육신의 얼굴을 보지 못한 자들을 위하여 얼마나 힘
쓰는지를 너희가 알기를 원하노니 2이는 그들로 마음에 위안을 받고 사랑 안에서 연합하여 확실한 이
해의 모든 풍성함과 하나님의 비밀인 그리스도를 깨닫게 하려 함이니 3그 안에는 지혜와 지식의 모든
보화가 감추어져 있느니라 4내가 이것을 말함은 아무도 교묘한 말로 너희를 속이지 못하게 하려 함이
니 5이는 내가 육신으로는 떠나 있으나 심령으로는 너희와 함께 있어 너희가 질서 있게 행함과 그리
스도를 믿는 너희 믿음이 굳건한 것을 기쁘게 봄이라

6그러므로 너희가 그리스도 예수를 주로 받았으니 그 안에서 행하되 7그 안에 뿌리를 박으며 세
움을 받아 교훈을 받은 대로 믿음에 굳게 서서 감사함을 넘치게 하라

8누가 철학과 헛된 속임수로 너희를 사로잡을까 주의하라 이것은 사람의 전통과 세상의 초등학
문을 따름이요 그리스도를 따름이 아니니라 9그 안에는 신성의 모든 충만이 육체로 거하시고 10너희
도 그 안에서 충만하여졌으니 그는 모든 통치자와 권세의 머리시라

나는 건강하지 못한 영적 독립기인 그리스도인의 '사춘기'를 거쳤다. 그때 나는 하나님과 성경 외에는 아무도, 아무것도 필요 없다고 생각했다. 나는 그리스도를 알았다. 나에게는 성령이 계셨다. 나는 하나님의 말씀을 읽을 수 있었고, 매일 성경을 열심히 연구했다. 우리 부모님은 나를 양육하시고 건전한 영적 궤도에 올려놓는 데 일익을 담당하셨다. 내 아내는 곁에서 힘을 주고 동반자가 되어주었다. 나는 모든 일을 자력으로 하겠다는 자세와 개척 정신으로 정진하고 있었다.

나는 얼마나 어리석었었는지! 세월이 흘러 영적으로 성장하면서 내가 가장 크게 배운

것은 우리는 다른 사람들이 필요하다는 것이다. 어쩌다 한 번씩이 아니라 계속 그렇다. 그리고 가족이나 친한 친구만 필요한 것이 아니다. 우리는 지역 교회와 보편적인 그리스도의 몸 안에 있는 모든 형제자매가 필요하다.

그리스도인을 납득시키기 가장 어려운 진리 중 하나가 이것이다. 우리는 그리스도를 우리의 '개인적인 구주'로 받아들이고 '하나님과 개인적인 관계'를 갖는 것에 대해 말한다. 우리는 '각 신자가 제사장'임을 강조한다. 이러한 성경적 진리가 종종 책임지지 않는 개인주의의 왜곡된 시각으로 잘못 해석된다. 물론 우리 각자는 개인적으로 그리스도를 구주로 영접해야 한다. 하지만 동시에 우리는 세례를 받아 하나의 몸인 교회의 교인이 된다. 우리 모두는 하나님과 개인적인 관계를 맺지만, 그 관계는 많은 형제자매가 있는 아버지와 자식의 관계다. 우리는 성령의 권능으로 주 예수 그리스도 외에 다른 중보자 없이 하나님의 보좌에 나아갈 수 있는 자유가 있지만, 서로의 제사장으로 섬기면서 동료 신자를 위해 기도하고 중보하도록 부름받았다. 성경은 독불장군식 사고방식을 지지하지 않는다.

우리가 개인 성경공부의 중요성을 강조하는 것은 옳은 일이지만, 그것 못지않게 중요한 그리스도인 공동체와 서로를 책임지는 일을 소홀히 할까 봐 염려될 때가 있다. 그것은 참으로 불균형하고 건강하지 못한 그리스도인의 삶의 방식이다! 선교의 변방에서 수고한 위대한 사도 바울이 주변에 늘 사람들을 가까이 두었다는 사실을 깨닫는다면 우리는 화들짝 놀라 개인주의화된 기독교에서 빠져나올 것이다. 바울의 편지는 동역자, 친구, 동료들의 이름으로 가득하다.

골로새서 2장에 들어서면 바울이 동료 사역자인 에바브라와 빌레몬의 친구들이지만 한 번도 만난 적이 없는 사람들에게 사랑과 이해와 긍휼의 말을 전하는 것을 볼 수 있다. 바울과 골로새의 신자들은 서로를 개인적으로 알지는 못해도 서로가 필요했다. 같은 그리스도의 몸의 지체로서, 그들이 그 사실을 알든 모르든, 그들은 연결되어 있었다. 이 단락에서 바울은 골로새의 동료 신자들에게 개인적인 격려(2:1-5), 기본적인 진리(2:6-7), 교리적 경고(2:8-10)를 전한다.

—2:1-5—

성경 번역본이 장과 절로 나뉜 것은 하나님의 영감으로 된 것이 아니다. 성경 구절을 더 쉽게 찾을 수 있게 하려고 나중에 추가된 것이다. 사도 바울이 쓴 원문에는 1장의 흐름이 그대로 2장으로 이어진다. 한 번도 펜을 멈추지 않고 단숨에 쭉 썼을 거라고 생각될 정도다. 여하튼, 골로새서 1장 29절의 내용은 2장 1절로 그대로 이어진다. 바울은 앞에서 하나님께 받은 사도의 사역을 하면서 자기 안에서 역사하시는 그리스도의 능력으로 전력을 다해 열심히 일하기로 결심했다고 말했다(1:29). 다음 구절에서는 그것을 개인적으로 적용한다. "내가 너희와 라오디게아에 있는 자들과 무릇 내 육신의 얼굴을 보지 못한 자들을 위하여 얼마나 힘쓰는지를 너희가 알기를 원하노니"(2:1). 여기서 바울은 1장 29절에서 그가 사역하면서 감내했던 극심한 어려움을 일컬을 때 사용했던 명사를 쓰는데, 이 단어는 '노력하다'는 뜻을 가진 동사와 관련이 있다.

바울이 골로새인들을 위해 기울인 각고의 노력은 거기서 그치지 않고 북쪽에 이웃해 있는 라오디게아와 바울을 직접 만나보지 못한 모든 교회에도 도움이 되었다(2:1). 이 신자들은 그와 직접적인 관계는 없었지만, 바울은 그들의 마음이 "사랑 안에서 연합하여"(2:2) 힘을 얻기를 바랐다. "연합하다"로 번역된 단어는 *symbibazō*(4822)이며, 이 단어는 에베소서에서 각 지체가 "사랑 안에서" 하나가 되어 몸 전체를 세울 때(엡 4:16) 그리스도의 몸이 어떻게 "각 마디를 통하여 도움을 받음으로 연결되고 결합되[는지]"(엡 4:16)를 묘사하는 데 쓰였다.

지체들이 사랑 안에서 하나가 될 때 일어나는 몸의 영적 성장은 "확실한 이해의 모든 풍성함"(골 2:2)으로 귀결된다. 바울은 이미 골로새인들이 "모든 신령한 지혜와 총명"(1:9)으로 가득 차게 해달라는 그의 기도에서 이 점을 역설했다. 이러한 확실한 이해는 "하나님의 비밀인 그리스도를 깨닫게"(2:2) 한다.

영지주의를 주장하는 거짓 교사들은 예수 그리스도를 능가하는 신비한 지식[*gnōsis*(1108)]의 추구를 강조한다는 점을 기억하라. 바울은 하나님의 비밀에 관한 참 지식은 "그리스도를 깨닫게 하려 함이니 그 안에는 지혜와 지식의 모든 보화가 감추어져 있느니라"(2:2-3)고 했다. 이것은 이제 막 움트고 있는 영지주의 이단에 대한 단도직입적이고 도전적인 논박이 될 수 있다.[24] 다음과 같은 진술을 보면 바울이 특정한 종류의 거짓 가르침을 염두에 두고 있음을 알 수 있다. "내가 이것을 말함은 아무도 교묘한 말로 너희를 속이지 못하게 하려 함이니"(2:4).

거짓 교사들의 추론은 매력적이고 솔깃하게 들렸을 것이다. 그들은 복잡한 '사실'과 복잡한 논리로 청중을 홀렸다. 그러나 마음을 사로잡는 그들의 방법론을 한 단계씩 따라갈 때마다 청중은 그리스도에게서 멀어졌다. 거짓 교사들의 방식은 늘 그렇다. 그들은 예수 그리스도의 인격과 사역을 폄하하고, 중심에서 밀어내며, 경시한다. 이단은 늘 그래왔고 앞으로도 그럴 것이다. 오직 예수님만 지혜와 지식의 보고이시기에(2:3) 거짓 교사들이 자기네의 도금된 가짜 철학을 사도록 꼬드기려면 사람들의 주의를 그리스도에게서 자기들이 만든 그럴듯한 모조품으로 돌리는 방법밖에 없다.

이 거짓 교사들은 위협적인 존재들이었다. 하지만 바울은 잠재적인 위협의 먹구름에 연연해하지 않고 경고의 메시지를 전한 뒤 밝은 긍정의 빛을 비춘다. 바울과 골로새인들은 멀리 떨어져 있었지만, 바울은 "심령으로는"(2:5) 그들과 함께 있다며 그들을 안심시켰다. 이 말은 "난 당신들 편이다"라는 식의 상투적 표현이 아니다. 실제로 바울과 골로새의 신자들은 성령으로 말미암아 하나로 묶여 있었다. 성령은 물리적으로 떨어져 있는 그리스도의 몸의 지체들을 영적 통합체로 묶으신다. 이러한 영적 동료애 속에서 바울은 그들에게 진심으로 관심을 기울이고 염려했다. 바울은 그들이 잘 훈련되어 있으며 그리스도에 대한 믿음이 견고하다고 칭찬했다. 그는 그들이 마땅히 살아야 하는 방식대로 살고 있는 것과 진리의 굳건한 반석 위에 서 있는 것을 기뻐했다.

그리스도인은 신앙이 계속 성장해야 한다는 권고를 아무리 많이 들어도 지나치지 않다. 그리고 좀처럼 척결되지 않는 거짓 교사들의 위협 속에서 그들을 강하게 지키려면 기독교 신앙의 기본 진리는 특별히 더 진작되어야 했다.

—2:6-7—

바울은 골로새인들의 신앙을 더 굳건히 하려고 2장 5절에서 확언의 말을 한 뒤 그리스도의 길을 따르라는 권고를 덧붙인다(2:6-7). 그리스도인의 삶의 핵심이 이 두 개의 짧은 구절에

묵상의 서재

뿌리 깊은 나무(골로새서 2:7)

몇 년 전 우리 집 앞마당에는 일 년에 몇 차례씩 나를 짜증나게 만드는 나무가 한 그루 있었다. 그 나무는 기우뚱했다. 부러지거나 성장을 멈춘 것이 아니라 그냥 기우뚱했다. 매년 향기로운 꽃을 피우는 진초록 잎을 가진 멋진 나무였다. 그런데 한바탕 거센 돌풍을 맞더니 마치 공연을 마친 뒤 무대에서 절을 하듯이 기울어졌다.

어느 날 그 나무는 북쪽으로 약 45도 기울더니 자빠져버렸다. 그렇게 멋지고 아름다운 나무가 혼자 힘으로 서 있지 못하다니 참으로 애석했다. 나무를 지지해주는 밧줄이 없으면 가지가 휘어져 곧 땅에 닿을 판이었다

그 나무는 왜 그렇게 기울었을까? 비전문가의 언어로 말하자면 위쪽이 무거웠다. 땅 위로는 가지와 잎이 무성했지만, 땅 밑 뿌리는 약하고 얕았다. 뿌리에 듬성듬성 난 가늘고 작은 새싹들이 수분과 양분을 찾아 뻗어나갔지만, 위에서 빠르게 커가는 푸른 잎을 지지하기에는 역부족이었다. 게다가 그 나무는 뿌리가 자리를 잡을 때까지 새 잎을 내지 않을 만한 지각이 없었다!

다른 건 몰라도, 대책 없이 웃자란 그 나무는 내게 결코 잊지 못할 실물 교훈을 주었다. 뿌리가 강해야 안정적으로 성장할 수 있다. 그리스도인도 나무와 같다. 우리를 압도하는 설득의 바람에 맞서 강하게 붙잡아주는 것은 뿌리다. 갑자기 강풍이 휘몰아쳐 혼을 쏙 빼놓을 때 견고한 뿌리가 우리를 단단히 붙잡아 넘어지지 않게 한다. 아름다운 가지와 여린 잎은 매력적이기는 해도 바람이 거세질수록 무력해진다. 우리를 넘어지지 않게 붙잡아주는 것은 깊고 튼튼하고 강한 뿌리다.

이런 이유에서 바울은 에베소인들이 "사랑 가운데서 뿌리가 박히[기를]"(엡 3:17) 원했고, 골로새인들에게도 "그 안에 뿌리를 박으[라]"(골 2:7)고 말했다. 나무는 뿌리가 강해야 안정적으로 성장한다. 그래서 뿌리가 중요하다. 뿌리가 없으면 우리는 기울어지고, 구부러지며, 휘어지고, 때로는 부러질 수 있다.

그러나 뿌리가 튼튼해지려면 시간이 걸린다. 거대한 뿌리 조직은 단번에 형성되지 않는다. 그것은 수고로운 일이며, 눈에 띄는 작업도 아니다. 오랜 시간을 들여 나무 주변을 파고 그 뿌리를 보며 감탄하는 사람은 없다. 그보다는 가지에 올라가거나 우거진 나무 그늘 아래서 쉰다. 화가들은 흙 투성이의 갈색 뿌리에 물감을 낭비하기보다는 햇살을 듬뿍 받고 있는 연녹색 잎으로 캔버스를 채운다. 하지만 땅 밑에 튼튼한 뿌리가 없으면 위에 있는 것들은 무너질 수밖에 없다.

담겨 있다. 이 구절을 묵상하고 암송하는 것이 좋다. 여기에 검토해볼 만한 네 가지 기본 진리가 담겨 있다.

첫째, 그리스도인의 삶은 새로운 탄생으로 시작된다. 우리는 "그리스도 예수를 주로 받았[다]"(2:6). "받았다"라는 말은 *paralambanō*(3880)로, 바울은 고린도전서 15장 1-6절에서 믿음으로 예수 그리스도의 복음을 받아들이는 것을 말할 때 이 단어를 사용했다.

> 형제들아 내가 너희에게 전한 복음을 너희에게 알게 하노니 이는 너희가 받은 것이요 또 그 가운데 선 것이라 너희가 만일 내가 전한 그 말을 굳게 지키고 헛되이 믿지 아니하였으면 그로 말미암아 구원을 받으리라 내가 받은 것을 먼저 너희에게 전하였노니 이는 성경대로 그리스도께서 우리 죄를 위하여 죽으시고 장사 지낸 바 되셨다가 성경대로 사흘 만에 다시 살아나사 게바에게 보이시고 후에 열두 제자에게와 그 후에 오백여 형제에게 일시에 보이셨나니.

바울은 골로새서 2장 7절에서 굳건히 서는 데 필요한 웅숭깊은 믿음을 '뿌리 깊은' 나무의 이미지로 표현한다.

둘째, 그리스도인의 삶은 우리가 "그 안에서 행[할 때]"(골 2:6) 지속된다. 갓난아기처럼 우리는 처음에는 천천히 성장한다. 좀 더 있으면 기독교의 언어의 의미를 배우고 믿음에 대한 기본 진리를 파악하기 시작하면서 한 발짝씩 내딛는 법을 배운다. 우리는 그리스도를 따르는 사람들이 해야 하는 다음과 같은 것들을 배운다: 기도하는 법, 하나님의 말씀을 읽는 법, 죄를 다스리고 유혹에 저항하는 법. 그리스도와 가깝게 있으면서 그분께 집중하면 우리는 영적 성숙을 향해 바른 길로 계속 나아갈 수 있다. 그러나 이 모든 과정은 시간이 걸린다.

셋째, 그리스도인의 행보를 계속해나가면 안정되고 성장한다(2:7). 현대의 어법과 달리 바울은 이 구절에서 은유를 두 번 적용한다. 2장 6절에서 행보의 이미지를 쓰고, 2장 7절에서는 땅 속에 "뿌리를 박은" 나무의 이미지를 쓴 다음 바로 건축물에 대한 은유로 넘어간다("그 안에…세움을 받아"). 그러나 이렇게 여러 은유가 혼재되어 있어도 우리는 일관된 하나의 그림을 볼 수 있다. 우리는 성장할수록 더 안정된다. 그리고 안정되면 더 성숙하고, 영적 성장이 가속되면서 더 안정된다.

넷째, 그리스도인의 삶이 성숙할수록 넘치는 감사가 두드러진다(2:7). 성숙한 신자는 영적 성장이 하나님에게서 온다는 것을 안다. 하나님은 성령을 통해 그리스도인이 그분의 아들의 형상을 닮는 데 필요한 것을 제공하신다(참조. 고전 3:6). 하나님이 베푸시는 성장과 강건함에 대한 합당한 반응은 자만심이나 자신감이 아니라 감사다.

그리스도인으로 살고, 성장하고, 열매 맺기

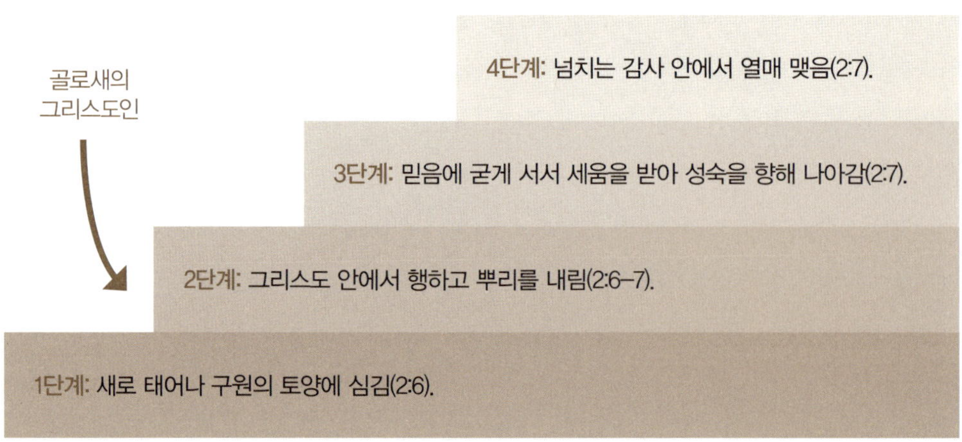

—2:8-10—

바울은 위에서 개괄한 네 단계에서 골로새 그리스도인들의 믿음이 성숙한 단계가 1단계와 2단계 사이라는 것을 알고 있었다. 그들은 진심으로 회심했고, 믿음이 안정되고 있었으며, 그리스도인의 삶을 살기 시작했다. 그러나 평생 배워야 하는 영적 성장의 교육 과정에서는 초보였다. 그래서 골로새인들은 갓 회심한 사람들을 노리는 거짓 교사들이 영적으로 사기를 치기에 딱 좋은 대상이었다. 그래서 바울은 골로새서 2장 8-10절에서 교리에 대해 엄중히 경고한다.

앞에서 바울은 "교묘한 말"(2:4)에 속는 것에 대해 경고했다. 여기서 그는 이 경고를 확장한다. 그는 교활한 사기꾼들의 감언이설에 대해 주의만 준 것이 아니라 희생자들을 사로잡는 더 깊고, 음흉한 단계에 대해 이야기한다(2:8). 이것은 함정에 빠진 정도가 아니라 어린아이가 납치되듯이 붙잡혀서 끌려가는 이미지다.[25] 이렇게 폭력적이고 진지한 이미지를 사용한 것은 골로새인들에게 충격을 주어 관심을 끌기 위해서다. 이 거짓 교사들은 어떻게 희생자들을 잡아채 진리에서 멀리 데려갔을까?

첫째, 거짓 교사들은 "철학과 헛된 속임수"(2:8)로 그들을 사로잡으려고 했다. 바울은 모든 철학과 과학을 폄하한 것이 아니라 그리스도인을 속이고 미혹시키려고 꾸며낸 근거 없는 그릇된 세상 철학을 비난한 것이다.[26] 골로새의 어린 그리스도인들에게 위협이 되었을, 번성하고 있는 영지주의는 선별된 기독교의 가르침과 이교의 신비주의에 플라톤 철학-모든 것이 심하게 뒤틀리고 왜곡된-을 버무린 혼합물이라는 사실에 유의해야 한다. 다시 말해 골로새의 거짓 교사들은 그릇된 신학자와 미심쩍은 학자였을 뿐 아니라 형편없는 철학자이기도 했다.

둘째, 거짓 교사들은 사람과 악마의 전통을 따랐다(2:8). "세상의 유치한 원리"(새번역)라는 어구는 사람들이 하늘과 땅의 일을 통제한다고 믿었던 악한 영들을 의미한다.[27] 그렇다면, 신에게서 방사되어 우주에 편만한 신 비스름한 영들이 사람의 운명을 좌지우지한다고 말하는 영지주의에 얼마나 딱 들어맞는 논박인가! 비열한 사람들의 영향이든 사악한 영들을 통해서든, 이 거짓 교사들은 사람들을 예수 그리스도에게서 멀어지게 하고 있었다. 다른 곳에서 바울은 고린도인들에 대해 비슷한 우려를 표명했다. 그는 "뱀이 그 간계로 하와를 미혹한 것 같이" 거짓 교사들이 참 주님이신 예수 그리스도 대신 "다른 예수"를 제시하거나, 성령에게서 나온 "다른 영"을 전하거나, 예수 그리스도의 인격과 사역이 중심이 아닌 "다른 복음"을 선포해서 "[신자들의] 마음이 그리스도를 향하는 진실함과 깨끗함에서 떠나 부패할" 것을 염려했다(고후 11:3-4).

바울은 악의적인 거짓 교사들의 양면 공격에 맞서 다시금 초점을 예수 그리스도께 맞춘다. 바울은 그리스도의 인격에 관한 강력한 신학적 진술로 못을 박는다. "그 안에는 신성의 모든 충만이 육체로 거하[신다]"(골 2:9). 이 말은 예수 그리스도가 성육하신 하나님이라는 뜻이다(참조. 요 1:1-3, 14). 그분은 완전한 하나님이시고 완전한 인간이시다. 그분은 온전한 인간성과 연합된 온전한 하나님—속성, 능력, 영광, 명예, 하나님의 권위 모두를 포함하는—이시다. 성육신의 교리를 한 번만 복용해도 그리스도를 부인하는 이단의 질병을 바로 치료할 수 있다.

바울은 의도적으로 *plērōma*(4138, '충만')라는 용어를 사용했다. 영지주의자들은 *plērōma*라는 말에 특별한 의미를 부여한다. 한 학자가 이 말의 영지주의적 사용법을 설명했다.

> 그렇다면 *plērōma*는 무슨 뜻일까? 만물의 충만함, 전체성, 완전성을 뜻한다. 그것에서 모든 선한 것이 나왔고, 모든 선한 것은 그것으로 돌아가 그 안에 완전히 흡수될 것이다. 일부 인간들 안에 있는 영체(靈體)와 '영적' 씨앗이 그것에서 나왔다. 간접적으로, 모든 악도 그것에서 나왔다.[28]

바울은 신성의 충만이 그리스도 안에 육신의 형태로 거한다는 말(골 2:9)로 영지주의에서 주장하는 *plērōma*의 사변적인 가공의 개념을 논파하고 거짓 종교의 이원론을 반박한다. 영지주의는 육체, 물리적 세계, 모든 물질적인 것을 경멸했다. 그들은 물리적 세계, 특히 육신은 본질적으로 악하다고 믿었다. 신성이 충만한 하나님의 아들이 육신의 형태로 살 수 있다고 인정하는 것은 이 이단자들에게는 저주나 다름없었을 것이다.

그리스도는 하나님이자 인간이시라는 그분의 정체성 때문에 구원과 성화의 사역을 온전히 성취하실 수 있다. 바울은 2장 10절에서 그리스도의 완전한 충분성을 확증한다. "너희도 그 안에서 충만하여졌으니." 우리는 충만함을 다른 곳에서 추구할 필요가 없고, 다른 철학에서 추가적인 구원의 지혜, 통찰, 지식, 이해, 진리를 찾을 필요가 없다. 그리스도 안에서 우리는 필요한 모든 것을 가지고 있다. 사실, 영지주의자들이 그토록 흠모하던 천사의 영적 영역도 그분의 권세 아래 있다. "그는 모든 통치자와 권세의 머리시라"(2:10).

예수 그리스도는 주님으로 부족함이 없으시다.

적용: 골로새서 2:1-10

뿌리에 물 주기

우리는 영적 성장 과정에서 어느 단계에 있든 영적 뿌리가 깊이 내려가고 튼튼하도록 돌보아야 한다. 그러려면 어떻게 해야 할까? 믿음에 굳게 뿌리를 내리려면 무엇을 해야 할까? 골로새서 2장 1-10절에 나오는 바울의 가르침을 적용하는 세 가지 방법을 살펴보자.

첫째, **매주 한 번씩 다른 신자들을 응원하고 격려하라.** 바울이 특별히 애써 다른 신자들을 권면하고, 격려하며, 경고하고, 가르쳤듯이 당신도 그렇게 하면 된다. 그러면 "심령으로"(2:5) 다른 사람들과 함께하는 사랑과 관심이 그들의 뿌리를 튼튼하게 할 뿐 아니라 당신의 뿌리도 더 깊어지게 한다는 것을 알게 될 것이다. 직접 만나고, 전화하며, 카드를 보내고, 이메일이나 간단한 문자 메시지를 통해 그렇게 할 수 있다. 시간을 내서 그리스도 안에 있는 형제자매들이 혼자가 아님을 보여주라. 그러면 어느새 당신도 다른 사람들의 격려를 받고 있을 것이다.

둘째, **하루에 한 번, 감사할 일을 생각해보고 주님께 "감사합니다"라고 말씀드리라.** 주님이 주시는 양식과 당신 삶에 주신 친구들에 대해 감사드리라. 건강, 이런저런 유혹에서의 구출, 시련을 통한 인내를 주심에 감사드리라. 예수 그리스도 안에 있는 구원과 영생의 소망에 대해 감사드리라. 크고 작은 일들에 대해 감사드리라. 주님이 베푸신 모든 좋은 것에 대해 감사하는 것을 빼먹고 하루를 넘기지 말라.

셋째, **아침, 점심, 저녁에 잠깐씩 자신에게 상기시키라.** "나는 그리스도 안에서 완전하다." 당신의 가치나 공로 때문이 아니라 예수 그리스도의 인격과 사역으로 인해 하나님이 당신을 온전히 받아주신다는 사실을 기억하라. 당신은 죄가 초래한 영원한 형벌에서 영원히 자유롭다는 것을 기억하라. 그리스도가 당신 삶을 지배하는 죄의 권세를 물리치시고 당신이 그분의 부르심에 합당하게 행할 수 있게 해주셨음을 인정하라(참조. 1:10, 엡 4:1). 당신의 구원은 절대 빼앗길 염려가 없으며, 그리스도가 다시 오실 때 죄의 영향에서 완전히 벗어나게 될 것을 기뻐하라.

다른 사람들과 지속적으로 격려를 나누고, 하나님께 늘 감사드리며, 그리스도의 모든 충만함을 계속 상기하면 영적 성장의 자양분을 공급해주는 신앙의 뿌리에 물이 계속 공급될 것이다.

용서받은…그리고 자유로운 삶(골로새서 2:11–23)

11또 그 안에서 너희가 손으로 하지 아니한 할례를 받았으니 곧 육의 몸을 벗는 것이요 그리스도의 할
례니라 12너희가 세례로 그리스도와 함께 장사되고 또 죽은 자들 가운데서 그를 일으키신 하나님의
역사를 믿음으로 말미암아 그 안에서 함께 일으키심을 받았느니라 13또 범죄와 육체의 무할례로 죽었
던 너희를 하나님이 그와 함께 살리시고 우리의 모든 죄를 사하시고 14우리를 거스르고 불리하게 하
는 법조문으로 쓴 증서를 지우시고 제하여 버리사 십자가에 못 박으시고 15통치자들과 권세들을 무력
화하여 드러내어 구경거리로 삼으시고 십자가로 그들을 이기셨느니라

16그러므로 먹고 마시는 것과 절기나 초하루나 안식일을 이유로 누구든지 너희를 비판하지 못하
게 하라 17이것들은 장래 일의 그림자이나 몸은 그리스도의 것이니라 18아무도 꾸며낸 겸손과 천사 숭
배를 이유로 너희를 정죄하지 못하게 하라 그가 그 본 것에 의지하여 그 육신의 생각을 따라 헛되이
과장하고 19머리를 붙들지 아니하는지라 온 몸이 머리로 말미암아 마디와 힘줄로 공급함을 받고 연합
하여 하나님이 자라게 하시므로 자라느니라

20너희가 세상의 초등학문에서 그리스도와 함께 죽었거든 어찌하여 세상에 사는 것과 같이 규례
에 순종하느냐 21(곧 붙잡지도 말고 맛보지도 말고 만지지도 말라 하는 것이니 22이 모든 것은 한때
쓰이고는 없어지리라) 사람의 명령과 가르침을 따르느냐 23이런 것들은 자의적 숭배와 겸손과 몸을
괴롭게 하는 데는 지혜 있는 모양이나 오직 육체 따르는 것을 금하는 데는 조금도 유익이 없느니라

이상하게 들릴지 모르지만 삶에서 가장 어려운 것 중 하나가 사는 법을 배우는 것이다. 너무나 많은 그리스도인이 그냥 하루하루를 큰 의미 없이 살아가고 있다. 그들은 진짜로 산다는 것이 어떤 것인지 모른다. 그렇다. 그들의 심장은 뛰고 있고, 머리는 복잡하며, 감각은 살아 있을지 몰라도 "내가 온 것은 양으로 생명을 얻게 하고 더 풍성히 얻게 하려는 것이라"(요 10:10)고 하신 예수님의 말씀이 무슨 의미인지는 깨닫지 못한다.

많은 사람이 당연히 주장할 수 있는 혜택을 받지 못한 채 성취감도 만족감도 없는 삶의 방식에 안주한다. 이 상황은 비단 현 세대에만 해당되는 것이 아니라 수 세기 동안 계속되었으며, 거슬러 올라가면 사도 바울이 살아서 사역하던 시대에도 마찬가지였다. 예컨대, 고대 도시 골로새의 그리스도인들은 모든 죄를 용서받은 백성으로 산다는 것이 무슨 뜻인지 제대로 이해하지 못했기 때문에 바울의 강력한 경고가 필요했다

게다가 골로새 신자들은 그들이 먹고 마시는 것, 그들이 지키는 성일, 그들이 따르는 의식과 규율에 대해 그들을 비난하는 사람들의 꼬임을 받고 있었다. 골로새인들은 모든 죄를 용서받아 완전히 자유로워진 사람처럼 살지 못하고, 율법주의적 유대주의자들과 금욕주의적 영지주의자들의 규칙과 요구에 사로잡혀 있었다. 지금도 그때와 다르지 않다. 우리 시대의 많은 신자는 용서받았음에도 자유로운 삶을 살지 못하고 있다.

—2:11-15—

구원의 복음은 예수 그리스도의 인격과 사역이 핵심이다. 바울은 골로새서 2장 9-10절에서 그리스도의 인성에 대한 그의 생각을 명확히 표현한다. 그리스도 안에는 "신성의 모든 충만이 육체로 거하신[다]"(2:9). 그래서 그분은 "모든 통치자와 권세의 머리시[다]"(2:10). 바울은 2장 11-15절에서 그리스도의 구원 역사와 죄 사함이 모든 신자에게 직접 적용되는 원리를 역설한다.

바울은 2장 11절에서 유대인 신자들과 구약의 율법을 아는 사람에게 친숙한 은유인 할례로 시작한다. 하나님이 정하신 바대로 남성의 포피를 잘라내는 의식은 사내아이를 아브라함과 하나님이 맺은 언약의 참여자로 확증하는 역할을 했다. 하나님은 창세기 17장 10-11절에서 아브라함에게 이렇게 말씀하셨다. "너희 중 남자는 다 할례를 받으라 이것이 나와 너희와 너희 후손 사이에 지킬 내 언약이니라 너희는 포피를 베어라 이것이 나와 너희 사이의 언약의 표징이니라."

시간이 지나면서 이 고유한 특징은 이스라엘 백성과 언약과 문화를 상징하게 되었다. 많은 유대인이 할례라는 언약의 징표가 그들에게 하나님의 축복을 받을 권리와 이방인은 받아 마땅한 하나님의 심판에 대한 면제권을 준다고 생각했다. 그러나 바울은 그리스도 안

에 있으면 할례는 받았든 안 받았든 영원한 의미가 없으며, 오직 그리스도만 믿음으로써 오직 은혜로 받는 구원만 영원하다고 가르쳤다(참조. 갈 6:15).

바울이 골로새서에서 할례를 비유로 든 이유는 그의 독자들이 하나님과 특별한 언약 관계에 있음을 확인해주는 물리적 행위로서 할례의 중요성을 되새기리라는 것을 알았기 때문이다. 할례는 영적 실제의 외적 징표였다. 그러나 "또 그 안에서 너희가 손으로 하지 아니한 할례를 받았으니"(골 2:11)라는 말에서 알 수 있듯이 바울은 대다수가 이방인인 골로새의 신자들에게 문자적 의미의 할례를 염두에 두고 말한 것이 아니다. 그가 말하고 있는 것은 "육적인 죄의 몸을 벗어 버리는 그리스도의 할례"(현대인의 성경)다.

이 마지막 구절의 의미에 대해서는 몇 가지 해석이 제시되었다. 내 생각에는 "육적인 죄의 몸"을 고난받으시고 십자가에서 죽으신 그리스도의 몸으로 해석하는 것이 최선이다. 신자들은 믿음을 통해 그분과 동일시됨으로써 그분의 죽음에 영적으로 참여하고, 영적 실제를 겉으로 드러내는 세례를 받음으로써 물리적으로 참여한다. 세례는 그리스도의 장례와 부활 사건을 재현한다.[29] 바울은 이렇게 2장 12절에서 영적 실제(믿음으로 그리스도의 대속하신 죽음과 동일시됨)에서 물리적 비유("세례로 그리스도와 함께 장사되고 또 죽은 자들 가운데서 그를 일으키신 하나님의 역사를 믿음으로 말미암아 그 안에서 함께 일으키심을 받음")로 옮겨간다.

"그리스도 안에" 있다는 것은 그분의 죽음이 성취하신 것을 우리가 공유한다는 뜻이다. 우리는 믿음으로 그분의 죽음, 장례, 부활에 참여하며, 하나님과 새 언약의 관계 안에서 그분이 이루신 일로 말미암는 영원한 혜택을 받는다. 우리가 죄에서 돌이켰을 때 우리는 이전 생활방식에 대해 죽었고, 성령의 새 언약 공동체 안에서 그리스도의 제자로 살겠다고 서약했을 때 새 삶의 방식으로 부활했다. 이 행위를 상징하는 것이 세례였다.

바울은 2장 13절에서 2장 12절에 언급된 세례의 물리적 징표 뒤에 있는 영적 실제를 언급한다. 우리는 우리의 허물과 부정으로 인해 이미 죽었고, 하나님과 그분의 백성이 맺은 언약에서 떨어져나왔다. 즉 육체로는 "할례받지 않았다." 그러나 그리스도의 죽음과 부활을 근거로 하는 믿음을 통해 우리는 은혜로 모든 죄를 용서받았다. 우리의 빚은 탕감되었다. 우리에 대한 미집행 체포 영장은 정지되었다. 그것은 "십자가에 못 박혀" 영원히 폐기되었다(참조. 2:14).

더 나아가, 이제 우리는 "모든 통치자와 권세의 머리"(2:10)이신 왕 중의 왕, 만군의 주가 통치하시는 아래 있기 때문에 악마의 권세에서 해방되었다. 어떻게 그렇게 되었을까? 그들도 십자가로 인해 무력해졌기 때문이다(2:15). 바울은 그리스도가 사악한 영적 권세를 정복하신 것을 개선 장군이 행진할 때 정복한 적에게 굴욕감을 주려고 족쇄를 채워 끌고 가는 장면으로 예시한다. 바울은 "개선 행렬"(개역개정 성경은 "이기다"로 번역했고, 새번역 성경은 "개선 행렬"로 번역했다-역주)이라는 말을 고린도후서 2장 14절에서 한 번 더 사용한다. "그러나 그리스도의 개선 행렬에 언제나 우리를 참가시키시고, 그리스도를 아는 지식의 향기를 어디에서나 우리를 통하여 풍기게 하시는 하나님께 감사를 드립니다"(새번역). 주석가 윌리엄 바클레이(William Barclay)는 바울이 "개선 행렬"이라는 용어를 사용해 예수 그리스도 안에서 신자가 얻은 "승리"를 설명할 때 떠올린 그림을 생생하게 보여준다.

> 승리를 축하하는 개선 행렬은 로마 거리를 지나 카피톨리누스 언덕(고대 로마 시대에 주피터 신전이 있던 곳)으로 향했는데, 그 순서는 다음과 같다. 선두에는 주 행정관과 원로원이 섰고, 그 뒤로 나팔수들과 정복지에서 가져온 전리품을 든 사람들이 따라갔다…그다음에는 사로잡힌 군주들, 지도자들, 장군들이 사슬에 묶여 끌려갔다…그

Photo by Jebulon/Wikimedia Commons

이태리 로마에 있는 티투스 개선문에 새겨진 부조. AD 70년 티투스 황제가 예루살렘을 함락한 것을 묘사하였다.

> 뒤에는 행정관들과 곤봉을 든 릭토르들, 수금을 든 악사들이 차례로 섰고, 제사장들이 향기로운 향이 타고 있는 향로를 흔들면서 따라갔다. 그다음에 사두마차 위에 우뚝 선 개선장군이 나타났다…그 뒤에는 가족이 탔고, 마지막으로 화려하게 치장한 군대가 "Io triumphe!"라는 승리의 구호를 외치며 따라갔다.[30]

고린도후서 2장 14절과 골로새서 2장 15절의 그림은 동일하지만, 고린도후서는 승자들의 기쁨에 찬 행군을 강조하고 있는 반면, 골로새서는 정복당한 자들의 굴욕스러운 행렬에 초점을 맞추고 있다는 점이 다르다. 여하튼, 골로새 신자들은 메시지를 이해했을 것이다. 믿음을 통해 은혜로 그리스도와 맺은 영원한 언약은 세례로 봉인되고 표명되었다. 그리고 그들이 그리스도의 죽음과 부활과 연결된 것과 마찬가지로 그들은 그리스도가 죄와 죽음과 마귀를 정복하신 것과도 전부 연결되었다. 그러므로 신자는 당당한 승리자로 간주된다.

그들은 용서받았다. 그리고 자유롭다!

—2:16-23—

바울은 2장 11-15절에서 구원을 위해 그리스도 한 분만 믿는 사람들에게 용서와 해방을 보장하는 그리스도의 인격과 사역의 수직적 측면을 강조했다. 바울은 2장 16-23절에서 구원의 수평적 특징으로 방향을 돌린다. 16절부터는 바로 전에 개괄한 구원에 대한 신학적 논의에 이은 실제적인 적용이 나온다. 바울은 여기서부터 2장 끝까지 그리스도인의 자유를 끊임없이 위협하는 세 가지에 주목한다. 유대주의적 율법주의(2:16-17), 영지주의적 신비주의(2:18-19), 이원론적 금욕주의(2:20-23).

찰스 라이리(Charles Ryrie)는 금욕주의를 "자기를 높이려는 목적으로 율법을 준행하는 육적인 태도"로 정의한다.[31] 율법주의는 늘 죄책감과 수치심을 이용해 인간이 만든 규칙과 규범을 강요한다. 율법주의자들은 모든 범법을 엄중히 심판할 준비가 되어 있는 준엄한 판사로 하나님을 묘사한다. 그리고 지도자와 교사인 율법주의자들은 모든 사람이 규율을 지키도록 하는 하나님의 대리인을 자처했다. 율법주의의 위협은 갓 움트기 시작한 영지주의 교사들이 아니라 원래 바울의 경쟁자였던 유대주의자들에게서 나왔을 것이다. 이들은 구약

구약성경의 성도들은 율법으로 구원받았을까?(골로새서 2:16–17)

골로새서 2장 16–17절은 먹고 마시는 것, 축제, 구약의 율법, 월삭, 안식일은 예수 그리스도의 실재를 가리키는 "장차 올 것의 그림자에 불과하다"고 말한다. 이것은 아주 중요한 질문을 제기한다. 구약의 신자들은 구원받았는가? 그들은 모세 율법에 규정된 대로 특정 음식만 먹고 마시거나 종교적인 성일을 지키는 등의 행위로 구원받았는가? 옛 제도가, 그리스도가 오셔서 그들을 영원히 구원하실 때까지, 잠정적으로 그들을 구원했는가? 구약의 성도들은 율법을 지키고 그것을 어겼을 때 동물을 제물로 바쳐 용서를 구함으로써 구원받아 천국에 갔다고 잘못 믿고 있는 사람들도 있다. 그러나 히브리서 10장 14절에 나와 있듯이, "그가 거룩하게 된 자들을 한 번의 제사로 영원히 온전하게 하셨다."

그리스도인은 하나님이 음식에 대한 규례, 종교 의식과 의례, 모세 율법의 제사 절차를 충실히 지킨 사람들에게 천국에서의 영생을 약속하신 적이 없음을 알아야 한다. 오히려 하나님은 이스라엘 백성에게 이렇게 말씀하셨다. "너희가 내 말을 잘 듣고 내 언약을 지키면 너희는 모든 민족 중에서 내 소유가 되겠고 너희가 내게 대하여 제사장 나라가 되며 거룩한 백성이 되리라"(출 19:5–6). 그리고 신명기 28장 1–2절에서 모세는 선포한다. "네가 네 하나님 여호와의 말씀을 삼가 듣고 내가 오늘 네게 명령하는 그의 모든 명령을 지켜 행하면 네 하나님 여호와께서 너를 세계 모든 민족 위에 뛰어나게 하실 것이라 네가 네 하나님 여호와의 말씀을 청종하면 이 모든 복이 네게 임하며 네게 이르리니." 신명기 28장 3–14절에 나오는 순종에 대한 축복은 약속의 땅에서 누리게 될 안전하고, 안정되며, 풍요로운 삶과 관련이 있다. 이스라엘에게 순종의 대가로 천국의 영원한 구원을 제공하는 내용은 단 한 줄도 없다. 마찬가지로, 언약을 깨트린 결과로 오게 될 저주의 목록에는 지옥에서 맞이할 영원한 형벌에 대한 위협도 없다. 죽음과 파괴를 포함해 이 세상에서 받는 일시적 심판만 있을 뿐이다(신 28:15–68).

그러면 구약의 성도들은 어떻게 거듭나고, 영원히 구원받으며, 천국에 인치심을 받았을까? 성경은 영원한 구원은 반드시 믿음을 통해 은혜로 왔음을 분명히 한다(롬 4:1–17). 구원은 행위나 율법의 준수(참조. 갈 2:21), 동물 제사(참조. 히 10:4)로 얻을 수 없다. 영원한 구원은 그리스도의 속죄 사역을 바탕으로 한다(롬 3:21–26).

물론 모세의 언약 아래 있는 구약의 성도는 성육신을 통한 예수 그리스도의 계시가 포함된 이야기의 전모를 알지 못했다. 율법은 "장래 일의 그림자"(골 2:17)를 제공했다. 그러나 그들은 예언과 약속을 들었고, 미래의 메시아를 통해 올 궁극적인 구원을 언뜻 보았다(롬 1:1–4, 벧전 1:10–12). 그러므로 그들은 하나님의 선하심과 자비와 언약 안에서 어린아이 같은 단순한 믿음을 보여줄 수 있었다(참조. 창 15:6, 롬 4:3). 그들의 구원은, 우리와 마찬가지로, 행위에 의한 것이 아니라 믿음을 통해 은혜로 이루어졌다. 신학자 찰스 라이리가 말한 바와 같이 "시대를 막론하고 구원의 기초는 그리스도의 죽음이다. 어느 시대에서도 믿음의 대상은 하나님이시다. 믿음의 내용은 하나님이 구별해놓으신 시대에 따라 변한다."[32]

의 율법과 신약의 복음을 혼합해서 바울이 극구 강조한 은혜와 자유를 희석시키려고 했다. 그들은 모세 율법–또는 적어도 일부–의 규정이 여전히 그리스도인의 삶의 규칙으로 유효하다고 믿었다.

바울은 이 구식 율법주의를 간결하고도 가차 없이 비판한다. 그는 골로새인들에게 식이요법이나 축제일을 놓고 그들을 판단하는 사람들에게 대항하라고 일렀다(2:16). 구약 아래 있는 하나님의 백성은 그들과 하나님과의 독특한 협정의 일환으로 이 규율과 규정을 지켜야 할 의무가 있었지만, 이러한 관행은 "장차 올 것의 그림자"일 뿐이며, 그 실체는 예수 그리스도의 인격과 사역이다. 율법주의자들이 이방인 신자들에게 이런 옛 규범과 규율을 지키도록 강요하는 것은 퇴보이며, 구약과 신약, 은혜와 공로, 믿음과 행위를 뒤섞는 것이다. 율법주의의 위협을 받는 사람들을 향한 바울의 메시지는 단순하다. 너희는 죄를 용서받았고 자유롭다. 그러니 그렇게 살라!

골로새인들은 율법주의의 위협 외에 신비주의와도 싸워야 했다(2:18–19). 시작된 지 얼마 되지 않은 영지주의 이단은 추론과 영적 체험, 눈에 보이지 않는 세계와의 만남으로 세력을 키웠다. 바울은 "꾸며낸 겸손"을 내세워 신자의 자유를 빼앗으려고 한 자들에 대해 경고한다. 이런 자들은 특별한 계시의 통로로 선택되었다고 주장하면서 거짓 겸손을 내걸었다. 그러면서 계속 '다른 세계'와의 거짓 만남을 이용해 자기들을 과시하고 선지자와 선견자로 명성을 부풀렸다.

이 사기꾼들은 기독교 신앙의 구심점이신 예수 그리스도에게서 멀어지다 못해 "천사 숭배"까지 부추기고 있었다! 어쩌면 바울은 본질적으로 다신론인 영지주의의 파생신들–세상과 천상의 중재자 역할을 하는 영적 존재–개념의 초기 형태를 생각했을 수도 있다. 이 신비주의자들은 그들 자신과 그들이 날조한 계시에 이목을 집중시켜 그리스도의 몸인 교회에 상처를 입혔다.

유대교적 율법주의와 영지주의적 신비주의의 위협과 한판 붙고 난 바울은 이원론적 금욕주의를 가차없이 배격하면서 이 단락을 마무리한다(2:20–23). 바울이 거부한 금욕주의는 육신의 가혹한 훈련으로 영혼이 정화될 수 있다고 믿었고, 인간에 대한 이원론적 시각과 맞물려 사람의 선하고 영적인 부분이 악한 육체적 부분(몸)에 갇혀 있다고 보았다. 그들은 죽어서 육체의 감옥에서 탈출할 때까지 인간은 자신의 몸을 벌하고, 쳐서 복종시켜 영혼이 득세하게 해야 한다고 주장했다.

그러나 금욕주의를 배태한 영성에 대한 이런 식의 이원론적인 접근은 인간과 영성에 대한 기독교의 관점과 배치된다. 인간의 두 가지 측면-물질적, 비물질적-은 원래 선하게 창조되었다(창 1:26-27, 31, 2:7). 그러나 인간은 타락한 이후 몸과 영혼이 전부 죄와 죽음의 구렁텅이로 떨어졌다(엡 2:1-3). 믿음을 통해 은혜로 구원받은 우리는 마음은 물론이고 몸으로도, 사실상 우리의 전 존재로, 하나님을 예배하고 섬기며 높여야 한다(마 22:37, 롬 12:1-2).

골로새인들을 위협하던 금욕주의자들은 순진한 성도들을 "만지지 말고, 먹지 말고, 손대지 말라!" 식의 인간이 만든 규율의 노예로 만들려고 했다(골 2:21). 이러한 규율은 "자의적 숭배와 몸을 괴롭게 하는 것"(2:23)으로 이어졌지만, 그들을 육욕에서 구해주지 못했다. 그런 원칙은 예수님이나 사도들의 가르침에서 나오지 않았다. 그 교사들의 규율과 규정을 뒷받침해주는 성경 구절은 없었다. 그들의 이원론적 금욕주의는 "제멋대로 만든 종교적 숭배나 거짓된 겸손이나 자기 몸을 괴롭히는 데는 지혜 있는 것처럼 보이[는 것]"(2:23, 현대인의 성경), 다시 말해서, 자기들이 규정한 인간의 전통을 하나님의 입에서 나온 것이라고 교묘하게 꾸며낸 주장을 지지대로 삼았다.

바울은 골로새서 2장 16-23절에 나오는 세 가지 위협-율법주의, 신비주의, 금욕주의-을 모두 예수 그리스도의 인격과 사역으로 막아낸다. 율법주의에 대해서는, 예수님은 십자가를 통해 우리 죄를 사하시고 율법에서 우리를 해방시키신 유일한 해방자시다. 신비주의에 대해서는, 예수님은 신성의 충만함이 육체에 거하시는 유일한 분이다. 그분만이 하나님과 인간 사이의 유일한 중보자이자 우리에게 지혜와 지식, 영적 통찰력을 주는 분이다. 금욕주의에 대해서는, 예수님은 하나님을 기쁘시게 하지 못하는 세속적인 규율과 규정의 감옥에 갇혀 있는 우리를 그분의 죽음에 참여시켜 해방시킨 분이다.

적용: 골로새서 2:11-23

온전히 용서받고…영원히 자유한

그리스도 안에 있으면 당신은 모든 죄를 용서받고 완전한 자유를 얻는다. 그것은 조건이나 시기의 문제가 아니다. 그리스도의 용서는 무조건적이며 당신은 죄와 마귀의 권세, 율법주의와 신비주의와 오도된 금욕주의의 파괴력에서 아무 조건 없이 해방된다. 이 영적 실제는 그리스도인의 삶에서 어떻게 표출될까? 세 가지 실제적인 지침을 살펴보자.

첫째, **하나님의 말씀 안에서 강건하고 항상 그리스도를 경배하라.** 거짓 교사들은 사람을 두 개의 그릇된 길로 이끈다. 성경을 무시하거나 거절함, 또는 그리스도를 폄하하거나 권좌에서 몰아냄. 그들은 당신이 개인적으로 하나님의 말씀을 성실하고 깊이 있게 공부하지 못하게 주의를 흐트러뜨리고, 주 예수님이 의당 받으셔야 할 영광과 경배와 순종을 드리지 못하게 방해할 것이다. 용서받고 자유로운 삶을 살려면 발은 성경의 반석을 단단히 딛고, 마음과 생각은 그리스도의 인격과 사역에 초점을 맞추어야 한다.

둘째, **모든 대체물을 거부하고 거절하라.** 영적 노예 상인인 거짓 교사들은 진짜 성경을 그럴듯한 모조품—새로운 계시, 권위 있는 해석, 하나님의 진리를 보충하는 자료—으로 바꾸려고 할 것이다. 하나님의 말씀을 존중하고 진리를 전파하는 재능 있는 교사인 정통 주석가들에게서 나온 올바른 통찰을 말하는 것이 아니다. 말씀을 훼손하고 무력한 예수님과 설득력 없는 복음을 제시하는 자들을 말하는 것이다.

나는 사는 동안 많은 면에서 큰 축복을 받았다. 그 중에서도 가장 큰 축복은 훌륭한 멘토들 밑에서 그들의 영향을 받으며 생각하는 힘을 키우는 기쁨과 혜택을 누린 것이다. 내 멘토들은 하나같이 하나님의 말씀에 천착했고 주 예수님을 진심으로 섬겼다. 그들과 가까이할 수 있었던 것은 영광이었다. 특히 사역자의 길로 막 접어들어 하나하나 배우면서 틀을 잡아가던 시절이 그랬다. 그들은 권위로 자신들의 의견을 내세우지 않았다. 그들은 옆으로 물러나 하나님의 말씀과 그리스도를 가리켰다. 그들은 진짜였다. 그들로 인해 무엇이 진짜인지 알게 된 나는 모든 대체물을 거부하고 물리치는 법을 배웠다.

셋째, **속박당하지 않는 삶을 두려워하지 말라.** 당신의 진짜 주인은 그리스도이심을 기억하라. 우리는 다른 사람이 아닌 그분의 종이다. 우리를 자유케 하시는 그리스도의 주권에 복종해야만 우리를 예속시키려는 거짓 교사들의 압제에서 벗어날 수 있다. 우리가 오롯이 주님만 섬기려고 노력하면 사기꾼들의 노예가 되어 자신에게 족쇄를 채우려는 유혹을 물리칠 수 있다. 나는 바울이 이 점에 대해 갈라디아서에 쓴 말씀을 좋아한다. "이제 내가 사람들에게 좋게 하랴 하나님께 좋게 하랴 사람들에게 기쁨을 구하랴 내가 지금까지 사람들의 기쁨을 구하였다면 그리스도의 종이 아니니라"(갈 1:10).

만일 내가 거짓 교사들의 왜곡된 교리를 용인하거나 그들이 만든 전통이나 율법주의적 규칙과 규정을 받아들여서 그들의 비위를 맞추려고 하면 나는 바로 그들의 밥이 될 것이다. 그들은 한두 가지 요구로 멈추지 않을 것이다. 그것은 걷잡을 수 없이 커질 것이다. 나는 절대 그들 모두를 만족시킬 수 없고, 그들의 끝없는 요구에 부응할 수 없을 것이다. 나의 목표는 주 예수 그리스도를 기쁘시게 하는 것이다. 그리고 그분은 당신과 내게 죄와 사탄, 율법주의, 신비주의, 오도된 금욕주의에서 자유로워지라고 말씀하신다.

그리스도 안에서 우리는 완전히 용서받고 영원히 해방되었다. 그러니 그렇게 살자!

주

1. Bauer et al., *Greek-English Lexicon*, 892-894.
2. 바울은 디모데를 여러 서신서의 인사말에서 언급했으며, 이는 바울이 제자였던 디모데와 친밀한 관계였음을 보여준다(고후 1:1, 빌 1:1, 골 1:1, 살전 1:1, 살후 1:1, 몬 1:1).
3. Warren W. Wiersbe, *The Bible Exposition Commentary*, vol. 2(Wheaton, IL: Victor Books, 1996), 110.
4. R. Kent Hughes, *Colossians and Philemon: The Supremacy of Christ*, Preaching the Word (Westchester, IL: Crossway Books, 1989), 22를 보라.
5. Irenaeus, *Against Heresies* 1.16, Tertullian, *On the Soul* 34를 보라.
6. Justin Martyr, *Apologies* 1.26. Leslie William Barnard가 이에 대해 논의한 바를 보라. *St. Justin Martyr: The First and Second Apologies* 편집, Ancient Christian Writers, vol. 56(New York: Paulist Press, 1997), 136, note 181.
7. 영지주의 신학의 주요 특징에 대한 자세한 설명을 보려면 Kurt Rudolph, *Gnosis: The Nature and History of Gnosticism*, Robert McLachlan Wilson 번역(Edinburgh: T. & T. Clark, English, 1983), 53-274를 보라.
8. Bauer et al., *Greek-English Lexicon*, 1039.
9. 같은 책, 612.
10. Edward Perronet, "All Hail the Power of Jesus' Name", *Hymnal for Worship and Celebration* (Waco, TX: Word Music, 1986), no. 96.
11. Melick, *Philippians, Colossians, Philemon*, 210-211을 보라.
12. Pliny, *Lib*. 10.96.7. Translation from Betty Radice, *Pliny: Letters and Panegyrics*, vol. 2, *Letters VIII-X*, Loeb Classical Library, ed. G. P. Goold, vol. 59(Cambridge, MA: Harvard University Press, 1969).
13. Jack T. Sanders, *The New Testament Christological Hymns: Their Historical Religious Background*,

Society for New Testament Studies Monograph Series, vol. 15, Matthew Black 편집(Cambridge, UK: Cambridge University Press, 1971). 이 책에 상세하고 학술적인 분석이 실려 있다.

14. David L. Allen, ***Hebrews***, The New American Commentary: An Exegetical and Theological Exposition of Holy Scripture, vol. 35, E. Ray Clendenen, Kenneth A. Mathews, and David S. Dockery 편집(Nashville: Broadman & Holman, 2010), 120.
15. Horrell, "God in Three Persons", 159.
16. Melick, ***Philippians, Colossians, Philemon***, 216–217을 보라.
17. Hughes, ***Colossians and Philemon***, 31.
18. Melick, ***Philippians, Colossians, Philemon***, 237–240을 보라.
19. Moo, ***Letters to the Colossians and to Philemon***, 152–153.
20. Eugene Peterson, ***Five Smooth Stones for Pastoral Work***(Atlanta: John Knox Press, 1980), 93.
21. Bauer et al., ***Greek-English Lexicon***, 679.
22. 같은 책, 558.
23. 같은 책, 17.
24. F. F. Bruce, ***The Epistles to the Colossians, to Philemon, and to the Ephesians***, The New International Commentary on the New Testament(Grand Rapids: Eerdmans, 1984), 91을 보라.
25. Bauer et al., ***Greek-English Lexicon***, 955.
26. Melick, ***Philippians, Colossians, Philemon***, 252.
27. Hughes, ***Colossians and Philemon***, 71.
28. Gerard van Groningen, ***First Century Gnosticism: Its Origins and Motifs***(Leiden:Brill, 1967), 177.
29. 이 관점에 대한 더 상세한 설명은 Moo, ***Letters to the Colossians and to Philemon***, 199에 나온다.
30. William Barclay, ***The Letters to the Corinthians***, The New Daily Study Bible, 3rd rev. ed. (Louisville: Westminster John Knox, 2002), 218.
31. Charles C. Ryrie, ***Balancing the Christian Life***(Chicago: Moody, 1969), 159.
32. Charles C. Ryrie, ***Dispensationalism***(Chicago: Moody, 1995), 115.

예수 그리스도,
우리의 생명

골로새서 3:1-4:1

골로새서를 관통하는 주제는 예수 그리스도가 우리의 주, 우리의 생명, 우리의 지도자로서 충분하시다는 것이다. 바울은 골로새서 1장과 2장에서 그리스도가 우리의 주님으로 충분하시다는 교리를 펼쳤다. 바울은 두 번째 대단락(3:1–4:1)에서 그리스도가 우리의 삶으로 충분하심을 강조한다.

여기서 바울은 신자들에게 하나님이 주신 소명과 그리스도의 재림 때 임할 궁극적인 구원에 대한 갈망으로 관심을 돌린다(3:1–4). 우리가 믿고 은혜로 구원받았을 때 우리의 영생은 이미 시작되었지만, 우리는 장차 그 영생이 온전히 실현될 날을 기다린다. 그때까지 하나님은 우리가 하늘만 쳐다보거나 몽상에 빠져 있는 것을 원하지 않으신다. 우리가 장차 얻을 영광을 바라본다면 지금 여기서 그리스도의 본을 따르는 새 삶을 살지 않을 수 없다(3:5–17).

그리스도의 신실한 모방자로 사는 이 새로운 삶은 결혼, 가족, 직장을 포함한 우리 삶의 모든 영역에 영향을 미친다(3:18–4:1). 이제 막 움트고 있는 영지주의 이단의 사변적이고 지적인 개념과 대조적으로 그리스도인의 삶은 지금 이 땅에서의 삶에 실제적인 영향을 미쳐야 한다. 즉, 지금 여기서 매 순간을 살아가는 것이다. 이 새 삶을 살려면 우리의 생명 되시는 예수 그리스도의 충분성에 전적으로 의지해야 한다.

핵심 용어

ἀνακαινόω[*anakainoō*, 아나카이노오]*(341)* '새롭게 만들다', '쇄신하다', '갱신하다'

이 용어는 신약성경에 딱 두 번 나오지만(고후 4:16, 골 3:10), 골로새서의 중심 개념을 요약한다. 이 말은 신자가 '거듭 났을 때' 받는 풍성한 새 생명을 뜻한다(참조. 요 3:3, 벧전 1:3). 동사 *anakainoō*는 헬라어로 '새로운'이라는 뜻의 *kainos*(2537)에서 파생했다. *kainos*는 단순히 다른 것이 아니라 질적인 새로움, 즉 절대적인 우월성을 나타낸다. 옛것과 새것 사이에 연속성과 유사성이 있을 수 있지만, 새것이 옛것과 같을 수는 없다. 골로새서에서 바울은 "옛 사람"과 그 죄성을 "새 사람"과 그 의와 대조하면서 새로운 생명을 가진 신자는 그리스도 안에서 살 수 있는 힘을 얻는다는 사실을 강조한다(골 3:5–10).

ζωή[*zōē*, 조에]*(2222)* '생명', 대개 '영적인 생명'

우리는 대부분 '동물원'(zoo)에 가본 적이 있다. 그런데 zoo라는 단어가 헬라어의 '생명'이라는 말에서 나왔다는 사실을 아는 사람은 거의 없다. 신약성경에서 이 단어는 물리적인 인간의 생명(행 8:33, 17:25) 또는 동물의 생명(계 16:3)을 나타낼 때도 있지만, 대부분은 성자를 통해, 성령에 의해, 성부로부터 오는 영생을 가리킨다. 실제로 예수 그리스도는 우리의 *zōē*"(골 3:4)로 불린다. 그리스도는 영적으로나 물리적으로나 우리 영생의 근원이시고, 우리에게 생명의 양식을 주시며, 영원히 유지시켜주시는 분이다.

노련한 멘토의 적절한 조언(골로새서 3:1–14)

1그러므로 너희가 그리스도와 함께 다시 살리심을 받았으면 위의 것을 찾으라 거기는 그리스도께서
하나님 우편에 앉아 계시느니라 2위의 것을 생각하고 땅의 것을 생각하지 말라 3이는 너희가 죽었고
너희 생명이 그리스도와 함께 하나님 안에 감추어졌음이라 4우리 생명이신 그리스도께서 나타나실
그 때에 너희도 그와 함께 영광 중에 나타나리라

5그러므로 땅에 있는 지체를 죽이라 곧 음란과 부정과 사욕과 악한 정욕과 탐심이니 탐심은 우상
숭배니라 6이것들로 말미암아 하나님의 진노가 임하느니라 7너희도 전에 그 가운데 살 때에는 그 가
운데서 행하였으나 8이제는 너희가 이 모든 것을 벗어 버리라 곧 분함과 노여움과 악의와 비방과 너
희 입의 부끄러운 말이라 9너희가 서로 거짓말을 하지 말라 옛 사람과 그 행위를 벗어 버리고 10새 사
람을 입었으니 이는 자기를 창조하신 이의 형상을 따라 지식에까지 새롭게 하심을 입은 자니라 11거
기에는 헬라인이나 유대인이나 할례파나 무할례파나 야만인이나 스구디아인이나 종이나 자유인이
차별이 있을 수 없나니 오직 그리스도는 만유시요 만유 안에 계시니라

12그러므로 너희는 하나님이 택하사 거룩하고 사랑 받는 자처럼 긍휼과 자비와 겸손과 온유와 오
래 참음을 옷 입고 13누가 누구에게 불만이 있거든 서로 용납하여 피차 용서하되 주께서 너희를 용서
하신 것 같이 너희도 그리하고 14이 모든 것 위에 사랑을 더하라 이는 온전하게 매는 띠니라

최고의 스승은 경험이다. 많은 사람이 들어본 적이 있는 이 말은 참일까, 거짓일까? 맞는 말 같지 않은가? 하지만 이 말은 거짓이다. 진실에 가깝지만 중요한 조건이 붙어야 완전해진다. 지도를 받은 경험이 최고의 스승이다.

생각해보라. 요리에 문외한인 사람이 만든 음식은 아무도 먹고 싶어 하지 않는 음식이 되기 십상이다. 그러나 노련한 요리사의 지도를 받으면 당신은 조만간 고급 요리를 만들 수 있게 될 것이다. 마찬가지로, 아무 교육도 받지 않고 자동차를 운전하면 사고를 낼 수밖

에 없다. 그러나 숙련된 운전자에게 교습을 받으면 목적지까지 안전하게 운전할 수 있다.

우리 삶도 그렇다. 우리가 어렸을 때는 부모님과 선생님들이 우리를 인도하고, 도전하며, 교정하고, 한계를 넓혀준다. 그들은 우리가 약점을 극복하고 강점을 키우도록 돕는다. 그들의 지도로 우리는 성장하고 성숙하면서 특정한 관심과 재능이 있는 분야에 종사하게 된다. 이런 현명한 멘토들은 우리가 제대로 잘 살고 풍성한 삶을 경험할 수 있도록 우리를 준비시켜준다.

사도 바울은 1세기에 유능하고 경험 많은 멘토였다. 그의 현명한 조언은 믿음직했고, 그의 권고는 신뢰할 수 있었다. 그의 경고는 건설적이었고, 그의 가르침은 통찰력이 있었다. 그의 지도 아래 경험을 쌓으면서 가르침을 받으면 틀림없이 성장했다.

골로새서 3장 1–14절은 그리스도 안에서 새 삶을 사는 방법에 관해 바울이 보여준 탁월한 리더십의 완벽한 예를 제공한다. 그는 우리가 최선의 삶을 추구할 때 생각해야 할 것을 알려준다(3:1–4). 그는 제거해야 할 장애물을 가르쳐준다(3:5–9). 그런 다음, 사람들은 누구나 여러 해에 걸쳐 나쁜 습관을 형성한다는 인식 아래 새 출발을 위해 우리에게 필요한 것을 보여준다(3:10–11). 마지막으로 새 삶의 일환으로 우리가 '옷 입어야 하는' 필수 덕목의 목록을 요약하면서 마무리한다(3:12–14).

우리는 모름지기 이 큰 스승의 말에 주의를 기울여야 한다.

—3:1–4—

바울이 당신의 영적 멘토가 되어 당신 앞에 서서 "자, 우리가 하는 모든 일을 관장하는 것은 머리이니 당신의 사고방식을 알아야겠습니다. 머리는 우리 생각, 감정, 의지의 중심이니, 생각을 제대로 훈련하는 것부터 시작합시다"라고 말하는 것을 상상해보라. 그렇게 하기 위해서 바울은 골로새서 3장 1절에서 "다시 살리심을 받[은]" 자들에게 "위의 것을 찾으라 거기는 그리스도께서 하나님 우편에 앉아 계시느니라"고 권고한다.

우리가 그리스도의 부활과 죽음에 참여하면 하나님 보좌 우편으로 승천하신 그분의 승리에도 참여한다. 우리는 영적으로 그분과 하나로 묶여 있으며, 우리의 생각과 태도는 계속 아래가 아니라 위를 향해야 한다(3:2). 또한 우리가 그리스도의 죽음과 부활과 승천에

묵상의 서재

도약을 위해 코치하라!(골로새서 3:1-2)

내 친구 스킵 홀은 30년 동안 미식축구 코치로 일하면서 자기가 지도한 팀들을 로즈볼에 세 차례, 오렌지볼에 한 차례 출전시켰다. 그는 코칭, 선수 선발, 컨설팅 분야에서 폭넓은 경험을 터득했다. 이제 코칭은 그만두었지만, 수십 년 간 성공적인 코칭을 통해 얻은 교훈을 알리고 실천하는 일을 계속하고 있다.

스킵이 내게 이런 말을 한 적이 있다. "척, 내가 코치로서 배운 가장 위대한 교훈 하나가 뭔지 아나? 그들이 위로 올라가도록 코치해야 한다는 거야. 끌어내리면 안 돼. 그들이 잘못한 것을 들먹이면서 끌어내리면 안 된다는 거지. 목사인 너도 똑같은 부르심을 받았어. 척, 그들을 올려주는 코칭이 얼마나 중요한지를 절대 잊지 마."

금쪽 같은 조언이다. 그 원칙은 코칭, 가르침, 멘토링, 자녀양육, 목회, 지도에 다 적용된다. 실제로 약 2천 년 전에 바울은 골로새인들에게 위를 보고, 그리스도께 초점을 맞추며, 새 생명을 옷 입으라고 독려하면서 이와 똑같은 긍정적이고 위를 보도록 지도하는 원칙을 적용했다. 당신을 끌어내리는 주변 세상-당신을 낙담시키고, 좌절시키며, 실망시키는 것들-에서 눈을 돌리라. 대신 위의 것들에 시선을 고정하라.

나는 이 원칙을 우리 교회의 한 교역자가 뇌종양으로 고통당할 때 온전히 이해하게 되었다. 그는 오랫동안 암과 싸웠고 계속 용감하게 맞섰다. 그는 우리 모두에게 격려가 되었다. 마침내 그가 그 병과의 싸움에서 졌을 때 나는 그가 끝까지 위를 바라볼 수 있었던 용기에 대해 곰곰이 생각해보았다. 그가 계속해서 우리의 시선을 높은 곳에 두라고 촉구했다는 것이 참으로 놀랍다. 그는 우리에게 이렇게 말했다. "여러분이 기억하시길 바라요. 제가 이 병을 이겨내지 못하더라도 여러분 주변의 모든 사람이 계속 위를 보도록 도와주세요."

그 용감한 성도는 마지막 순간까지 우리가 위를 보도록 코치했다.

참여한다면(3:3) 그리스도의 사역의 다음 단계, 즉 재림을 기대해야 한다(3:4).

그러나 바울의 의도는 우리가 현세의 삶을 무시하고 장차 일어날 일에만 관심을 쏟으며 현실과 동떨어진 초자연적인 세계에서 살라는 것이 아니다. 리처드 멜릭(Richard Melick)은 바울의 생각에 담긴 실제적인 면을 잘 설명한다.

> 골로새인들을 향한 이 명령은 세상에서 그리스도의 통치와 관련된 문제들에 집중하라는 뜻이었다. 그리스도가 주권자이시므로 그리스도인은 자나깨나 그분의 관심사를 생각해야 한다…신자들이 소중히 여기고 사랑하는 것은 그리스도의 통치에 집중되어야 하고, 그 통치가 이 땅에 실현되도록 모든 열정을 바쳐야 한다…골로새 교회의 임무는 사람들을 그리스도께로 부르며 세상 것들을 멀리하는 것이었다. 즉, 사람들을 생명으로 부르는 것이었다.[1]

다음에 세상이 우리를 쓰러트리거나 실의에 빠져 헤어나오지 못할 것 같을 때, 우리의 영적 시선을 점검해야 한다. 우리는 어디에 초점을 맞추고 있는가? 뒤와 아래, 안쪽만 보고 있는가? 아래에 있는 것만 보면서 수평면에 있는 사물에 집착하고, 세상의 가치와 사랑에 굴복하고 있는가? 아니면 위의 것, "우리 생명이신"(3:4) 그리스도가 언제라도 하늘에서 다시 내려와 이 사악한 세상에서 우리를 구출하실 태세로 위풍당당하게 앉아 계신 곳에 시선을 고정하고 있는가? 세상 것에 초점을 맞추면 우리는 더 깊은 수렁에 빠지지만, 시선을 위로 돌려 그리스도의 가치와 사랑에 초점을 맞추면 그곳에서 들어올려질 것이다.

—3:5–9—

몸을 단련해주는 개인 트레이너에게 지도를 받으면 트레이너는 으레 훈련을 지연시키거나, 퇴행시키거나, 좋은 결과를 얻는 데 방해가 되는 요소를 없애라고 요구한다. 보나마나 단 것을 줄이고, 지방을 빼고, 단 음료를 먹지 말라고 할 것이다.

영적 훈련도 마찬가지다. 골로새서 3장 5–9절에서 우리의 영적 멘토인 바울은 우리가 "위의 것"을 반영하는 삶을 추구할 때 버려야 할 몇 가지를 제시한다. 이러한 악한 태도와 행위는 세상에 하나님의 진노를 임하게 한다(3:6). 그래서 그리스도와 함께 영생을 누리게 될 신자의 삶에는 그것들이 들어설 자리가 없다. 그것들은 과거의 것들, 한때는 우리도 탐

닉했지만 그리스도를 따르기 위해 버린 것들 그리고 계속 버려야 할 것들이다. 이런 태도와 행동은 세 가지 범주로 분류된다.

첫째, 바울은 정욕을 없애라고 한다(3:5). 우리 몸이 '죽은 것으로' 여겨야 하는, 이 범주에 해당하는 행위로는 다음의 네 가지가 있다. "음란, 부정, 사욕, 악한 정욕." 음란으로 번역된 헬라어는 *porneia*(4202)다. *porneia*는 혼전 성관계 및 혼외 성관계, 성매매, 동성애를 포함한 모든 종류의 성적 일탈을 지칭하는 일반적인 용어다.

"부정"은 불결하고, 불건전하며, 타락한 것을 나타낸다. 여기에는 우리 생각을 더럽히는 모든 것, 특별히 부적절하거나 외설적인 심상 등이 포함된다. 내면으로 이동해서, "사욕"과 "악한 정욕"은 부도덕하거나 불순한 것들을 곱씹는 것과 관련이 있다. 불건전한 욕망을 좋아하며 품고 있거나, 불법적인 욕구에 집착하거나, 그리스도인에게 금지된 것을 갈망하는 것 등이 있다. 이런 관능적인 생각과 행동은 건강한 그리스도인의 삶에 치명적이다.

우리는 이런 것들을 가지고 장난치거나 만지작거려서는 안 된다. 이런 것들을 조금만 해보고 더럽혀지지 않기를 바랄 수 없다. 관능적인 것에 대해서 그리스도인이 취해야 할 태도는 하나밖에 없다. 그것에 대해 자신이 죽었다고 생각하는 것이다(3:5). 어떤 사람과의 관계가 돌이킬 수 없을 정도로 완전히 파탄났을 때 "그는 나한테는 죽는 사람이야"라고 말하는 것을 들어본 적이 있을 것이다. 바울이 관능적인 것에 대해 신자에게 촉구하는 것도 그런 식의 절연이다.

둘째, 바울은 물질주의를 버리라고 말한다(3:5). 여기에는 탐욕과 우상 숭배가 포함된다. 탐욕은 내적 동기와 관련이 있고 우상 숭배는 외적 표현과 관련이 있다. 탐욕은 더 많이…그리고 더 많이…그리고 더 많이 가지려는, 결코 만족시킬 수 없는 욕망이다. 탐욕이 들어설 자리를 내어주면 당신은 머지않아 당신을 만족시켜주리라고 생각하는 것들을 숭배하고 섬기게 될 것이다. 리처드 포스터(Richard Foster)의 글은 적나라하다. "강박적인 사치는 현대적인 광기다. '더, 더, 더 많은 것'을 원하는 현대의 욕망은 분명히 정신병이다. 그것은 현실 감각을 완전히 잃어버렸다."[2]

우리는 이런 세상에 살고 있다. 이 세상의 삶은 아무리 많이 소유해도 만족감을 주지 않는다. 급여는 절대 넉넉하지 않다. 물질은 절대 풍족하지 않다. 그래서 우리는 결국 지속적인 만족이나 기쁨을 주지 못하는 것들을 숭배하게 된다. 우리는 정말 제멋대로이고 잘 속는다. 많이 가질수록 더 많이 원한다. 우리는 그렇게 통제불능인 물질주의를 버려야 한다.

셋째, 바울은 부정적인 감정을 버리라고 말한다(3:8-9). 여기에는 분노, 노여움, 악의, 비방, 부끄러운 말, 거짓말이 포함된다. 요컨대, 통제되지 않는 부정적인 감정을 버려야 한다. 그리고 이것은 우리가 냉정을 잃고 하지 말아야 할 말을 하는 갑작스러운 분노의 폭발뿐만 아니라 우리를 속에서부터 삼켜버리는 길고, 조용하며, 오래 애태우면서 끓어오르는 응어리도 포함한다. 그리스도 안에서 새 삶을 살고자 하는 그리스도인은 통제되지 않는 화, 격분, 언어 폭력, 악의적 행동, 기만적이고 상처를 주는 말과 같은 습관을 버려야 한다.

바울이 그리스도인들에게 이런 것들에 대해 썼다는 것이 흥미롭지 않은가? 그리스도를 구세주로 영접하고, 성령이 내주하시는 우리 그리스도인은 부정적인 감정에서 해방되었다고 생각하기 쉽다. 그러나 내가 받은 가장 가혹하고, 가장 분노에 차 있으며, 가장 모욕적인 편지 중 일부는 동료 그리스도인들이 보낸 것이었다. 내 면전에서 들은 말 중 가장 추악한 말을 뱉은 사람들도 이른바 그리스도 안에 있는 형제자매들이었다. 우리의 영적 생활 코치인 사도 바울은 이렇게 말한다. "이제는 너희가 이 모든 것을 벗어 버리라…옛 사람과 그 행위를 벗어 버리라"(3:8-9). 이런 것들은 과거에 두어야지 현재에 있으면 안 된다. 그리고 미래는 더더욱 아니다!

—3:10-11—

바울은 3장 5-9절에서 우리가 풍성한 그리스도인의 삶을 살려고 할 때 버려야 할 악덕을 열거했다. 3장 12-14절은 반대로 우리가 취해야 할 덕목을 제시하기 전에 이 새로운 성품의 근원을 설명하며 행동으로 옮기도록 돕는다. 그리스도가 없는 우리의 옛 삶은 우리가 "옛 사람과 그 행위를 벗어 버[렸을]" 때 끝났다(3:9). 이제 그리스도 안에서 우리의 새 삶은 "새 사람을 입[음]"으로써 시작되었다(3:10).

그리스도 안에서 살아가는 이 새로운 삶은 자기 개혁이나 심기일전으로 시작될 수 있는 것이 아니다. 이것은 스스로 노력해서 성공하는 개혁 같은 것이 아니다. 거듭남이란 우리가 일으킬 수 있는 것이 아니다. 거듭남은, 사도 요한이 말했듯이, 성령이 이루신다(요 3:3-8). 바울도 비슷하게 말한다. "우리 주 예수 그리스도의 아버지 하나님을 찬송하리로다 그의 많으신 긍휼대로 예수 그리스도를 죽은 자 가운데서 부활하게 하심으로 말미암아 우리를 거듭나게 하사 산 소망이 있게 하시며"(벧전 1:3). 성부 하나님이 자비를 베푸셨고, 그리스도가 예비해주셨으며, 성령이 실행하신다.

우리가 새로 태어나 받은 새 성품으로 인해 우리는 "지식에까지 새롭게 하심을 입[게]" 된다(골 3:10). 신자인 우리는 제각기 하나님과의 영원한 관계 속으로 들어왔다. 그리고 각자 그분을 닮아가는 여정을 시작했다. 인종, 민족, 국가, 문화적 배경과 관계없이 모든 그리스도인은 동일한 방법-오직 그리스도 안에서 오직 믿음을 통해 오직 은혜로-으로 그리스도의 형상으로 변화된다(3:11). 예수 그리스도는 우리의 삶이 되시기에 부족함이 없으시다.

—3:12-14—

우리가 거듭날 때 하나님과 우리의 관계가 근본적으로 변하면서 외적인 행동도 근본적으로 변한다. 바울은 옷을 갈아입는 비유를 사용해서 "하나님이 택하사 거룩하고 사랑 받는 자"(3:12)인 우리의 정체성에 걸맞는 의의 새 옷을 짠다. 모든 것을 하나로 묶어주는 사랑의 띠로 연결된(3:14), 바울이 제시한 덕목은 3장 5-9절에서 그리스도가 없는 삶의 특징인 악행의 세 가지 범주와 대척점에 있는 것들로 이루어져 있다. 정욕, 물질주의, 부정적인 감정 대신 우리는 긍휼, 자비, 겸손, 온유, 오래 참음, 용서, 사랑, 연합을 옷 입어야 한다(3:12-14). 물론, 바울은 이 목록에 더 많은 특성을 더할 수 있었을 것이다. 하지만 그의 목적은 완전한 점검표를 주는 것이 아니라 하나님의 자녀인 우리가 살아야 하는, 그리스도를 높이고 성령의 힘으로 사는 일반적인 삶의 패턴을 제공하는 것이었다.

우리가 입을 의의 옷에 필요한 얼마나 멋진 패턴인가! 우리가 지옥에 떨어질 사악한 죄인에서 천국을 약속받은 의로운 성도로 완전히 바뀌는 데 필요한 자질들의 얼마나 멋진 조합인가! 이 덕목들이 그리스도 안에 있는 우리의 새 삶의 특징으로 나타나기 시작하면 모두에게 그 혜택이 미친다. 하나님은 우리 각 사람을 사용하셔서 다른 사람들의 삶을 만지시고, 그들과 주님과의 관계를 독려하신다. 우리는 우리 자신을 하나님의 쇄신 사역의 수혜자로만 생각하지 말고 같은 여정에 있는 다른 사람들을 돕는 영적 멘토로 생각해야 한다.

적용: 골로새서 3:1–14
영적인 옷을 갈아입으라

사람은 다 다르지만 누구에게나 있는 한 가지 공통점은 "옛 사람과 그 행위"(3:9)와 싸움을 벌인다는 것이다. 우리는 제각기 그리스도의 형상을 따라 성령으로 창조된 '새 자아'를 따르는 삶을 향해 나아가면서 자기만의 약점과 유혹에 부딪힌다(3:10). 잠시 시간을 내어 우리가 영적인 옷을 갈아입는 과정에서 어디쯤 와 있는지 냉정하게 생각해보자.

다음 도표는 우리가 버려야 할 옛 삶의 악습과 취해야 할 새 삶의 덕목을 대조한 것이다. 바울이 골로새서 3장 1–14절에서 묘사한 대조적인 생활방식과 완전히 일치하지는 않지만, 우리의 삶을 진단하는 데 유용한 도구가 되어줄 것이다. 목록을 하나하나 살펴보면서 당신의 일상생활을 특징짓는 악습이나 미덕을 솔직하게 표시하거나 적기를 바란다. 간혹 나타나는 특징에 주목하지 말고 좋은 것이든 나쁜 것이든 습관이 된 것을 표시하라.

버려야 할 악습		취해야 할 덕목	
간음	술 취함	사랑	감사
동성애	격노	자선	기쁨
음란한 생각	적의	정결	평화
증오, 정욕	원망	거룩	선량
포르노	기만	긍휼	절제
물질주의	도둑질	친절	성실
탐욕	거짓말	겸손	경건
불화	중상	온유	굳건히 참고 견딤
시기	저주	인내	믿음
분노	허영심	관용	소망
원한	자만심	용서	배우는 자세
분열	자랑	자비	용기
질투	교만	예의 바름	신중
		관대	만족

이제 버려야 할 각각의 악습에 대해 그것에 대항하거나 그것을 상쇄하는 덕목을 적어도 하나 이상씩 찾으라. 예를 들어 당신이 탐욕과 씨름하고 있다면 자선, 관용, 만족의 덕

목을 키울 수 있다.

마지막으로 옛 자아의 악행을 버리고 새 자아의 의로운 행동을 취할 수 있는 구체적인 방법을 생각해보라. 그러나 당신 혼자서 할 수 없음을 기억하라. 경험은 최고의 선생이 아니다. 지도를 받은 경험이 최고의 선생이다. 당신은 능력 주시는 성령의 역사와 예수 그리스도의 온전한 모본, 하나님의 끊임없는 용서가 필요하다. 그리고 팀원들-같은 여정에 있는 동료 신자들과 코치, 당신을 돕는 현명하고 신뢰할 수 있는 목사, 상담자, 멘토-에게서도 힘을 얻어야 한다.

언제, 어디서, 무엇을 어떻게 하든…그리스도!(골로새서 3:15-4:1)

15그리스도의 평강이 너희 마음을 주장하게 하라 너희는 평강을 위하여 한 몸으로 부르심을 받았나니
너희는 또한 감사하는 자가 되라 16그리스도의 말씀이 너희 속에 풍성히 거하여 모든 지혜로 피차 가
르치며 권면하고 시와 찬송과 신령한 노래를 부르며 감사하는 마음으로 하나님을 찬양하고 17또 무엇
을 하든지 말에나 일에나 다 주 예수의 이름으로 하고 그를 힘입어 하나님 아버지께 감사하라

18아내들아 남편에게 복종하라 이는 주 안에서 마땅하니라 19남편들아 아내를 사랑하며 괴롭게 하
지 말라 20자녀들아 모든 일에 부모에게 순종하라 이는 주 안에서 기쁘게 하는 것이니라 21아비들아
너희 자녀를 노엽게 하지 말지니 낙심할까 함이라

22종들아 모든 일에 육신의 상전들에게 순종하되 사람을 기쁘게 하는 자와 같이 눈가림만 하지
말고 오직 주를 두려워하여 성실한 마음으로 하라 23무슨 일을 하든지 마음을 다하여 주께 하듯 하고
사람에게 하듯 하지 말라 24이는 기업의 상을 주께 받을 줄 아나니 너희는 주 그리스도를 섬기느니라
25불의를 행하는 자는 불의의 보응을 받으리니 주는 사람을 외모로 취하심이 없느니라

4:1상전들아 의와 공평을 종들에게 베풀지니 너희에게도 하늘에 상전이 계심을 알지어다

한 사람의 가치, 사랑, 우선순위, 열정을 특징지어 그가 어떤 사람인지를 한마디로 표현해주는 말이 있다. 어떤 사람이 음악을 아주 좋아하면 우리는 "음악은 그의 삶이다"라고 말한다. 운동선수를 훈련시키고 동기를 부여하는 일에 성취감을 느끼는 사람을 보면 "코칭은 그 사람의 삶이다"라고 한다. 일이 자기의 모든 것이고, 경력을 쌓는 것에 큰 기쁨을 느끼는 여자에 대해서는 "그 여자의 일은 그녀의 삶이다"라고 말하기도 한다. 줄줄이 책을 써내

는 다작 작가에 대해 우리는 "글쓰기가 그녀의 삶이다"라고 말한다.

물론 이 관용구는 과장법으로서 문자 그대로의 뜻이 아닌 과장된 표현이다. 그럼에도 이 말은 의미심장하다. 이른바 우리가 "우리의 삶"이라고 부르는 무언가가 우리의 마음과 생각을 사로잡고 있으면 다른 어떤 것도 그 자리를 빼앗을 수 없다. 우리는 밤낮으로 그것에 대해 생각하고 꿈꾼다. 아무리 해도 싫증나지 않는다. 그것은 우리의 시간과 열정 그리고 많은 경우 돈을 집어삼킨다! 그것은 우리의 열정, 우리의 원동력, 우리의 주 관심사…우리의 삶이다!

사도 바울에게 "______은(는) 내 삶이다"라는 문장의 빈칸을 채우라고 하면 그가 뭐라고 대답할지 우리는 안다. 그는 머뭇거리지 않고 단숨에 답할 것이다. 사실, 빌립보서 1장 21절에 그의 답이 있다. "이는 내게 사는 것이 그리스도니." 그리고 골로새서 3장 4절에서는 장차 있을 그리스도의 재림을 기대하면서 그리스도가 "우리 생명"이시라고 말했다. 바울의 대답은 분명했을 테고 그것은 그가 살면서 내린 선택에 그대로 드러났다. 실제로 그리스도를 향한 그의 열정은 행동으로 그대로 표출되었기 때문에 그를 아는 사람은 누구라도 그 질문에 지체 없이 답했을 것이다. 그리고 그의 삶이 답을 주었다. "어디에 있든, 무엇을 하든, 어떻게 느끼든, 언제가 됐든 그리스도는 내 삶이다."

당신도 그렇게 말할 수 있는가? 더 중요하게는 당신의 배우자, 자녀, 부모, 고용주, 동료, 직원이 당신을 놓고 빈칸을 채운다면["______은(는)그 사람의 삶이다"] 그 자리에 '그리스도'가 들어갈까?

골로새서 3장 15절-4장 1절을 공부하면서 그리스도를 우리 삶의 중심이자 근원으로 삼는 것에 대해 생각해보았으면 한다. 그 과정에서 우리는 그분이 우리 삶의 여러 영역에서 어떻게 다스리시고, 채우시며, 스며드시고, 나타나시는지 보게 될 것이다. 그리스도의 평화가 우리 마음을 다스려야 한다(3:15). 그리스도의 메시지가 우리 삶을 채워야 한다(3:16-17). 그리스도의 임재가 우리 가정에 스며들어야 한다(3:18-21). 그리고 그리스도의 삶이 우리 일 속에 나타나야 한다(3:22-4:1).

언제 어디서 무엇을 어떻게 하든…그리스도는 우리의 삶이다.

—3:15—

이사야 9장 6절은 오실 메시아가 "평강의 왕"으로 불릴 것이라고 예언했다. 그리스도의 전 생애와 사역에서 두드러지는 특징은 사람들에게 평화를 전하신 것이었다. 이사야 9장에서 말하는 평화는 메시아가 그의 왕좌를 차지하시고 그의 왕국에서 통치하실 때 지상에 임할 보편적인 평화지만, 하늘에 계신 아버지 우편에 앉으셔서 자기 백성을 중보하시는 지금도 그분은 우리에게 평화를 주신다. 그리스도는 말씀하셨다. "평안을 너희에게 끼치노니 곧 나의 평안을 너희에게 주노라 내가 너희에게 주는 것은 세상이 주는 것과 같지 아니하니라 너희는 마음에 근심하지도 말고 두려워하지도 말라"(요 14:27). 바울은 빌립보서 4장 6–7절에서 평강의 왕자와 우리의 관계에 담긴 지극히 개인적이고 실제적인 함의를 설명한다. "아무 것도 염려하지 말고 다만 모든 일에 기도와 간구로, 너희 구할 것을 감사함으로 하나님께 아뢰라 그리하면 모든 지각에 뛰어난 하나님의 평강이 그리스도 예수 안에서 너희 마음과 생각을 지키시리라." 이 구절을 다시 큰 소리로 읽으라.

우리는 영구적인 세계 평화를 수립하거나 이 타락한 세상의 고통과 고뇌를 덜어주지 못한다. 우리의 삶과 그 주변에서 벌어지는 혼란도 막지 못한다. 그러나 우리는 그리스도가 오늘 주시는 평화를 실제로 누릴 수 있다. 그리스도가 우리에게 주시는 평화는 이런 것이다.

1. 소용돌이치는 혼란 속의 내적 고요.
2. 고난의 한가운데서 느끼는 평온함.
3. 세상의 시끄러운 불협화음 속에서 느끼는 조화로움.
4. 마음과 생각이 편안히 쉼을 누림.

그것이 그리스도가 주시는 불가해한 평화다.

그리스도가 우리의 삶이 될 때, 그분의 평화—우리의 환경이 아니라—가 우리의 태도와 행동을 결정하는 요인이 된다. 골로새서 3장 15절은 이렇게 말한다. "그리스도의 평강이 너희 마음을 주장하게 하라." "주장하다"라는 동사에 주목하라. 이 말은 신약성경에서 거의 쓰이지 않은 헬라어 *brabeuō*(1018)를 번역한 것이다. *brabeuō*는 문자 그대로 "결정을 내려서 누군가의 행동을 통제하는 것"이라는 뜻이다.[3]

그리스도의 평강-그분이 우리에게 주시는 평강-이 우리가 경험을 해석하고 도전에 대응하는 방식을 좌우할 때 다음의 두 가지 일이 일어난다. 첫째, 우리가 사소한 일에 구애받지 않게 되면서 그리스도의 몸에 속한 다른 사람들과 우리의 관계가 더 건강해진다. 둘째, 어려운 상황에 처해서도 감사하게 된다. 원래 우리 본성대로라면 불평할 수 있는 일이지만, 하나님이 그 일을 주장하시는 것을 알기에 "감사하[게]" 될 것이다(3:15). 실로, 감사는 우리 삶의 중심에 영속하는 특성이 될 것이다(3:16-17).

—3:16-17—

바울은 그리스도의 평화에서 그리스도의 말씀, 사랑, 은혜, 자비, 구원의 메시지로 방향을 튼다. 그리스도가 우리의 삶이 되면 우리는 그분의 말씀 안에 잠기게 된다. 바울은 말한다. "그리스도의 말씀이 너희 속에 풍성히 거하[게]" 하라(3:16). "너희 속에 풍성히 거하여"라는 어구는 영구히 거주하는 이미지를 전달한다. 하나님의 말씀이 가끔 들르는 친구나 잠시 손님으로 머무는 친척처럼 되어서는 안 된다. 하나님의 말씀은 안에 들어와 살면서 우리 삶에서 없어서는 안 될 존재가 되어야 한다. 메시지 성경은 그것을 이렇게 표현한다. "그리스도의 말씀, 곧 메시지가 여러분의 삶을 마음껏 드나들게 하십시오. 메시지가 여러분 삶에 속속들이 스며들도록 충분한 자리를 만드십시오"(3:16).

이는 우리 삶의 모든 면이 말씀으로 채워지고 말씀의 영향을 받아야 한다는 뜻이다. 여기에는 "피차 가르치며 권면하[는] 것"-개인적인 성경 읽기와 공부, 가정 예배, 교회 참석, 건전한 설교 듣기, 좋은 방송이나 팟캐스트 듣기 등-이 포함된다. 그러나 바울은 또 "감사하는 마음으로 하나님을 찬양[하는]" "시와 찬송과 신령한 노래"로 말씀이 깊이 스며들어야 한다고 말한다(3:16, 참조. 엡 5:19).

우리는 찬양을 통해 서로 가르치는 것 외에도 말씀으로 삶 전체를 채워야 한다. 우리는 "말에나 일에나" 무엇을 하든지 주 예수님의 이름으로 감사해야 한다(골 3:17). 입을 열 때마다 스스로 물어야 한다. "내가 하는 말이 그리스도의 메시지와 모순되지 않는가? 그분을

초대 교회의 찬양 예배(골로새서 3:16)

AD 111년경 로마 총독 플리니우스는 트라야누스 황제에게 정체를 알 수 없는 그리스도인들이 "정해진 날 동트기 전에 정기적으로 모여 신에게 하는 것처럼 그리스도에게 경의를 표하는 영창을 번갈아 했습니다"라고 보고했다.[4] 이것은 지금도 일부 교회에서 그대로 답습하고 있는 교창 형식을 그대로 보여준다. 그러나 플리니우스가 조금만 더 깊이 조사했다면 바울이 골로새서 3장 16절과 에베소서 5장 19절에서 "시와 찬송과 신령한 노래"를 언급한 바와 같이 초기 기독교 예배에서 음악이 꽤 다채롭게 사용되었음을 알았을 것이다.

유대인은 대개 예배드릴 때 대부분이 구약성경의 시편에서 나온 찬송을 함께 부르거나 혼자 불렀다(참조. 대상 15:16). 예수님과 제자들도 최후의 만찬을 "찬송을 부르고"(마 26:30, 현대인의 성경) 마쳤다. 바울과 실라가 감옥에 있을 때에도 "기도하고 하나님을 찬송하매"(행 16:25) 다른 죄수들이 듣고 놀랐다.

공동 예배를 드릴 때 모인 신도들은 찬송시와 다른 찬송가로 하나님을 예배했다(고전 14:15, 26). 더글라스 무는 바울이 찬양을 세 가지로 분류해 "시와 찬송과 신령한 노래"로 표현한 것으로 보아 다양한 형태의 음악으로 예배드렸음을 알 수 있다고 말한다. 그는 또 "'시'(시편, 시, 찬송시)를 성경에 기초한 노래로, '찬송'을 그리스도에 관한 노래로, '노래'를 '성령에 의해' 즉흥적으로 작곡된 곡으로 구분하는 것이 흥미롭다"고 언급한다.[5]

또 다른 학자는 신약 시대에 "전반적으로 예배의 관행과 마찬가지로 음악적 관행도 아직 정착되지 않았다"고 주장한다.[6] 초대교회는 즉흥적으로 마음에서 우러난 찬양 음악에 여지를 많이 준 것 같다. 야고보는 이렇게 썼다. "너희 중에…즐거워하는 자가 있느냐 그는 찬송할지니라"(약 5:13). "찬송하다"는 뜻의 헬라어 *psallō*(5567)는 원래 현악기를 켜는 것과 관련이 있었으나, 신약 시대에 이르러서는 반주와 함께 또는 반주 없이 노래한다는 뜻으로도 쓰였다(롬 15:9, 고전 14:15, 엡 5:19).[7]

Photo ©Zev Radovan/BibleLand Pictures

하프는 1세기에 주로 반주 악기로 사용되었다. 바울은 골로새서 3장 16절에서 다채로운 악기를 포함해 매우 다양한 음악적 표현을 허용한다.

*psallō*는 구약성경의 헬라어 번역본(칠십인역)에서 여러 차례 사용되었고 악기를 연주한다는 뜻도 있다(예. 시 33:2-3, 149:3). 시편으로 알려진 모음집은 아마 초기 기독교 예배의 주요 자료였을 것이다. 따라서 초기 기독교인들은 명시된 음악적 설명에 따라 시편을 읽기도 하고 노래하기도 하면서 노래하고 연주할 수 있는 곡조를 만들었을 것이다. 그러나 앤드류 맥고완(Andrew McGowan)은 "그리스도인의 모임에서 성경의 시편을 사용했다는 최초의 언급은 2세기에 나온다. 당시 그리스도인들은 모여서 외경에 묘사된 대로 '관례에 따라' 성만찬을 나누면서 다른 노래들과 함께 '다윗의 시편'을 불렀다"(바울의 사도행전 9장).[8]

신약 시대의 교회가 음악에 대해 보여준 융통성, 자유, 자발성은 우리가 노래로 하나님의 말씀을 선포하며 예배할 때 수준 있고, 그리스도를 중심으로 삼으며, 하나님을 찬미하는 다양한 방법을 사용하도록 자극한다.

높이고 있는가?" 중립적이거나 중요해 보이지 않는 행동일지라도 그것을 취하기 전에 생각해보아야 한다. "나는 그리스도에 대한 충성심을 보여주고 있는가?"

—3:18–21—

그리스도가 우리의 삶이 되면, 그분의 평강이 우리의 생각과 감정을 결정하는 요소가 된다(3:15). 그러면 그리스도의 말씀의 진리가 우리의 모든 언행에서 뚝뚝 떨어질 것이다(3:16–17). 그리스도는, 바울이 아내와 남편과 자녀들과 아버지들에게 한 말에서 알 수 있듯이, 우리의 가족 관계에도 영향을 미치신다(3:18–21).

가장인 남편에게 복종하는 아내의 역할에 대해 그리스도는 완전한 본이 되신다. 동일한 신성, 권능, 영광, 권위를 공유하시면서 아버지와 본질적으로 동등하신 아들이 하나님의 구속 계획을 성취하라는 아버지의 뜻에 따라 자신을 낮추고 순종하셨다(빌 2:5–8). 아내들이 따라야 할 겸손한 복종이 이런 모습이다. 여기서 바울은 일반적인 남녀 관계가 아니라 부부관계에 대해서만 말하고 있다는 점에 유의하라. 아내는 모든 남자가 아니라 가족 안에서 남편에게 복종하라는 말이다. 한 가지 설명을 추가하고 싶다. 바울은 가정 폭력에 수동적인 굴복을 용인하지 않는다. 남편의 학대를 속수무책으로 당하고 있는 아내는 도움을 줄 수 있는 교회 지도자나 사법 당국에 도움을 청해야 한다.

이 지점에서 그리스도 안에서 우리 모두는 동등하게 존엄한 존재이며, 따라서 바울의 말은 열등함과는 아무 관련이 없다는 점을 분명히 할 필요가 있다. 바울은 갈라디아서 3장 28절에서 이렇게 말한다. "너희는 유대인이나 헬라인이나 종이나 자유인이나 남자나 여자나 다 그리스도 예수 안에서 하나이니라." 이런 말은 1세기에 지극히 반문화적이었다. 그 시대에는 많은 유대인이 이방인보다 우월하다고 생각했고, 이방인은 걸핏하면 유대인을 의심과 경멸의 눈초리로 보았다. 노예 상인들은 노예를, 육체적 힘이나 건강, 기술을 바탕으로 그 가치가 결정되는 가축처럼, 재산으로 생각하기도 했다. 또 많은 남자가 여자를 신체적, 정신적, 정서적으로 남자보다 열등하다는 잘못된 생각을 가지고 있었다. 남편과 아내에 관하여 골로새서 3장에 나오는 바울의 진술은 하나님이 보시기에 모든 사람은 동등하다는 뜻이며, 이는 주종 관계에서도 마찬가지다. 질서 있는 사회에서 다양한 집단의 사람들이 서로 다르면서 상호 보완적인 역할을 할 때 하나님은 어느 쪽도 편애하지 않으신다.

가정에서 아내가 "주 안에서 마땅[한]"(3:18) 고유의 역할을 수행할 때 남편에게는 두 가지 면에서 세상의 기대치를 넘어서라는 명령이 주어진다. 첫째, 남편은 아내를 사랑해야 한다(3:19). 이 글을 읽는 남편들 중에서 어떤 사람은 '휴! 이 정도면 어렵지 않은데'라고 생각할지도 모른다. 천만의 말씀이다! 바울은 낭만적인 사랑의 열정이나 서로 주고받는 따뜻한 애정을 말하는 것이 아니다. 그는 *agapē*(26)라는 단어를 사용한다. *agapē*란 일신의 안락, 안전, 유익을 희생하면서까지 다른 사람의 최선을 추구하는 사랑이다. 이것은 받을 자격이 없는 자녀에게 하나님이 보여주신 것과 같은 무조건적이고 희생적인 사랑이다.

둘째, 남편은 아내를 "괴롭게 하지 말[아야]" 한다(3:19). 남편이 자신의 시간과 열정과 감정을 다 쏟아 사심 없이 사랑했는데 막상 투자한 것만큼 돌아오는 것이 없음을 알게 되면 당연히 아내에게 화가 날 것이다! 그러나 그게 바로 남편이 명령받은 일이다. 아내가 남편에게 복종하고, 남편을 존중하며, 소중히 여기는가의 여부를 떠나 진정한 아가페로 아내를 귀히 여기고 존중하는 것이 남편의 책임이다.

1세기에는 지금과 달리 남편이 아내를 함부로 대하거나, 남편이 필요해서 아내를 찾을 때 외에는 아내를 무시하고 내팽개쳐두는 것이 예사였다. 바울의 주장은 그들 주변에서 벌어지고 있는 상황과 정반대였다. 아내를 향한 그리스도인 남성의 사랑-그리스도인 여성이 남편에게 복종하는 것과 마찬가지로-은 많은 경우 개인적 선호, 천성, 문화적 기대에 역행한다.

그리스도가 우리 가족의 삶이 될 때, 부부관계에서뿐만 아니라 부모 자식 관계에서도 서로 사랑하고 존경하며 화합하게 될 것이다. 자녀는 부모에게 순종해야 한다. 바울이 방금 말한 것에 비추어 자녀는 남편의 지도력에 존경과 복종을 보여주는 경건한 어머니에게서 따라야 할 본을 먼저 보아야 한다. 사실, 하나님이 부부 관계를 이런 식으로 명령하신 데에는 이런 이유도 있었을 것이다. 즉 권위를 존중하는 것이 어떤 모습이어야 하는지에 대한 모본을 일상생활에서 제공하는 것이다.

자녀는 또 부모에게 복종하고 순종하는 완전한 모범을 그리스도의 삶에서 본다. 그분은 육신의 부모인 요셉과 마리아를 "순종하여 받드[셨다]"(눅 2:51). 이 얼마나 아이러니한가? 요셉과 마리아를 포함해 우주 만물을 창조하신 성육하신 성자 하나님이 그분의 계획

속에 있는 더 큰 목적을 성취하시기 위해 자신의 창조물에게 자발적으로 복종하셨다. 자녀도 "주님을 기쁘시게"(골 3:20, 현대인의 성경) 하기 위해 부모를 존경해야 한다.

자녀가 탈선했을 때 훈육의 최종 책임은 가장인 아버지에게 있다. 아버지가 가혹하고, 사랑이 없으며, 난폭한 독재자가 되어야 한다는 말이 아니다. 그렇다고 필요할 때 지도력을 발휘하지도, 훈육하지도 못하는 권위를 포기한 소극적이고 소심하며 방임하는 부모가 되어서도 안 된다. 부모는 기준을 세우고, 지침을 제공하며, 인내와 친절과 사랑으로 자녀를 훈육해야 한다.

바울은 자녀를 "노엽게" 해서 영혼을 파괴하고 낙심시키지 말라고 경고한다(3:21). 헬라어 *erethizō*(2042)는 주로 나쁜 의미에서 '분기시키다' 또는 '자극하다'는 뜻이다.[9] 이 말은 고압적인 행동으로 아버지가 아이를 궁지에 몰아넣으면 지혜도 전달되지 않을 뿐 아니라 아이에게 분노, 원한, 적개심을 일으킬 수 있다는 뜻이다! 아버지가 지나치게 비판적이거나 지나치게 가혹하거나 훈육을 너무 자주하면 그렇게 될 수 있다. 지혜로운 아버지는 가르침과 훈육을 재미와 웃음으로 균형을 이룬다. 그리고 자녀에게 끊임없이 "사랑한다"고 말하며 행동으로 보여준다.

—3:22–4:1—

그리스도가 우리의 삶이 되면 그분의 평화가 우리 마음을 채우고(3:15), 그분의 말씀이 매 순간 배어들며(3:16–17), 그분의 임재가 우리 가족을 변화시킨다(3:18–21). 바울은 3장 22절–4장 1절에서 그리스도의 권능이 우리의 사역에도 어떻게 영향을 미치는지 고찰한다.

1세기의 시대 상황 속에서 바울은 보편화된 노예 제도와 피차 동등하게 그리스도의 주권 아래 있는 주인과 종이 어떻게 살아야 하는지에 대해 말한다. 이 원칙을 21세기의 직업윤리에 적용하기에 앞서 바울이 1세기의 상황에서 노예 제도에 대해 어떤 입장을 취했는지 몇 가지를 짚어보기로 하자.

첫째, 바울은 일상적인 가사 노동을 하는 집안의 하인을 염두에 두고 있었을 것이다. 바울이 가정생활에 대해 말한 것과 집안의 하인들에 대해 말한 것 사이에는 논리적인 연관성이 있다. 가정생활에 대해 언급하면서 1세기 가정의 일반적인 구성원이었던 종들의 문제를 간과할 수는 없었을 것이다.

둘째, 바울이 그리스도인의 주종관계에 대해 말했다고 해서 노예 제도의 영속성을 지지한다는 뜻은 아니었다. 실제로, 그는 고린도전서 7장 21절에서 노예들에게 이렇게 말한

Photo by Giovanni Dall'Orto/Wikimedia Commons

1세기에는 일상적인 가사일을 하는 종들을 흔히 볼 수 있었다. 일부 지역은 인구의 3분의 1이 노예 계층이었던 것으로 추정된다.

다. "네가 자유롭게 될 수 있거든 그것을 이용하라." 그리고 두 구절 뒤에 선택권을 가진 자들에게 경고한다. "너희는…사람들의 종이 되지 말라"(고전 7:23). 다른 곳에서 바울은 "인신 매매를 하는 자"(딤전 1:10)를 꼭 집어 비난한다. "인신 매매를 하는 자"로 번역된 헬라어는 노예로 팔려고 사람을 납치 등의 방법으로 끌어오는 자들을 일컫는다.[10] 이런 인신매매는 지금도 있다.

다행히도 대부분의 현대 사회는 노예 제도를 공식적으로 금지했고, 사람을 노예처럼 부리는 환경을 개선하고자 부단히 노력하고 있다. 노예와 주인에게 한 바울의 말이 현대인에게 가장 잘 적용되는 것은 고용주와 직원의 관계다. 고대 노예 제도와 현대의 고용 제도에는 큰 차이가 있지만, 몇 가지 실제적인 원칙은 비슷하다. 골로새서 3장 22절-4장 1절에 나오는 주종관계에 대한 바울의 원칙은 계약직, 시간제 임금 노동자, 봉급 생활자, 관리자, 사업주 모두에게 적용될 수 있다.

피고용인에 대한 바울의 원칙은 분명하다. 피고용인은 상사가 지켜보지 않을 때에도 부지런하고 성실하게 맡은 바 일을 해야 한다(3:22). 그리스도는 우리가 겸손하고 성실하며 평화로운 삶을 살기를 바라신다. 그런 그리스도께 헌신한 자들로서 우리는 모름지기 상사의 권위를 존중해야 한다. 그러면 단순히 세속적인 이득을 얻으려고 인간 고용주를 위해 일하는 것이 아니라 천국의 보상을 얻으려고 주님을 위해 일하는 것처럼 적극적이고 즐거운 태도로 섬기게 될 것이다(3:23-24). 우리는 끝에 가서는 그리스도 앞에서 모든 것을 해명해야 한다는 사실을 명심하고 어떤 식으로든 상사를 속이거나 그릇 행해서는 안 된다(3:25). 우리는 근면하고, 충성스러우며, 정확하고, 책임감 있는 사람으로 정평이 나야 한다. 우리는 바른 태도와 성실함의 귀감이 되어 직장에 긍정적인 영향을 끼쳐야 한다.

바울은 고용주들에 대해서 그들도 다른 사람들과 마찬가지로 천상의 주인이신 주 예수 그리스도의 권위 아래 있으며, 그분 앞에서 해명해야 한다는 사실을 상기시킨다(4:1). 조직의 수장도, 기관의 권력자도 책임을 면할 수 없다. 따라서 지도자의 위치에 있는 사람은 정의와 공평이라는 두 가지 주요 자질을 발휘해야 한다. 우리는 그리스도의 본을 따라 공정해야 한다. 하나님은 편애하지 않으신다. 따라서 우리도 편파적이 되어서는 안 된다. 하나님은 충성을 보상하신다. 우리도 그래야 한다. 하나님은 공정하고 적절하게 잘못을 벌하신다. 우리도 그래야 한다. 우리는 또 공정해야 한다. 임금, 언어 사용, 평가와 비판에 있어서 공정해야 하며, 직원을 대할 때 남녀노소, 간부와 노동자를 공정하게 대우해야 한다. 그리스도가 가르쳐주신 황금률은 일에 있어서도 가장 중요한 원칙이다. "그러므로 무엇이든지 남에게 대접을 받고자 하는 대로 너희도 남을 대접하라"(마 7:12).

적용: 골로새서 3:15-4:1

빈칸을 채우라

모든 사람은 태어날 때부터 마음과 생각 속에 "______은(는) 내 삶이다"라는 말이 새겨져 있다. 우리는 평생을 살면서 사람들, 취미, 관심사, 집착, 이데올로기, 경험 같은 것으로 정체성을 형성하면서 이런저런 것들로 빈칸을 채우려고 애쓴다. 어떤 사람은 위험하고 파괴적인 것, 예컨대, '파티', '음주', '성' 같은 것들로 빈칸을 채운다. 또 어떤 이들은 '먹는 것', '골프', '여행', '영화 감상'처럼 강박으로 변질된 무해한 것들로 채운다. 그런가 하면 '배우자', '가족', '사역', '직업' 같은 좀 더 고상한 목표를 삶의 구심점으로 삼는 사람도 있다. 우리가 그 빈칸을 무엇으로 채우든 그것이 우리를 정의하고, 지배하며, 우리의 생각과 행동을 결정한다.

반평생이 넘게 사역하면서 나는 사람들이 그 빈칸을 여러 세속적인 성공을 제공하는 것들로 채우다 결국 불행해지는 것을 보았다. 반면에 사람들이 빈칸에 절대 지워지지 않게 굵고 큼직하게 '그리스도'라고 적었을 때 일어나는 놀라운 일들도 목도했다.

끊임없는 걱정에 시달리며 전전긍긍하던 많은 사람에게 그리스도의 평화가 가득 채워졌다. 불확실하고, 불안정하며, 혼란스러운 삶을 살던 많은 사람이, 자신에게 확신과 안전, 목표를 주는 것은 하나님의 말씀이라는 사실을 발견했다. 배우자와 가족과의 관계가 깨어진 사람들이, 그리스도가 임재하심으로 치유되고 회복되며 화해하게 된다는 것을 알게 되었다. 자기 일을 싫어하고, 상사를 싫어하며, 지도자로서 제 역할을 하지 못했던 사람들이 겸손과 정의, 공평을 가져오시는 그리스도의 능력을 체험했다.

당신은 어떤가? 나는 이 단락의 서두에서 이 질문을 했다. 다시 물어보겠다. 이번에는 더 깊이 생각해보라. 당신에 대한 이 질문을 다른 사람에게 할 수도 있다. 당신의 배우자, 자녀, 부모, 고용주, 직장 동료, 직원이 그 빈칸을 채운다면("______가 그 사람의 삶이다"),

거기에 '그리스도'가 들어갈까?

당신이 그렇다면 바울이 골로새서 3장 15절–4장 1절에서 논의한 삶의 네 가지 영역, 곧 마음과 생각, 일상생활, 가족, 직장에서 나타나는 증거가 있는가? 당신은 그리스도가 이 특별한 공간을 다른 것과 공유하지 않고 오롯이 채우시도록 이 영역을 그리스도께 양도하는 기도를 드려야 할 필요가 있는가? 그렇다면 지금 그 기도를 드리라. 그리고 그리스도가 삶의 중심이 되심을 매일 스스로 상기시키라.

언제, 어디서, 무엇을, 어떻게 하든…그리스가 당신의 삶이 되게 하라.

주

1. Melick, *Philippians, Colossians, Philemon*, 281–282.
2. Richard Foster, *The Challenge of the Disciplined Life: Christian Reflections on Money, Sex & Power* (San Francisco: HarperSanFrancisco, 1985), 5.
3. Bauer et al., *Greek-English Lexicon*, 183.
4. Pliny, Lib. 10.96.7.
5. Moo, *Letters to the Colossians and to Philemon*, 290.
6. James McKinnon, *Music in Early Christian Literature*, Cambridge Readings in the Literature of Music(Cambridge, UK: Cambridge University Press, 1987), 8.
7. Bauer et al., *Greek-English Lexicon*, 1096.
8. Andrew B. McGowan, *Ancient Christian Worship: Early Church Practices in Social, Historical, and Theological Perspective*(Grand Rapids: Baker Academic, 2014), 114.
9. Bauer et al., *Greek-English Lexicon*, 391.
10. 같은 책, 76.

예수 그리스도,
우리의 지도자

골로새서 4:2-18

예수 그리스도는 우리의 주님, 우리의 삶, 우리의 지도자로서 충분하시다. 그리스도의 인격을 부인하고 그분의 능력을 축소하는 거짓 교사들의 공격 대상이었던 어린 그리스도인들에게 이 메시지는 완벽한 방어책이었다. 바울은 골로새서의 첫 단락에서 그리스도가 우리의 주님으로서 충분하시다는 것을 강조했다(1:1-2:23). 두 번째 단락에서는 우리 삶으로서 그리스도의 충분성에 집중했다(3:1-4:1). 이제 이 짧지만 결코 얕잡아 볼 수 없는 책의 세 번째 단락에서 바울은 우리의 지도자로서 그리스도의 충분성을 역설한다(4:2-18).

바울은 우리는 모두 "하늘에 상전"(4:1)이 계시다는 말로 앞 단락을 끝맺었다(4:1). 이제 그는 우리 삶에서 그리스도의 리더십이 나타날 수 있는 몇 가지 실제적이고 개인적인 방법을 간략히 설명하면서 이 편지를 마친다. 그리스도는 사역의 기회와 장애물을 통해 우리의 길을 보여주시고 인도하신다(4:2-6). 그리고 우리가 종으로서 그분을 섬길 때 우리는 모두 한 지도자 아래서 하나의 목표를 지향하고 있다는 사실을 인식하고 동료 일꾼들에게 의지해야 한다. 그 목표란 그분의 메시지를 널리 전파하는 것이다(4:7-18). 우리의 지도자로 완전하신 그리스도께 의지하지 않으면 우리는 이 목표를 성취할 수 없다.

핵심 용어

δοῦλος[*doulos*, 둘로스]*(1401)* '종'; σύνδουλος[*syndoulos*, 쉰둘로스]*(4889)* '동료 하인'

*doulos*는 골로새서 3장 22절과 4장 1절에서처럼 그냥 노예나 집안일을 하는 종을 지칭할 수 있지만, 바울은 이 용어를 사역에 적용해서 예수 그리스도의 '종'을 표현하는 데 사용한다(참조. 빌 1:1). 골로새서에서 에바브라는 예수 그리스도의 "종"(*doulos*)으로 불렸다(4:12). 종은 "자기들의 소유자나 주인, 또는 절대적인 충성을 맹세한 사람들에게만 의무를 진다."[1] 복합어인 *syndoulos*는 그리스도의 종이 혼자가 아님을 강조한다. 우리는 함께 천상의 지도자를 섬기기 위해 그리스도의 몸에 소속되어 있으며, 모두 같은 주인에 대하여 의무를 진다.

συνεργός[*synergos*, 쉰에르고스]*(4904)* '동료 일꾼', '동료'

종들은 같은 주인이신 예수 그리스도 아래서 협력하라는 명령을 받았기 때문에 함께 사역을 수행해야 한다. 골로새서 4장 11절에 나오는 헬라어 *synergos*는 "함께 역사[사역]하는 자들"로 번역되어 있다. 이 말은 사역은 독립적인 사업이 아니라 팀워크라는 사실을 일깨워준다. 바울은 골로새서에서 십여 명의 동역자를 언급한다. 바울은 혼자서는 이 힘든 사역을 성취할 수 없음을 알았다. 그는 동일한 지도자에게 헌신하고 동일한 소명을 함께 추구하는 동료 집단의 일원인 *synergos*였다.

'사소한' 것들의 중요성(골로새서 4:2-6)

2기도를 계속하고 기도에 감사함으로 깨어 있으라 3또한 우리를 위하여 기도하되 하나님이 전도할 문
을 우리에게 열어 주사 그리스도의 비밀을 말하게 하시기를 구하라 내가 이 일 때문에 매임을 당하였
노라 4그리하면 내가 마땅히 할 말로써 이 비밀을 나타내리라
5외인에게 대해서는 지혜로 행하여 세월을 아끼라 6너희 말을 항상 은혜 가운데서 소금으로 맛을
냄과 같이 하라 그리하면 각 사람에게 마땅히 대답할 것을 알리라

속 빈 강정 같은 트위터, 게시물, 문자 메시지가 마구 남발되는 지금 같은 정보 과잉의 세상에서는 말을 하찮고, 약하며, 무의미하고, 공허하며, 실속 없는 것으로 생각하기 쉽다.

이 생각은 정말 잘못되었다!

"말이야 쉽지"라는 흔한 말과는 반대로 말은 쉽지 않다. 말은 중요하다. 특히 영적인 말은 더 그렇다.

바울이 골로새인들에게 보낸 편지에 나오는 통찰력 있는 다섯 구절에서 볼 수 있듯이 말에는 두 가지 차원이 있다. 수직적 차원과 수평적 차원. 두 가지 모두 무의미한 잡담이나 허투루 내뱉은 낱말이 아니라 살아 있고, 능동적이며, 효과적으로 표현되는 강력한 의사 전달 수단이다. 수직적 언어는 하나님을 향한다. 신자는 기도에 헌신해야 한다. 기도를 격의 없고 편안한 의사소통으로 사용하지 말고 힘써 전념해야 한다. 수평적 언어(사람 사이의 의사소통)는 하나님과 관계를 맺고 있지 않은 사람들 속에서 이루어지기 때문에 역시나 중요하다.

이 구절을 살펴보면 우리의 말과 행동—사소해 보이는 것까지도—이 상상 이상으로 많은 것을 의미하고 많은 것을 성취할 수 있음을 알게 될 것이다. 우리의 언행이 그 당시에는 그다지 중요하지 않게 보일 수 있으나 나중에 그것들로 인해 삶이 바뀌었음을 깨닫는 경우가 종종 있다. 사도 바울은 이런 것들의 중요성을 분명히 깨달았다. 그는 '내부자들'을 위한 기도의 중요성(4:2-4)과 '외부자들'을 향한 언행의 중요성(4:5-6)을 강조한다.

—4:2-4—

바울은 기도로 하나님께 올려드리는 말에 대해 쓴 이 세 구절에서 말의 수직적 차원을 다룬다. 그는 우리의 기도 생활에 적용할 수 있는 세 가지 조언을 한다.

첫째, 기도에 헌신하라(4:2). 기도는 수동적이 아니라 능동적이어야 한다. 나약하지 않고 담대하며, 일반적이지 않고 구체적이며, 태만하지 않고 집중하며, 뜨문뜨문하지 않고 지속적이어야 한다. 히브리서 4장 16절은 "은혜의 보좌 앞에 담대히 나아[가라]"고 말한다. 우리는 굽신거리고, 애원하며, 구걸하고, 흥정하면서 하나님께 나아가지 않는다. 담대하지만 분수에 맞는 겸허한 자세로 하나님 앞에 나아가면서 그분이 우리가 구하는 것을 주실 권세와 그분이 원하는 대로 응답하실 권리가 있음을 인정한다. 그리고 우리는 그분이 어떻게 응답하시든-그렇다, 아니다, 기다려라, 또는 그보다 더 좋은 것이 있다-모든 것이 합력해서 해가 아닌 선을 이루실 것을 안다(롬 8:28). 그러므로 우리는 하나님이 아직 응답하지 않으신 기도에 대해서까지도 감사하는 자세로 방심하지 말고 열심히 기도해야 한다. 우리는 감사하는 마음으로 깨어서 기도해야 한다.

둘째, 확실한 비전을 가지고 기도하라(골 4:3-4). 바울은 자신이 처한 특별한 처지를 구체적으로 알리면서 자기와 동료 사역자들을 위한 기도 요청을 주저하지 않는다. 그리고 그리스도를 명확하게 전파하는 소명을 성취하고 싶은 열정을 언급한다. 나는 바울이 감옥에서 석방되도록 기도해달라고 하지 않은 것이 흥미롭다. 그는 자기가 가택 연금에서 풀려날 때까지 계속 철야 기도를 하라고 요구하지 않는다. 오히려 자기가 있는 곳에서 기회의 문이 열리게 해달라는 기도를 요청한다. 지극히 제한적인 상황이었지만 사역에 대한 그의 비전은 원대했다. 나는 사도행전의 마지막 대목을 읽으면서 골로새인들이 이것을 위해 기도했고 하나님이 그 기도를 들어주셨음을 믿게 되었다. 사도행전 28장 30-31절은 바울에 대해 이렇게 말한다. "바울이 온 이태를 자기 셋집에 머물면서 자기에게 오는 사람을 다 영접하고 하나님의 나라를 전파하며 주 예수 그리스도에 관한 모든 것을 담대하게 거침없이 가르치더라." 그들의 기도가 응답된 것 같다!

셋째, 구체적으로 기도하라(골 4:3-4). 바울이 골로새인들에게 부탁한 기도가 얼마나 구체적이었는지 눈여겨보라. 그는 일반적인 선교사들을 위해서가 아니라 특별히 자신과 자신의 동역자들을 위해 기도해달라고 요청했다. 또 자기가 세상에 알려지게 해달라고 하지 않고 그가 처한 특별한 상황 속에서 복음을 선포할 수 있는 문을 열어주시기를 기도해달라고 부탁했다. 그는 하나님이 전 세계 불신자들의 마음과 생각을 열어주셔서 하나님의 계시에 응답하게 해달라고 하지 않고 그가 주변 사람에게 말씀을 전파할 때 정확하게 표현할 수 있도록 기도해달라고 요청했다.

내부자들을 위해서 올려드릴 수 있는 수직적인 말에 관한 바울의 몇 가지 진술은 우리가 영혼을 위해 최전선에서 싸우고 있는 사람들을 위해 기도할 때 따라야 할 본이 된다. 당신이 기도하고 있는 사람들의 이름을 말하라. 문을 열어달라고 요청하라. 그들이 처한 구체적인 상황, 도전, 기회를 위해 기도하라. 그들이 제한된 자원을 최대한 활용하고 실패를 극복하게 도와달라고 하나님께 간구하라. 우리는 끊임없이 기도하고, 열정적으로 기도하며, 구체적으로 기도해야 한다.

—4:5-6—

바울은 골로새서 4장 2-4절의 내부자들을 위해 하나님께 올려드리는 기도에서 우리의 말이 중요하다는 점을 일깨워주었다. 이제 4장 5-6절에서는 우리의 언행이 외부인들에게 일으키는 변화로 방향을 돌린다. 바울은 행동(4:5)과 말(4:6)에 대해 논의하면서 잃어버린 자들에게 증언할 때 가장 주목받는 두 가지 측면을 다룬다.

외부인들-그리스도가 없는 불신자들-은 비록 길을 잃었을지언정 보고 듣는 감각은 예리하다는 사실을 절대 잊지 말라. 그들은 그리스도를 안다고 주장하는 우리의 언행을 예민하게 인식하고, 분별하며, 주의 깊게 살핀다. 때로 그들은 불공평할 정도로 우리 삶을 주시한다. 그리스도인은 통상 죄에서 완전히 벗어났다고 하지 않는다. 다만 모든 죄를 용서받았다. 그럼에도 불구하고 우리의 언행은 우리를 지켜보고 있는 세상을 하나님께로 더 가까이 끌어올 수도 있고 더 멀어지게 할 수도 있다.

우리는 외부 사람을 대할 때 행보를 조심하고 지혜롭게 행해야 한다. "행하[다]"(4:5)로 번역된 말은 *peripateō*(4043)라는 헬라어로 '돌아다니다'는 뜻이다. 이는 일상생활의 모든 행동을 뜻한다. 오직 하나님만 우리의 마음을 보실 수 있기에 사람들은 우리의 행동거지를 보고 우리 믿음의 질을 판단하고 평가한다.

이런 이유에서 바울은 우리에게 "지혜로" 행하라고 말한다. 지혜는 성경에서 중요한 단어다. "지혜"로 번역된 헬라어 *sophia*(4678)는 '이해하고 그에 따라 기능할 수 있는 능력'이라는 뜻이다.[2] 이 단어는 골로새서에만도 여섯 번이나 쓰였다. 한번은 거짓 종교와 금욕주의에서 비롯된 세속적인 인간의 "지혜"를 이 단어로 지칭했다(2:23). 이런 인간의 지혜는 그리스도 안에서만 찾을 수 있는 "영적 지혜"와 대립한다(1:9, 28, 2:3, 3:16, 4:5).

진정한 영적 지혜의 근원이신 단 한 분, 그리스도의 지도 아래서 살아갈 때 우리는 수많은 긍정적인 효과를 경험하게 된다. 그것은

- 말할 때와 침묵할 때를 분별하게 해준다.
- 다른 사람들과 현명하게 관계를 맺을 수 있는 지혜를 준다.
- 회의론자와 비판자들을 대하는 최선의 행동 방침을 분별할 수 있게 준비시켜준다.
- 어려움을 겪고 있는 사람들에게 충고하고 조언해줄 수 있는 기회를 준다.

한마디로, 지혜로 행하면 모든 기회를 최대한 활용할 수 있다. 우리는 그리스도가 절실히 필요한 사람들과의 만남을 그냥 흘려 보내지 않게 될 것이다. 지혜는 우리가 예수 그리스도의 인격과 사역에 관한 구원의 진리를 나누려고 입을 열기에 앞서 우리의 삶을 매력적이고, 설득력 있으며, 영향력 있게 만들어줄 것이다. 그러나 우리가 어리석고 위선적인 삶을 살면 외부 사람들은 우리에게 등을 돌릴 것이다. 워렌 위어스비가 이 점을 잘 예시했다.

> 이 이야기는 뉴욕시에 있는 갈보리 침례 교회를 시무하다가 1946년에 세상을 뜰 때까지 시카고의 무디 성경 연구소 학장으로 재임했던 윌 호튼(Will H. Houghton) 박사가 즐겨 하던 것이다. 윌 호튼 박사가 애틀랜타에 있는 뱁티스트 태버내클 교회에 있을 때 한 남자가 사립 탐정을 고용해 호튼 박사의 일거수일투족을 감시했다. 몇 주 뒤 그 탐정은 호튼 박사의 삶이 그의 설교와 일치한다는 보고를 했고, 그 결과 그 의뢰인은 그리스도인이 되었다.[3]

바울은 우리가 수평적 차원에서 바깥 세상 사람들에게 어떻게 행동해야 하는지를 설명하던 중 말에 대한 논의로 넘어간다(4:6). 우리는 친절하고, 즐거운 미소를 지으며, 마땅히 살아야 하는 대로 사는 것만으로 사람들을 그리스도께로 인도할 수 없다. 지혜로운 행보와 함께 말로 사람들의 마음을 얻어야 한다. 바울은 그것을 이렇게 표현한다. "너희 말을 항상 은혜 가운데서…하라." 우리는 "은혜" 부분은 알고 있다. 우리는 무례하고, 거만하며, 신랄하게 말하면 안 된다. 우리는 사려 깊고, 멋지고, 매력적으로 말해야 한다. 이것은 말의 내용이 아니라 말하는 태도와 관련된 것이다. 물론 어떤 사람들은 우리가 아무리 친절하게 복음의 메시지를 전해도 그것 자체를 불쾌하게 여길 것이다. 사람들은 대개 자기들이 구세주가 필요한 잃어버린 죄인이며 절대 자신을 스스로 구원할 수 없다는 말을 듣고 싶어 하지 않는다. 그러나 우리는 언행에 있어서 "은혜롭게" 복음의 진리를 제시하려고 노력해야 한다. 바울이 다른 곳에서 말했듯이, "유대인에게나 헬라인에게나 하나님의 교회에나 거치는 자가 되지 말고 나와 같이 모든 일에 모든 사람을 기쁘게 하여 자신의 유익을 구하지 아니하고 많은 사람의 유익을 구하여 그들로 구원을 받게 하라"(고전 10:32-33).

바울은 골로새서 4장 6절에서 우리의 말은 "소금으로 맛을 냄과 같이" 해야 한다는 예시로 논점을 강조한다. 지금처럼 고대에도 소금은 음식의 부패를 방지하는 방부제로 사용되었다. 그러나 그게 바울의 요지인 것 같지는 않다. 복음에 대해 긍정적으로 반응할 때 신자들의 영생이 보존되지만, 이 비유에서 바울의 주안점은 우리가 각 사람에게 맞게 반응해야 한다는 것이다. 바울의 본지는 우리가 하는 말의 질이다. 바울은 아마도 또 다른 소금의 흔한 용도–음식에 풍미를 더하는 양념–를 염두에 두었을 것이다. 숙련된 요리사는 소금의 용도는 맛이 없고 밍밍한 음식에 풍미를 더하는 것이 아니라 음식 본연의 맛을 살리는 것이라고 가르친다. 따라서 바울의 말은 우리의 말이 활기차고, 열정적이며, 매력적이고, 생각을 자극하며, 멋지고, 심지어 유머가 있어야 한다는 뜻일 것이다.[4]

나는 이 구절에 대한 윌리엄 바클레이의 해설을 좋아한다.

> 많은 사람이 기독교를 생각할 때 고리타분하게 경건을 가장하면서 웃음조차도 이단시하는 사상을 연상하는 것은 부인할 수 없는 사실이다…그리스도인은 예수님이 지니셨던 매력과 재기로 메시지에 호감을 더해야 한다. 기독교에는 사람을 답답하게

짓눌러 의기소침하게 만드는 것은 너무 많고 생기로 반짝이게 하는 것은 너무 적다.[5]

적용: 골로새서 4:2–6
우리의 말과 행동

우리는 지금까지 '하찮아' 보이는 것–말과 행동–이 가진 힘에 대해 생각해보았다. 바울은 골로새서 4장 2–6절에서 우리가 하는 말과 일에 대해 더 많이 생각하도록 했다. 이런 것들이 때로는 대수롭지 않게 보일 수도 있지만, 그리스도의 지도를 따라 우리가 매일 보여주는 언행은 수평적 관계와 수직적 관계에서 큰 의미를 지닌다. 이 단락을 마무리하면서 우리 삶에 적용할 수 있는 네 가지 구체적인 원칙을 살펴보기로 하자.

첫째, **기도하겠다는 의지를 더욱 굳게 하라. 기도에 헌신하라. 비전을 품으라. 그리고 구체적으로 기도하라.** 솔직히 나는 열과 성을 다해 헌신적으로 기도하는 것보다 힘든 일은 없다고 생각한다. 수동적이고 막연한 기도는 쉽다. 무덤덤한 마음으로 입술만 달싹이는 기도는 쉽다. 하지만 마음과 생각을 다 쏟아 긍휼한 마음으로 힘써 구체적인 기도를 심는 것은 얼마나 어려운 일인가! 우리가 기도하기를 기대하는 사람들이 주변에 있을 때 이따금 큰 소리로 기도하기는 쉽다. 그러나 아무도 보지 않을 때 은밀히 우리가 볼 수도 들을 수도 없는 대상에게 요청하는 기도에 전념하기는 얼마나 어려운가. 그런 기도는 믿음이 있어야 가능하다. 그리고 끈기와 헌신이 있어야 한다. 어제보다 내일, 이번 주보다 다음 주에 더 많이 기도하라. 그런 다음 거기서부터 일상을 쌓아가라.

둘째, **당신이 더 지혜롭게 행할 수 있는 지혜를 하나님께 구하라.** 야고보는 이렇게 말했다. "너희 중에 누구든지 지혜가 부족하거든 모든 사람에게 후히 주시고 꾸짖지 아니하시는 하나님께 구하라 그리하면 주시리라"(약 1:5). 그리고 바울은 예수 그리스도가 바로 하나님의 지혜이심을 상기시킨다(고전 1:24). 우리는 우리 안에 계시는 성령을 통해 지혜를 얻는다. 우리는 간단히 이렇게 기도할 수 있다. "주님, 당신의 성령에 의해 그리고 예수 그리스도의 성품을 따라 제 행보가 지혜롭도록 도와주세요. 제가 사람들을 대할 때 분별력을 갖고, 기지를 발휘하며, 반응하기 전에 생각할 수 있게 해주세요."

셋째, **'외부자들'에게 더 주의를 기울이라.** 기독교의 기준에 부합하지 않는 그들의 언행을 사사건건 트집 잡으라는 말이 아니다. 불신자들이 그리스도인처럼 살기를 기대하는 것은 잘못이다. 그러나 불신자들이 그리스도인들에게 그리스도처럼 살기를 기대하는 건 당연하다. 그들이 당신을 지켜보고 있다는 것을 기억하라. 그들은 당신이 하는 말을 듣고 있다. 그들은 당신의 믿음에 호기심이 있으며, 그것이 당신에게 진짜인지 궁금해한다. 그리스도에 대한 당신의 헌신이 진실하지 않다면 그들에게 그것은 고려할 가치가 없다. 복음이 당신을 변화시키지 않으면 그들에게 그것은 도전이 되지 않는다.

넷째, **더 매력적이고 친근한 사람이 되기 위해 노력하라.** 당신의 말은 중요하다. 말하기 전에 생각하라. 냉소와 비아냥을 버리라. 불평하지 말고 내숭 떨지 말라. 당신이 하는 말을 들어보고 당신의 말투가 다른 사람들에게 어떻게 전달되는지 생각해보라. 무미건조한가, 아니면 재기 발랄한가? 당신과 당신의 삶에 관해서만 말하고 있는가, 아니면 그리스도와 새 생명에 관해서 말하고 있는가? 당신이 개인적으로 관심이 있는 이슈가 아니라 그들이 묻는 질문에 답하라. 언행을 덕스럽게 하라. 사람들을 있는 그대로 받아들이고 그들이 이해할 수 있는 언어로 말하는 법을 배우라.

다정한 작별 인사(골로새서 4:7–18)

7두기고가 내 사정을 다 너희에게 알려 주리니 그는 사랑 받는 형제요 신실한 일꾼이요 주 안에서 함
께 종이 된 자니라 8내가 그를 특별히 너희에게 보내는 것은 너희로 우리 사정을 알게 하고 너희 마
음을 위로하게 하려 함이라 9신실하고 사랑을 받는 형제 오네시모를 함께 보내노니 그는 너희에게서
온 사람이라 그들이 여기 일을 다 너희에게 알려 주리라

10나와 함께 갇힌 아리스다고와 바나바의 생질 마가와 (이 마가에 대하여 너희가 명을 받았으매
그가 이르거든 영접하라) 11유스도라 하는 예수도 너희에게 문안하느니라 그들은 할례파이나 이들만
은 하나님의 나라를 위하여 함께 역사하는 자들이니 이런 사람들이 나의 위로가 되었느니라 12그리스
도 예수의 종인 너희에게서 온 에바브라가 너희에게 문안하느니라 그가 항상 너희를 위하여 애써 기
도하여 너희로 하나님의 모든 뜻 가운데서 완전하고 확신 있게 서기를 구하나니 13그가 너희와 라오
디게아에 있는 자들과 히에라볼리에 있는 자들을 위하여 많이 수고하는 것을 내가 증언하노라 14사랑
을 받는 의사 누가와 또 데마가 너희에게 문안하느니라 15라오디게아에 있는 형제들과 눔바와 그 여
자의 집에 있는 교회에 문안하고 16이 편지를 너희에게서 읽은 후에 라오디게아인의 교회에서도 읽게
하고 또 라오디게아로부터 오는 편지를 너희도 읽으라 17아킵보에게 이르기를 주 안에서 받은 직분을

삼가 이루라고 하라

[18]나 바울은 친필로 문안하노니 내가 매인 것을 생각하라 은혜가 너희에게 있을지어다

위대한 시인 새뮤얼 테일러 콜리지(Samuel Taylor Coleridge)는 "우정은 그늘을 드리워주는 나무다"라고 말했다.[6] 참으로 맞는 말이다. 생각해보라. 친구는 나뭇가지처럼 우리에게 손을 내밀어 피난처를 제공한다. 친구는 우리에게 그늘과 피난처와 물질을 제공하고 보호해준다. 친구는 우리가 뒤로 물러나 쉬고 기운을 차릴 수 있는 친숙한 장소로 우리를 부른다.

특히 진정한 친구는 삶의 질을 높이는 데 중요한 세 가지를 제공한다. 친구는 우리가 홀로 외롭지 않도록 우정을 베풀어준다. 친구는 위안-등을 두드려주고, 기대어 울 어깨를 내어주며, 필요할 때 따뜻한 위로의 말-을 준다. 친구는 우리가 올바른 길에서 벗어나지 않도록 서로 책임져주고 올바른 시각을 제공한다. 직계 가족 외에 다른 사람들과 우리의 삶을 나누면 우리의 세계는 확대되고, 마음은 강해지며, 생각은 신선한 통찰력으로 예리해진다.

한 심리학자는 우리의 건강에 미치는 우정의 중요성에 주목한다.

> 나는 우정이 다른 모든 사랑의 발판인 것을 알게 되었다. 우정은 삶의 다른 중요한 관계로 흘러나간다. 친구가 없는 사람들은 대개 모든 종류의 사랑을 유지하는 능력이 약하다. 그들은 결혼을 거듭하고, 여러 가족과 소원해지며, 직장 생활이 원만하지 않은 경향이 있다. 반면에, 친구를 사랑하는 법을 아는 사람들은 만족스러운 결혼 생활을 오래 유지하고, 직장에서 팀워크를 잘하며, 자녀와 즐겁게 지낸다.[7]

우리가 그리스도를 우리의 지도자와 모본으로 바라보면 그분 역시 함께 일하는 친구가 있었음을 알게 된다. 아주 가까운 친구도 몇몇 있었고, 다른 많은 친구가 그분이 사역하시는 주변에 있었다. 그분에게는 부활하신 뒤 모습을 보이신 "오백여 형제"(고전 15:6)가 있었다. 복음을 전파하라고 짝을 지어 파송한 70명이 있었다(눅 10:1). 또 자나깨나 그분과 함께 했던 열두 제자도 있었다(마 10:2-4). 그 그룹 안에는 그분과 특별히 돈독한 사이였던 세 사람(베드로, 야고보, 요한)이 있었다(막 5:37, 9:2, 14:33). 그리고 그 세 사람 중에서도 "사랑하시

는 제자"인 요한과 특별히 친밀한 우정을 나누셨다(요 19:26, 21:20). 이들 모두와 다른 많은 사람이 예수님의 삶과 사역에 참여했다. 그들은 예수님에게만 아니라 서로에게 친구가 되어주었다. 이렇게 예수님을 중심으로 동심원을 이룬 친구들은 그늘을 드리워주는 나무처럼 위안을 주고 서로를 책임졌다.

골로새서의 마지막 열두 구절에서 사도 바울은 자기의 삶과 사역에서 중요한 부분을 차지했던 친구를 열 명 이상 거명한다. 그 친구들 중에는 좋을 때나 힘들 때나 그의 곁을 지켰던 사람들, 그를 위해 기도하고 도왔던 사람들 그리고 바울이 계속 염려한, 길을 잃은 한 사람도 있었다.

바울이 예수 그리스도의 지도를 받으며 살고 있는 골로새의 그리스도인들에게 전한 다정한 작별 인사를 보면서 그의 가까운 친구들에 대해 알아보고 삶에 대한 지혜와 통찰을 얻어보자.

—4:7–9—

바울은 제일 먼저 가장 가까운 친구 두 사람을 언급한다. 그 중 한 사람은 이 편지를 골로새에 전달했고 에베소에 보내는 편지도 배달했다(엡 6:21-22).

두기고(골 4:7-8). 바울은 두기고를 사랑받는 형제, 신실한 사역자, 동료 종으로 여겼다. 그는 일관성 있고, 충성스러우며, 신뢰할 수 있고, 믿음직하며, 바울의 상태를 아주 잘 아는 사람으로 묘사되어 있다. 두기고가 바울의 신뢰를 받는 대리인 역할을 한 것은 이번만이 아니었다. 바울은 디도서 3장 12절에서 이렇게 말한다. "내가 아데마나 두기고를 네게 보내리니 그 때에 네가 급히 니고볼리로 내게 오라 내가 거기서 겨울을 지내기로 작정하였노라." 두기고는 소아시아 출신이어서(참조. 행 20:4) 그 문화에 익숙했기 때문에 바울의 대리인으로 적임자였다.

오네시모(골 4:9). 빌레몬서에 대해 논의할 때 보게 되겠지만, 골로새에서 도주한 노예인 오네시모는 로마에서 바울을 만나 그리스도를 알게 되었다. 그의 주인은 빌레몬서의 수신인인 빌레몬이었다. 빌레몬의 종살이에서 벗어난 오네시모는 서쪽 이달리야까지 가서 하나님의 섭리로 로마에 있는 바울의 셋집에서 여정을 끝냈다. 이 만남으로 그는 그리스도께 귀의하였고, 그로 인해 자신의 주인 빌레몬과의 관계를 바로잡아야겠다는 마음을 먹게 되었다. 바울은 오네시모를 "신실하고 사랑을 받는 형제"(4:9)라고 표현한다.

흥미롭게도 법적으로 노예였던 오네시모는 그리스도 안에서 "형제"로 불리고, 자유인이었던 두기고는 주 안에서 "함께 종이 된 자"(문자적으로 '노예', 4:7)로 불렸다. 바울은 분명히 이 아이러니를 알아차렸다. 어쩌면 바울이 의도적으로 그랬을 수도 있다. 신자들이 그리스도 안에서 형제자매가 되었다고 해서 사회적 신분 차이가 없어지는 것은 아니다. 하지만 우리는 그런 차이보다 인종, 사회적 지위, 성별에 관계없이 같은 가족의 일원이라는 근본적인 정체성을 더 우선시해야 한다(참조. 갈 3:28).

어찌됐든, 골로새서 4장 9절 말미를 보면 이 두 사람-베테랑 사역자인 두기고와 새 개종자 오네시모-모두 골로새 교회에서 바울을 대리했다고 나온다. 그들은 로마에 있는 바울의 상황을 구두로 보고했다. 바울은 로마에서 가택 연금을 당하고 있을 때 그들을 자신의 수족처럼 의지했고 자신의 대변자로 세웠다.

—4:10-14—

그다음에 바울은 로마에 함께 남아 있는 여섯 친구를 언급한다. 곧 아리스다고, 마가, 예수(유스도), 에바브라, 누가, 데마다. 처음 세 사람은 유대인이고 그 뒤의 세 사람은 이방인이다. 바울은 이 편지의 앞부분에서 이들 중 하나인 에바브라를 언급했다(1:7). 마가와 누가는 복음서 저자로 잘 알려져 있다. 나머지 세 사람인 아리스다고, 유스도, 데마는 아마 생소할 것이다.

아리스다고(4:10). 아리스다고는 바울이 사도행전 20장 4절에 헬라, 마게도냐, 소아시아에서 사역할 때 소바더, 세군도, 가이오, 디모데, 두기고, 드로비모와 함께 다녔던 사람으로 나온다. 누가도 중간에 그 그룹에 합류했다(행 20:5-6). 아리스다고는 원래 데살로니가 출신이다(행 20:4). 바울은 골로새서 4장 10절에서 그가 자기와 "함께 갇[혀 있다]"고 말한다. 아리스다고가 바울과 함께 가택 연금을 당하고 있었는지[8] "동료 죄수"였는지는 확실치 않다(이 점은 에바브라도 모호하다, 참조. 빌 1:23).

어쨌든 아리스다고는 바울과 사역하면서 혹독한 일들을 함께 겪었다. 그와 가이오는 에베소에서 폭동이 일어나 몰려든 군중에게 "붙들[려]" 갔다(행 19:29). 그는 또 바울이 가이사에게 항소하기 위해 이달리야로 갔을 때 그 길고 위험한 항해를 함께했다(행 27:2). 그때 그들은 아드리아해에서 조난당했다가 간신히 살아서 멜리데 섬에 상륙했다(행 27:14-28:1). 바울이 골로새서를 쓸 무렵에 아리스다고가 아직도 바울과 함께 있었다는 사실은 바울과 그들의 공동 지도자이신 예수 그리스도에 대한 그의 한결같은 충성심을 보여준다. 그들은 시련과 고난을 함께 겪으면서 관계가 더 끈끈해졌다.

마가(골 4:10). 바울은 요한 마가를 "바나바의 조카"라고 말한다. 골로새인들은 바나바에 대해서는 들어보았을 수 있으나, 예전에 바울과 바나바가 첫 번째 선교여행을 하던 도중에 하차했고(행 13:5, 13), 그로 인해 훗날 바울과 바나바의 관계를 어그러트린 이 젊은이에 대해서는 잘 몰랐을 것이다(행 15:37-40). 그때로부터 몇 년이 지난 지금, 마가는 바울과 화해하고 로마에서 그와 동역하고 있었다. 실제로, 바울은 생의 말년에 마가가 "나[바울]의 일에 유익"(딤후 4:11)하므로 와주기를 바랐다. 젊은 요한 마가와 바울 사이의 우정은 초기에는 원만하지 못했지만, 두 사람 다 그 갈등을 통해 성장했다. 마가는 성숙하고 강인해졌고, 바울은 인내와 관용이 더 커졌다.

예수(유스도, 골 4:11). 여기에 언급된 그리스도 안에 있는 세 명의 유대인 신자 중 세 번째 사람은 공교롭게도 주님과 이름이 같다. 예수의 히브리어 이름은 여호수아다. 그의 라틴어 이름은 유스도인데, 같은 이름을 가진 사람이 사도행전에 두 명 더 나온다(행 1:23, 18:7). 유스도는 아리스다고와 마가와 함께 "하나님의 나라를 위하여 함께 역사하는 자들"(골 4:11)이었다는 것 외에는 알려진 바가 없다.

에바브라(4:12-13). 그리스도인 친구들이 모여 있으면 신실한 중보 기도자로 알려진 사람이 보통 한두 명씩 있다. 바울의 친구 중에서는 에바브라가 그런 사람이었다. 원래 골로새 교회의 교인이었고, 실제로 그들에게 복음을 전한 인물이었던(1:7, 4:12) 에바브라는 골로새인들뿐만 아니라 라오디게아와 히에라볼리의 인근 신자들을 위해 열심히 구체적으로 기도하는 예수 그리스도의 충실한 종이었다(4:12-13). 바울이 골로새인들의 영적 상태에 대해 잘 알 수 있었던 것은 에바브라가 바울에게 그 문제에 대해 의논한 것도 있지만, 골로새인들을 향한 에바브라의 간절한 기도와 염려를 그가 들었기 때문이었다.

누가(4:14). 누가는 아리스다고와 마찬가지로 오랜 세월 바울과 동역하면서 숱한 파란을

라오디게아인에게 보낸 편지?(골로새서 4:16)

바울은 자신의 편지를 받은 교회들이 그것을 큰 소리로 읽고, 필사해서 주변 교회에 전달하기를 바랐다. 그리고 실제로 그들이 그렇게 했기 때문에 지금 우리가 신약성경이라는 모음집을 갖게 되었다. 이미 60년대 중반에 사도 베드로는 "그[바울]의 모든 편지"(벧후 3:15–16, 현대인의 성경)를 인용할 수 있었다. 베드로는 바울의 글 모음집이 소아시아의 교회들 사이에서 회람되고 있는 것을 분명히 알았을 뿐 아니라, 이 편지들을 권위 있는 성경과 동등하게 여겼던 것으로 보인다.

그런데 교회들이 바울의 편지를 충실히 필사하고 배포하고 수집했다면, 어째서 에베소서, 빌립보서, 골로새서, 빌레몬서는 있는데 라오디게아서는 없는 것일까? 바울은 골로새서 4장 16절에서 골로새인들에게 "이 편지[골로새서]를 너희에게서 읽은 후에 라오디게아인의 교회에서도 읽게 하고 또 라오디게아로부터 오는 편지를 너희도 읽으라"고 일렀다.

언뜻 보면 이 구절은 바울이 라오디게아에 편지를 써서 보냈고, 그것을 골로새인들이 읽은 뒤 분실한 것처럼 들린다. 그러나 이 구절이 정말 그런 뜻일까? 헬라어 본문을 자세히 보면 바울이 실제로 "라오디게아로부터 온"(*ek Laodikeias*) 편지를 언급하고 있음을 알 수 있다. 일부 번역본에는 "라오디게아 교회를 거쳐서 가는 내 편지"(공동번역)라고 번역되어 있는데, 사실 "내"라는 단어는 원문에는 없다. 원문에는 그냥 "라오디게아로부터 오는 편지"라고 쓰여 있다. 따라서 그것은 바울이 라오디게아로 보낸 편지가 아니라 골로새인들이 그들에게서 받을 것으로 기대하던 편지일 수 있다.

일부 학자는 라오디게아에 보낸 편지(지금은 잃어버린)가 있었다고 믿는다.[9] 반면에 바울이 두기고 편에 골로새서와 빌레몬서와 함께 보낸 에베소서를 언급하는 것일 수 있다고 믿는 학자도 있다(참조. 엡 6:21).[10] 그럴 경우에는 다음과 같은 시나리오를 상상할 수 있다.

바울은 오네시모와 두기고에게 이른바 세 편의 옥중서신–에베소서, 골로새서, 빌레몬서–을 각각의 수신지로 배달시켰다. 그들은 제일 먼저 항구 도시 에베소에 도착해서 에베소인들에게 보낸 편지를 전달하고 바울의 소식과 추가된 지시 사항을 전했다(참조. 엡 6:21). 그들이 골로새로 떠나기 전 에베소 교회는 그들의 편지 사본을 그들과 연결되어 있는 다른 교회들에게 보내라는 지시를 받았다. 그리고 그 교회들이 다시 다른 교회로 사본을 보내기로 되어 있었다. 라오디게아 교회는 바울이 골로새서에서 언급한 세 자매 교회–라오디게아, 히에라볼리, 골로새–중에서 가장 컸다. 그래서 바울은 에베소에 보낸 편지가 결국에는 교회들의 연결망을 통해 골로새의 작은 교회까지 전달될 것을 알았을 것이다. 바울이 골로새인들에게 그들이 받은 편지를 히에라볼리로 보내라고 하지 않은 것에 유의하라. 바울은 아마도 더 크고, 더 중추적인 역할을 했을 라오디게아 교회가 그 편지를 히에라볼리로 보낼 것이라 예상했을 것이다. 그들은 자기들이 가진 사도들의 글을 빠짐없이 근방의 더 작은 교회들에게 보내야 할 책임이 있었기 때문이다.

언젠가 라오디게아인들에게 보낸 잃어버린 서신을 발견한다는 생각은 흥미로울지는 모르지만, 그런 편지는 애초에 없었고, 골로새서 4장 16절에 언급된 편지는 처음부터 성경에 있었던 에베소서일 가능성이 크다!

함께 겪었다. 여기서 우리는 누가가 의술을 공부했음을 알 수 있다. 얼마나 근사한가! 그는 사역의 동역자들과 그가 사역을 베풀어야 할 사람들의 영적이고 실제적인 필요를 돌보면서 의학적 도움도 줄 수 있었다. 누가는 바울이 "내 육체에 가시"(고후 12:7)라고 말한 고질적인 문제를 잘 관리하도록 주치의 역할을 했던 것 같다.[11] 또한 누가는 뛰어난 학자이자 작가로서 누가복음과 사도행전을 썼다.

데마(골 4:14). 골로새서에서 우리가 데마에 관해 알 수 있는 것은 그가 안부를 전한다는 것이 전부다. 빌레몬서에는 그가 바울의 "동역자"(몬 1:24)였다고만 나온다. 그런데 디모데후서 4장 10절에도 데마가 나온다. "데마는 이 세상을 사랑하여 나를 버리고 데살로니가로 갔[다]." 누구에게나 동지애가 식고 신의를 저버린 친구들이 있게 마련이다. 그들은 엇나가는 듯하다가 결국에는 사라진다. 요한 마가도 비슷한 실수를 했지만 젊었을 때였고, 데마는 말년에 그런 것 같다. 그가 회개하고 돌아왔는지에 대해서는 알려진 바가 없다.

—4:15-18—

마지막으로, 바울은 라오디게아 신자들과 두 명의 친구–눔바라는 여인과 아킵보라는 남자–에게 안부를 전한다.

눔바(골 4:15). 로마 제국에서 기독교가 불법이었던 교회사 초기에 교회들은 개인 집에서 모였다.[12] 집주인들은 보통 상당수의 사람을 집에 들일 만큼 큰 주택을 가진 부자 교인들이었다. 요한계시록 3장 14-22절에 기록된 라오디게아 교회에 보낸 메시지를 보면 라오디게아 교회는 부유해서 자급자족할 만큼 물질적으로 풍족했다. 눔바는 자기 집을 개방해서 교회의 모든 회중을 섬긴 라오디게아 교회의 부유한 부인이었던 것 같다.[13] 여인들은 예수님의 사역(마 27:55-56, 눅 8:1-3, 10:38-39)과 바울의 사역(행 16:14-15, 40, 롬 16:1-6, 12, 15)에 깊이 관여했다. 바울이 언급한 여인들은 교회의 헌신적인 종이면서 사도의 신실한 벗이기도 했다.

아킵보(골 4:17). 바울은 빌레몬서 1장 2절에서 아킵보를 "우리와 함께 병사 된" 자로 부른다. 이로 미루어 보아 그는 근면하고, 헌신적이며, 충실한 그리스도의 사역자였던 듯하다. 바울은 골로새서에서 아킵보에게 특별한 메시지를 남긴다. "주 안에서 받은 직분을 삼가 이루라”(4:17). 바울이 말하는 사역이 무엇인지는 알 수 없으나, 바울은 기본적으로 “계속 그 일을 하라”는 말로 아킵보를 격려하고 힘을 실어주려고 했다. 아마 골로새 교회의 목회자 중 하나였을 아킵보에게 막 움트고 있던 영지주의적 이단의 위협에 맞서 믿음을 지키도록 힘을 북돋워주기 위해 한 말이었을 것이다.

바울은 친필로 쓴 감동적인 인사로 골로새인들에게 보내는 편지를 끝맺는다. 그는 늘 하던 대로 비서–이 경우에는 아마도 디모데가 도왔을 것이다–의 도움을 받아 편지를 쓰고 직접 서명했다. “나 바울은 친필로 문안하노니 내가 매인 것을 생각하라 은혜가 너희에게 있을지어다”(4:18). 바울은 이 간략한 말로 그들의 관심과 중보를 요청하고(“내가 매인 것을 생각하라”), 그들을 축복하는 기도를 한다(“은혜가 너희에게 있을지어다”).

바울의 인사는 그가 실제로 기도를 가장 중요하게 여겼음을 보여준다. 나아가 우리의 충분성은 우리 자신에게서 나오는 것이 아니라 우리 주, 우리의 생명, 우리의 지도자로서 모자람이 없으신 예수 그리스도에게서 나온다는 사실을 다시금 일깨워준다. 참으로 바울다운 표현이다.

적용: 골로새서 4:7–18

아무도 아닌 사람은 없다

내 인생에서 나–그리고 다른 수천 명–에게 큰 영향을 미친 몇몇 인물이 있다. 그들은 전 세계의 기독교에 두루 영향을 미쳤다. 레이 스테드먼(Ray Stedman), 하워드 헨드릭스(Howard Hendricks), 스탠리 투생(Stanley Toussaint), 존 월부어드(John Walvoord), 찰스 라이리(Charles Ryrie), 루이스 존슨(S. Lewis Johnson), 브루스 월트키(Bruce Waltke), 그랜트 하워드(Grant Howard), 얼 레드마커(Earl Radmacher), 드와이트 펜테코스트(Dwight Pentecost) 같은 사람들이 그들이다. 이들에 대해 들어본 적이 없다면 인터넷에서 잠깐 찾아보면 그들이 모든 세대의 그리스도인에게 얼마나 중요한 영향을 미쳤는지 알 수 있다. 그들은 내게 성경, 히브리어, 헬라어, 신학, 사역을 가르쳐주었다. 그들 중 몇 사람은 나와 개인적으로 아주 가까운 평생 지기가 되었다. 그들이 나와 내 가족 그리고 나의 사역에 쏟아부은 것에 대해 나는 언제까지나 감사할 것이다.

그러나 솔직히 말하면, 나에게 지적인 깊이를 더해준 이런 위대한 사람들이 있는가 하면 인터넷에 이름을 검색해도 아무것도 나오지 않는 사람들이 있다. 일반 세상에서 그들은 아무도 아니다. 그들은 무언가를 발명하지도 않았고, 베스트셀러 소설을 쓰지도 않았으며, 큰 히트를 친 영화에 출연하지도 않았고, 앨범 판매량이 플래티늄을 기록하지도 않았으며, 대통령에 출마하지도 않았다. 역사는 그들을 잊었다. 그들의 이름은 신문 부고란에 실린 약력이나 묘석에서만 찾아볼 수 있다. 그러나 눈을 감고 내 인생의 뉴스 영화를 돌려보면 이 아무도 아닌 사람들이 헤드라인을 장식한다.

내가 고등학생 때 연설과 드라마를 가르치셨던 훌륭한 선생님 리처드 니암(Richard Nieme) 같은 분들이 그렇다. 그분은 내 말더듬증을 고쳐주셨다.

그리고 해병대 시절 일본 오키나와에 16개월 동안 주둔했을 때 그곳에서 봉사하고 있던 네비게이터 대표 밥 뉴커크(Bob Newkirk)도 있다. 그는 내가 성경을 암송하고, 지도하며, 가르치고, 복음을 전하는 일에 더 많이 참여하도록 독려했다.

내가 신학교를 다닐 때 나를 믿어주었던 해병대 출신 빌리 허튼(Billy Haughton)은 내가 몇 가지 개인적인 문제로 어려움을 겪을 때 곁을 지켜주었다.

또 내가 졸업한 뒤 달라스 신학교 교목이 된 리처드 슘(Richard Seume) 박사도 있다. 그분은 내가 미지의 세계를 두려워하지 않고 하나님을 신뢰하게 해주었다. 그 영향으로 나는 캘리포니아로 갈 수 있었고, 거기서 내 사역은 큰 결실을 맺기 시작했다.

달라스의 성공한 사업가인 로슨 리지웨이(Lawson Ridgeway)도 빼놓을 수 없다. 그는 나를 아낌없는 사랑으로 보살펴주었고, 그의 집에서 '삶을 변화시키는 성경공부'를 진행하게 해주었다. 그가 아니었다면 갖지 못했을 귀한 기회를 베풀어준 덕에 나는 현실 세계에서 벼랑 끝에 몰린 사람들과 소통하는 법을 배웠다.

세상에서는 아무도 아닐 수 있는 이 귀한 사람들은 내 인생이 여물어가던 시기에 헤아릴 수 없는 큰 도움을 주었다. 그들이 말과 행동으로 내게 미친 영향을 굳이 양으로 재본다면 이른바 '위대한 이름들'에게서 얻은 영향력에 뒤지지 않는다고 말할 수 있다.

그리고 당신도 마찬가지일 것이다. 사실, 언제나 그래왔다. 한 이름 없는 사람이 종교개혁가 마르틴 루터에게 신학을 가르쳤다. 한 이름 없는 사람이 신발 가게에서 일하는 전도자 드와이트 무디를 찾아와 그리스도에 대해 말해주었다. 한 이름 없는 사람이 윌리엄

캐리의 인도 사역에 자금을 댔다. 한 이름 없는 사람이 20여 년 동안 빌리 그레이엄을 위해 신실하게 기도했다. 한 이름 없는 사람이 사해 두루마리를 발견해서 20세기 성경 연구에 혁명을 일으켰다. 사도 바울이 로마 감옥에서 디모데에게 보내는 마지막 편지를 쓸 때 그에게 다시 힘을 준 것도 한 이름 없는 사람이었다.

생각해보라. 수면 위에 드러나 있는 빙산의 10퍼센트는 물 아래 가려진 90퍼센트가 없으면 물 위로 떠오르지 못한다. 대통령이 유능한 내각과 현명한 조언자들의 보좌를 받지 못하면 행정부는 제 기능을 다 할 수 없다. 목사는 뒤에서 이름 없이 수고하는 많은 사람이 없다면 매주 말씀을 전하지 못한다. 세상의 이름 없는 사람들이 없다면 위대한 사람들도 없을 것이다.

좀더 생각해보면 이름 없는 사람이라고 말하는 것도 옳지 않은 것 같다. 보이지 않는 곳에서 일하는 사람들은 모두 위대한 사람들이다. 그렇다. 그들은 이름 없는 위인들이다.

예수님의 몸에서 아무도 아닌 사람은 없다. 프란시스 쉐퍼(Francis Schaeffer)는 "하나님이 보시기에 작은 자는 없다"[14]라고 표현했다. 당신도, 나도.

잠시 시간을 내어 당신 인생에 중요한 역할을 했던(그리고 하고 있는) 사람들의 이름을 적어보라. 한 사람 한 사람에 대해 하나님께 감사드리라. 그들에게 격려와 감사의 편지를 보내라. 세상에 아무도 아닌 사람은 없다는 것을 그들에게 상기시켜주라. 그들이 당신의 삶에 얼마나 소중한 존재인지 말해주라.

주

1. Bauer et al., *Greek-English Lexicon*, 260.
2. 같은 책, 934.
3. Wiersbe, *Bible Exposition Commentary*, 147-148.
4. Moo, *Letters to the Colossians and to Philemon*, 331을 보라.
5. Barclay, *Letters to the Philippians, Colossians, and Thessalonians*, 195.
6. Samuel Taylor Coleridge, "Youth and Age", in *The Poems of Samuel Taylor Coleridge*, new ed., eds. Derwent Coleridge and Sara Coleridge(London: Edward Moxon, 1859), 321.
7. Alan Loy McGinnis, *The Friendship Factor: How to Get Closer to the People You Care For*, rev. and exp. ed.(Minneapolis: Fortress, 2004), 2.
8. Melick, *Philippians, Colossians, Philemon*, 328.
9. 같은 책, 332. Moo, *Letters to the Colossians and to Philemon*, 351.
10. N. T. Wright, *Colossians and Philemon: An Introduction and Commentary*, Tyndale New Testament Commentaries, vol. 12(Downers Grove, IL: InterVarsity, 1986), 164-165를 보라.
11. 찰스 스윈돌, 『찰스 스윈돌의 신약 인사이트: 고린도전·후서』(도서출판 디모데 역간) 512-523쪽에 나오는 '바울의 육체의 가시'가 무엇인지를 밝히는 해설을 보라.
12. Wright, *Colossians and Philemon*, 163.
13. 눔바가 남자인지 여자인지에 대한 원문 비평적 쟁점에 대해서는 Todd D. Still, "Colossians", in *The Expositor's Bible Commentary: Ephesians–Philemon*, vol. 12, rev. ed., eds. Tremper Longman III and David E. Garland(Grand Rapids: Zondervan, 2006), 355-356을 보라. 가장 유력한 증거는 눔바가 여성임을 암시한다.
14. Francis A. Schaeffer, *No Little People*(Downers Grove, IL: InterVarsity, 1974; repr., Wheaton, IL: Crossway, 2003), 21.

빌레몬서 인사이트

바울이 빌레몬에게 보낸 편지가 오늘 우리에게 전하는 실용적인 가치는 사뭇 크다. 빌레몬서는 인생에 찾아오는 두 번째 기회의 중요성과 그리스도 안에 있는 신자들의 평등성, 문화와 사회의 경계를 초월하는 복음의 능력을 보여준다. 한마디로, 바울이 빌레몬에게 보낸 엽서는 자유, 용서, 자비, 은혜를 철저히 그리스도 중심으로 다시 생각하도록 인도한다.

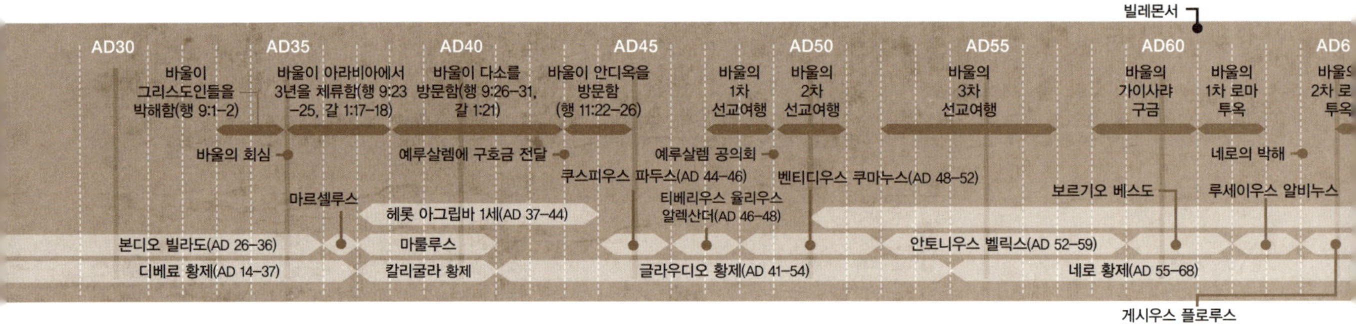

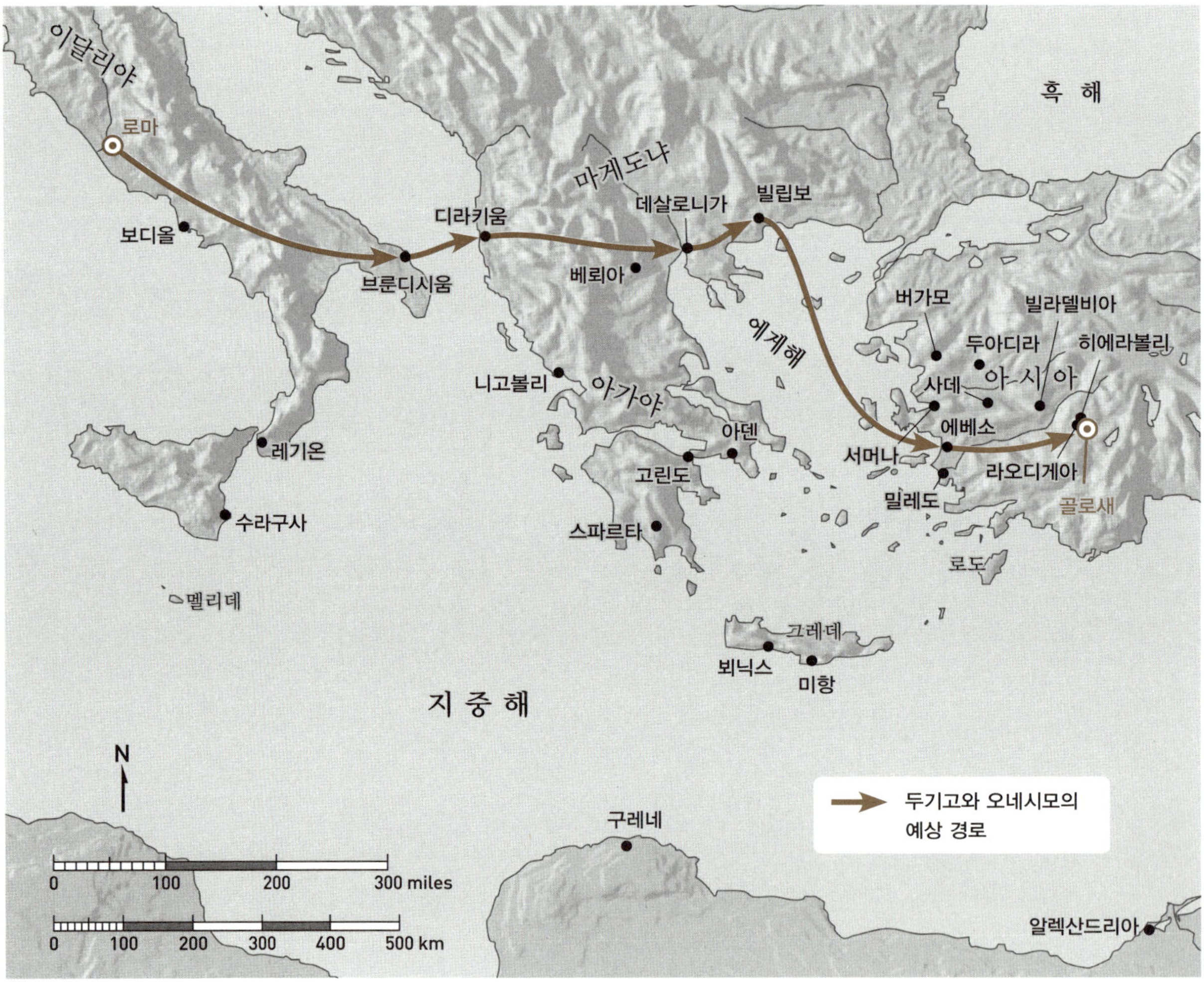

빌레몬서의 배경: 오네시모가 로마에서 골로새로 간 예상 경로. 골로새에서 그는 주인인 빌레몬에게 돌아갔다.

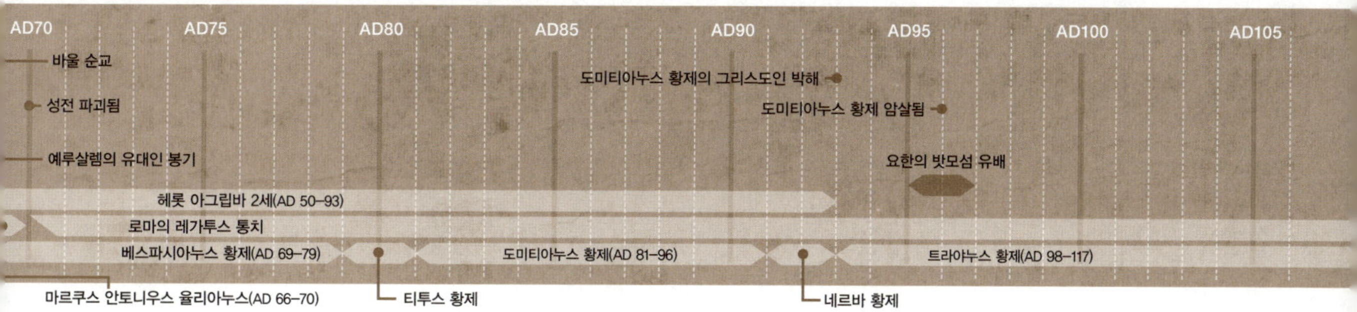

빌레몬서

서론

때는 AD 110년이다. 로마의 트라야누스 황제는 동방에서 보내온 선물을 기다리고 있다. 황제의 환심을 사려고 수리아의 안디옥에서 보낸 특별한 선물이 로마 군단병 열 명의 호위를 받으며 운송되고 있었다. 군인들은 소아시아 서안에 있는 항구 도시 서머나까지 와서 긴 여정을 멈추고 잠시 쉬면서 로마까지 갈 방법을 이리저리 궁리했다.

그들이 가져온 귀한 선물은 뭐였을까? 그것은 과거 사도 요한의 동료였던 안디옥의 존경받는 감독 이그나티우스였다. 그는 지금 사자의 먹이가 되기 위해 쇠고랑을 차고 로마로 가고 있는 죄수 신세였다. 그의 죄목은 구주와 주님, 하나님과 왕이신 예수 그리스도를 부인하기를 거부한 것이다.

서머나에서 한숨을 돌리는 동안 이그나티우스는 안디옥 교회보다 더 유명한 그 목사와 시간을 보내고 싶어 하는 기독교 지도자들을 만날 수 있었다. 로마 군인들로서는 순순하고 연로한 안디옥의 주교가 방문객들을 만나지 못하게 할 이유가 없었다. 그는 도주할 위험도 없었고, 어떤 부당한 명령도 고분고분 따랐다.

이그나티우스의 방문객 중에는 서머나 교회의 수장으로 유명한 폴리캅도 있었다. 그는 몇 해 전에 사도 요한에게서 직접 서머나의 감독(지금으로 치면 담임목사와 같은)으로 임명되었다. 또 다른 방문자 중에는 서머나 남부의 세 교회 트랄레스, 마그네시아, 에베소의 대표

한눈에 보는 빌레몬서

단락	인사	간구의 준비
주제		빌레몬의 사랑 빌레몬을 칭찬함 빌레몬의 믿음 빌레몬의 사역
핵심 용어	평안	간구
본문	1:1–3	1:4–7

<table>
<tr><th colspan="2">간구</th><th>간구의 근거</th><th>축도</th></tr>
<tr><td>오네시모의 회심</td><td>새로운 관계</td><td>바울의 사랑</td><td rowspan="3"></td></tr>
<tr><td colspan="2">오네시모를 위한 간구</td><td>바울의 약속</td></tr>
<tr><td>전에는 구원받지 못했으나 이제는 거듭남

전에는 무익했으나 이제는 유익함</td><td>과거: 노예

미래: 형제</td><td>동역자의 보증

내 앞으로 계산하라</td></tr>
<tr><td colspan="2">유익함</td><td></td><td></td></tr>
<tr><td colspan="2">1:8–16</td><td>1:17–21</td><td>1:22–25</td></tr>
</table>

들도 있었다. 이 세 교회는 지도자들을 보내 이그나티우스를 만나고 고난 중에 있는 그에게 지원과 격려를 아끼지 않았다. 트랄레스 교회는 그들의 감독인 폴리비우스를 보냈고,[1] 마그네시아 사람들은 다른 지도자들과 함께 다마스 주교를 보냈다.[2] 당시에도 이 두 인물은 그다지 비중 있는 사람들이었던 것 같지는 않다. 그러나 유명한 도시인 에베소의 감독은 에베소 교회만큼이나 유명했다. 바울의 옥중서신 중 하나가 에베소서였고, 디모데는 바울의 사역이 끝나갈 무렵 에베소 교회에서 목사로 섬겼다. 게다가 사도 요한은 에베소에서 말년을 보냈다.

서아시아 서부 지역. 에베소, 마그네시아, 트랄레스 교회는 이그나티우스가 머물고 있던 서머나 바로 남쪽에 있었다.

2세기 초 이 유명한 교회의 감독은 누구였을까? 바로 오네시모다. 이그나티우스는 에베소 사람들이 그리스도께 충성하는 것을 격려하려고 에베소에 보낸 편지에서 오네시모를 "말로 표현할 수 없는 사랑의 사람"이라고 표현하면서 이렇게 덧붙였다. "여러분에게 은총으로 주어진 그는 복된 자이며, 여러분은 그런 감독을 가질 자격이 있습니다."[3]

AD 60년에 오네시모는 주인인 빌레몬에게서 도망쳐 로마로 갔다. 그는 사람들 사이에 섞여 새 삶을 살고 싶었던 것 같다. 오네시모가 로마에 갔을 때 사도 바울도 로마에서 가택 연금을 당하고 있었다. 오네시모는 하나님의 섭리로 바울의 사역을 통해 그리스도를 알게 되었고, 주인 빌레몬에게 죄를 지었음을 깨달았다.

그래서 바울은 오네시모를 두기고에게 딸려서 골로새에 있는 그의 주인에게 돌려보냈다. 그러나 이제 오네시모는 도주한 노예로서가 아니라 그리스도 안에 있는 형제로서 그에게 갔다(1:16). 바울은 빌레몬에게 보낸 편지에서 오네시모의 선처를 호소한다. "갇힌 중에서 낳은 아들 오네시모를 위하여 네게 간구하노라 그가 전에는 네게 무익하였으나 이제는 나와 네게 유익하므로 네게 그를 돌려 보내노니 그는 내 심복이라 그를 내게 머물러 있게 하여 내 복음을 위하여 갇힌 중에서 네 대신 나를 섬기게 하고자 하나"(1:10-13).

두기고와 오네시모는 골로새로 가면서 에베소서, 골로새서, 빌레몬서를 가지고 갔다. 두기고와 오네시모는 골로새에 도착하기 전에 에베소에서 며칠을 지내면서 바울의 편지와 함께 바울의 소식을 전하고 그들을 격려했다(엡 6:21-22). 에베소 교인들은 바울이 로마에서 오네시모에게 보았던 자질을 똑같이 보았던 것 같다. 분명 오네시모는 그들에게 긍정적인 인상을 주었다.

50년을 훌쩍 뛰어넘어 AD 110년으로 가보자. 이제는 70줄에 접어든 예전의 노예 오네시모가 에베소 교회의 감독으로 사역에 종사하고 있다.[4] 그는 지도자로서 거짓 교사들에게 맞서 믿음을 지키기 위해 열심히 싸우면서 믿음과 사랑으로 공동체를 세워나가고 있다. 이그나티우스는 에베소 교회에 보내는 편지에서 이렇게 말한다. "오네시모는 여러분이 하나님 안에서 잘 단련된 것을 높이 평가합니다. 여러분은 모두 진리에 따라 살고 있으며, 여러분 안에는 이단이 없을 뿐 아니라 예수 그리스도에 관해 진실을 말하지 않는 사람의 말에는 일체 귀 기울이지 않기 때문입니다."[5]

빌레몬서가 기록된 배경

누가 썼는가? 바울이 디모데와 함께(몬 1:1).

어디서 썼는가? 바울이 가택 연금을 당하고 있던 로마에서(행 28:16, 30-31).

언제 썼는가? AD 61년경, 바울이 가이사의 심문을 기다리며 로마에서 가택 연금을 당하고 있을 때(행 28:16-31).

왜 썼는가? 도망친 노예 오네시모를 용서하고 해방시켜달라고 빌레몬에게 간청하기 위해.

빌레몬서의 독특한 배경

골로새의 그리스도인인 빌레몬에게 보낸 이 사적인 '엽서'는 골로새 교회에 보낸 편지와 같은 시기에 작성되고 발송되었다. 두 편지 모두 바울이 비서 디모데의 도움을 받아 썼다(골 1:1, 몬 1:1). 바울은 아마 이 두 통의 편지를 에베소서와 함께 오네시모와 두기고를 통해 전달했을 것이다(참조. 엡 6:21, 골 4:7).

25구절로 이루어진 이 간략한 편지는 현존하는 바울의 글 중에서 가장 짧다. 그러나 짧다고 무시하면 안 된다. 신약성경에 있는 바울의 다른 서신서들에 비해 짧기는 해도 이 편지에는 용서에 대한 위대한 가르침이 담겨 있다. 이것은 노예 주인인 빌레몬에게 바울의 설교를 듣고 그리스도의 추종자가 된 도망친 노예 오네시모를 다시 그의 가정에 받아들여 달라는 훈훈한 호소다. 예수 그리스도가 하나님 앞에서 그리스도인을 대변하시듯이 바울은 빌레몬에게 오네시모의 대변자 역할을 자처했다.

바울이 빌레몬에게 보낸 편지에는 간략하지만 중요한 요청이 담겨 있다. 편지의 요지는 빌레몬에게 오네시모를 용서하고 자유를 달라는 간청이다(몬 1:8-16). 바울은 자기의 사도적 권위로 빌레몬에게 오네시모를 받아들여 용서해주고, 그의 빚을 탕감해주며, 자기의 사역을 도울 수 있게 다시 돌려보내달라고 요구할 수 있었다. 하지만 바울은 다정하고 부드럽게 빌레몬이 자의로 올바른 결정을 내려주기를 요청한다. 그리고 자기가 오네시모의 빚을 다 갚겠다고 제안한다.

분명, 바울의 빌레몬서가 지금 우리에게 전달하는 실용적인 가치는 사뭇 크다. 빌레몬서는 인생에 찾아오는 두 번째 기회의 중요성과 그리스도 안에 있는 신자들의 평등성, 문화와 사회의 경계를 초월하는 복음의 능력을 보여준다. 한마디로, 바울이 빌레몬에게 보낸 엽서는 자유, 용서, 자비, 은혜…특별히 은혜를 철저히 그리스도 중심으로 다시 생각하게 인도한다.

빌레몬서의 핵심 용어

ἀναπαύω[*anapauō*, 아나파우오]*(373)* '생기를 회복하다', '평안을 주다', '안심시키다'

바울은 짧은 빌레몬서에 이 동사를 두 번이나 사용한다. 그는 먼저 빌레몬이 베푼 사랑이 성도들에게 평안함을 주었다고 말한다(1:7). 그런 다음 오네시모를 위해 간청할 때는 자기 마음도 평안하게 해달라고 부탁한다(1:20). 바울이 오네시모의 처지에 대한 염려에서 정신적, 감정적으로 벗어나게 해달라는 부탁에는 빌레몬이 오네시모를 바울에게 돌려보내 사역을 도울 수 있도록 그를 해방시켜주기를 바라는 마음도 있었다.

παρακαλέω[*parakaleō*, 파라칼레오]*(3870)* '호소하다', '촉구하다', '간청하다'

*Parakaleō*는 성령을 나타낼 때 사용하는 명사 Paraclete[*paraklētos*(3875), 참조. 요 16:7]의 동사형이다. *Paraklētos*는 곁에서 다정히 다독여주면서 조언해주는 사람의 이미지를 표현한다. 훌륭한 격려자는 비난하지 않고 도전하고, 설교하지 않고 가르치며, 젠체하지 않고 감화시키고, 훌륭한 선택을 하도록 돕는다. 일정한 목표에 도달하도록 선수를 독려하고 도전하는 코치처럼 바울은 빌레몬에게 궁극적인 Paraclete이신 성령을 따라 행해주기를 간청한다.

ὀνήσιμος[*onēsimos*, 오네시모스](*3682*) '유용한', '이로운', '유익한'

빌레몬서의 주요 주제인 도망친 노예의 이름이 오네시모이기도 하지만, 헬라어 *onēsimos*는 '유용한', '이로운'이라는 뜻의 형용사다.[6] 빌레몬서 1장 11절에서 바울은 오네시모라는 이름의 뜻을 사용해서 전에는 그 노예가 "무익하였으나"[*achrēstos*(890)] 이제는 "유익하므로"[유의어 *euchrēstos*(2173)를 사용함] 그 이름의 뜻에 부응하는 삶을 살라고 말한다.

용서에 대한 공부(빌레몬서 1:1–25)

1그리스도 예수를 위하여 갇힌 자 된 바울과 및 형제 디모데는
우리의 사랑을 받는 자요 동역자인 빌레몬과 2자매 압비아와 우리와 함께 병사 된 아킵보와 네
집에 있는 교회에 편지하노니 3하나님 우리 아버지와 주 예수 그리스도로부터 은혜와 평강이 너희에
게 있을지어다

4내가 항상 내 하나님께 감사하고 기도할 때에 너를 말함은 5주 예수와 및 모든 성도에 대한 네
사랑과 믿음이 있음을 들음이니 6이로써 네 믿음의 교제가 우리 가운데 있는 선을 알게 하고 그리스
도께 이르도록 역사하느니라 7형제여 성도들의 마음이 너로 말미암아 평안함을 얻었으니 내가 너의
사랑으로 많은 기쁨과 위로를 받았노라

8이러므로 내가 그리스도 안에서 아주 담대하게 네게 마땅한 일로 명할 수도 있으나 9도리어 사
랑으로써 간구하노라 나이가 많은 나 바울은 지금 또 예수 그리스도를 위하여 갇힌 자 되어

10갇힌 중에서 낳은 아들 오네시모를 위하여 네게 간구하노라 11그가 전에는 네게 무익하였으나
이제는 나와 네게 유익하므로 12네게 그를 돌려 보내노니 그는 내 심복이라 13그를 내게 머물러 있게
하여 내 복음을 위하여 갇힌 중에서 네 대신 나를 섬기게 하고자 하나 14다만 네 승낙이 없이는 내가
아무 것도 하기를 원하지 아니하노니 이는 너의 선한 일이 억지 같이 되지 아니하고 자의로 되게 하
려 함이라 15아마 그가 잠시 떠나게 된 것은 너로 하여금 그를 영원히 두게 함이리니 16이 후로는 종
과 같이 대하지 아니하고 종 이상으로 곧 사랑 받는 형제로 둘 자라 내게 특별히 그러하거든 하물며
육신과 주 안에서 상관된 네게랴

17그러므로 네가 나를 동역자로 알진대 그를 영접하기를 내게 하듯 하고 18그가 만일 네게 불의를
하였거나 네게 빚진 것이 있으면 그것을 내 앞으로 계산하라 19나 바울이 친필로 쓰노니 내가 갚으려
니와 네가 이 외에 네 자신이 내게 빚진 것은 내가 말하지 아니하노라 20오 형제여 나로 주 안에서 너
로 말미암아 기쁨을 얻게 하고 내 마음이 그리스도 안에서 평안하게 하라

[21]나는 네가 순종할 것을 확신하므로 네게 썼노니 네가 내가 말한 것보다 더 행할 줄을 아노라
[22]오직 너는 나를 위하여 숙소를 마련하라 너희 기도로 내가 너희에게 나아갈 수 있기를 바라노라
[23]그리스도 예수 안에서 나와 함께 갇힌 자 에바브라와 [24]또한 나의 동역자 마가, 아리스다고, 데
마, 누가가 문안하느니라
[25]우리 주 예수 그리스도의 은혜가 너희 심령과 함께 있을지어다

바울이 빌레몬에게 보낸 편지의 배경은 지금과 완연히 다르다. 우리는 노예가 되어본 적도 없고 앞으로도 없을 것이다. 그러나 그 시대에는 실제로 수백만 명의 사람이 자유로운 삶이 무엇인지 아예 몰랐을 것이다.

역사학자들은 로마 사회를 구성하는 노예 숫자가 전체 인구의 25-40퍼센트에 달했을 것으로 추정한다.[7] 역사책을 자세히 읽어보면 1세기 중엽 로마 제국에는 줄잡아 4천5백만 명에서 6천만 명의 노예가 있었던 것을 알 수 있다. 그들은 평소 로마 문화의 사회경제적 기반이 되는, 없어서는 안 될 인프라였다. 아리스토텔레스가 썼듯이 "노예는 살아 있는 도구"였다.[8] 제국에는 일반적으로 인간 이하로 간주되는, 다리가 두 개인 이 생명체들이 온 천하에 우글우글했다. 주인들은 노예의 생사여탈권을 쥐고 있었다.

이런 환경에서 노예 오네시모가 주인 빌레몬에게서 도망쳐 바울을 만난 것이다. 이 짤막한 편지를 통해 우리는 구속받지 못한 문화 속에서 복음대로 살기 위해 애쓰는 초대교회의 모습을 엿볼 수 있다. 우리는 바울이 빌레몬에게 오네시모를 용서하고 해방시켜달라고 호소하는 모습을 통해 우리가 다른 사람들을 어떻게 대해야 하는지, 어떻게 용서를 베풀어야 하는지를 배울 수 있다. 그래서 지금 우리에게 이 이야기는 더 귀하고 더 의의가 있다.

—1:1-3—

빌립보서 1장 1-3절에 나오는 다정한 인사는 바울이 오네시모를 위해 청탁하고 있는 사람에 대한 몇 가지 중요한 정보를 준다. 첫째, 빌레몬은 평범한 그리스도의 몸의 지체가 아니라 "사랑을 받는 자"이자 "동역자"였다(1:1). "동역자"로 번역된 헬라어 *synergos*(4904)는 공식적인 사역자로서 지도자의 위치에 있는 사람을 지칭했다(롬 16:3, 9, 21, 고후 8:23, 빌 2:25,

4:3). 그렇다면 빌레몬은 골로새 교회에서 지도자 역할을 하고 있었을 가능성이 높다. 바울이 빌레몬서 1장 2절에서 "네 집에 있는 교회"를 언급한 것으로 보아 빌레몬은 평범한 교인이 아니라 교회의 지도자였을 것이다.

둘째, 바울의 어투는 그가 이미 빌레몬은 물론이고 그의 가족과도 개인적으로 아는 사이였음을 강력히 시사한다. 바울에게 빌레몬은 그냥 "형제"가 아니라 "사랑하는" 자였다(1:1). 그리고 바울은 빌레몬의 아내인 듯한 "자매 압비아"와 빌레몬의 아들로 짐작되는 "우리와 함께 병사 된 아킵보"에게 안부를 전한다.[9] 아킵보는 골로새 교회의 동료 사역자였다(골 4:17). 여하튼, 이렇게 친밀한 어투는 바울이 빌레몬을 잘 알고 있었다는 것을 나타낸다.

셋째, 이 편지는 특별히 빌레몬에게 쓴 것이지만 바울은 인사와 편지의 수신인을 "교회"로까지 넓힌다(몬 1:2). 바울은 청중을 골로새의 모든 신자로 확장함으로써 오네시모의 운명을 결정하는 것이 빌레몬 개인의 소관이기는 해도 빌레몬의 결정에 영향을 받을 가족과 교회에 대한 책임에서 벗어날 수 없다는 뜻을 은근히 내비친다.

—1:4-16—

바울은 오네시모에 관한 민감한 문제를 거론하기 전에 빌레몬을 칭찬한다. 그는 늘 기도할 때 빌레몬에 대해 하나님께 감사한다고 말한다(1:4). 그는 빌레몬의 그리스도에 대한 믿음과 성도들에 대한 사랑을 칭찬한다(1:5). 그는 빌레몬의 믿음이 충분히 성숙하게 해달라고 기도한다(1:6). 그리고 골로새의 성도 가운데서 빌레몬의 사역이 풍성한 결실을 맺은 것을 보고 큰 힘을 얻었다고 기뻐한다(1:7).

바울은 큰 부탁에 앞서 빌레몬의 마음을 누그러뜨리려고 그를 칭찬한 것이 아니다. 바울은 자기 친구를 진심으로 높이 평가한다. 그는 이 사람을 알고 있으며 그의 명성은 칭찬받아 마땅하다고 생각한다. 바울은 그의 사랑, 믿음, 교제, 지식, 선의, 기쁨, 위로, 회복의 사역에 대해 잘 알고 있다. 빌레몬이 도주한 노예 오네시모에 대해 화를 내는 것이 아무리 당연할지라도-그의 목숨을 빼앗을 수 있는 법적 권리를 가졌어도-바울의 칭찬은 빌레몬에게 은혜와 자비가 그리스도인으로서 지녀야 할 진정한 성품임을 일깨웠을 것이다. 야고보가 썼듯이 "긍휼은 심판을 이[긴다]"(약 2:13).

도주 노예들(빌레몬서 1:16)

로마법에 따라 주인은 노예의 삶을 완전히 통제했다. 노예를 잔인하게 다루는 주인도 많았지만, 모질지 않은 주인도 있었다. 노예를 사고 부리는 데는 비용이 많이 들었고, 노예도 자유 시민이 갖는 법적 권리를 어느 정도 누리고 있었다. 로마 제국의 노예들은 돈을 벌고, 결혼해서 가정을 꾸리며, 자유인과 같은 법에 의거해 법정에서 재판받을 수 있었다.[10]

그러나 오네시모처럼 도망친 노예들의 경우는 상황이 완전히 달랐다. 로마법은 도주를 사형에 처할 수도 있는 범죄로 규정했다! 이 경우 주인은 도주자의 이름과 용모를 지역 관리에게 등록해 수배자 명단에 올렸다. 보통 붙잡힌 도주자는 주인에게 돌려보내졌고, 주인은 그 노예가 도망자임을 알리는 쇠 목줄을 채우거나 문신을 새겼다.[11]

Photo by Giovanni Dall'Orto/Wikimedia Commons

로마 제국의 많은 노예는 비교적 자유롭게 주인을 섬겼지만, 반항하거나 도주한 노예는 범죄자임을 알리고 도주를 방지하기 위한 쇠 목줄을 차야 했다.

그러나 도망치는 노예가 많지 않았던 이유는 벌이 무서워서가 아니라 노예가 자유인보다 잘사는 경우도 많았기 때문이다.[12] 많은 자유인이 로마의 길거리나 싸구려 방에서 가족과 함께 거주했던 반면, 노예들은 대개 도시에 있는 주인집이나 시골 별장의 옥탑방에서 살았다. 또 노예들은 음식과 의복도 제공받았고, 용돈으로 매달 은화 다섯 닢을 받기도 했다.[13] 생계를 위해 노동을 하는 자유인은 아무 지원 없이 순전히 자기가 번 것으로 먹고살아야 했다.

바울은 빌레몬서 1장 8절에서 앞뒤 말을 연결해주는 "이러므로"라는 접속사로 본론에 돌입한다. "이러므로 내가 그리스도 안에서 아주 담대하게 네게 마땅한 일로 명할 수도 있으나." 바울은 사도의 지위를 이용해 빌레몬에게 강요할 수도 있었지만, 오히려 겸손한 자세로 빌레몬에게 호소한다(1:8-9). 그는 이런 말로 시작하지 않는다. "그러므로 주 예수 그리스도가 친히 택하시고, 비전과 영감을 받은 성경의 저자가 말하노라!" 오히려 그는 자신을 "예수 그리스도를 위하여 갇힌 자"(1:9)로 칭한다. 그리고 그는 빌레몬에게 순종을 요구하지 않고 온화한 격려의 말인 *parakaleō*(3870)라는 단어를 두 번이나 쓰면서 호소한다(1:9-10).

바울은 1장 10절에서 먼저 진심이 담긴 부탁을 한다. 그는 오네시모의 이름을 마지막에 놓는 방식으로 헬라어 어순을 배열했다. 빌레몬이 원래 읽은 문장의 어순은 이랬을 것이다. "내가 감옥에 있을 때 얻은 내 자녀를 대신해 당신에게 호소합니다. 그는 바로 오네시모입니다." 그 이름을 본 빌레몬은 몸이 굳어졌을 것이다. 어쩌면 편지를 얼굴에 바싹 대고 자기가 제대로 읽었는지 다시 확인했을지도 모른다. 오네시모라고? 빌레몬은 어이가 없었을 것이다. 빌레몬이 아는 오네시모는 "무익"했다(1:11). 그는 도망치기 전에 빌레몬의 돈이나 재산을 훔쳤을 무도한 도주 노예였다(참조. 1:18)! 바울은 무슨 연유로 도둑이자 도망자인 사람의 선처를 호소하는 것일까?

바울은 이전에는 오네시모가 빌레몬에게 무익했지만 무언가가 바뀌었음을 밝힌다. 그는 "이제는 나와 네게 유익"하다(1:11). 분명하지는 않아도 1장 11절에는 언어 유희가 들어 있다. 오네시모라는 이름은 문자적으로 '유익하다'는 뜻이다. 오네시모가 그 이름의 뜻에 걸맞지 않게 살았던 것은 분명하다. 이는 마치 원한을 품고 있는 여인의 이름이 '은혜'이거나 입만 열면 거짓말하는 남자가 '진중'이라는 이름을 가진 것과 같다! '유용한'이라는 이름을 가진 그 노예는 주 예수님이 그의 마음을 사로잡아 삶을 변화시키시기 전에는 오갈 데 없는 말썽꾼이었다.

나는 개과천선한 오네시모를 묘사한 바울의 글을 읽으면서 빌레몬이 눈을 치켜뜨는 모습이 상상이 된다. 이제 오네시모는 "유익"(1:11)할 뿐 아니라 믿음 안에서 거듭난 자녀가 되었다(1:10). 그는 바울이 너무 좋아해서 계속 로마에 데리고 있으면서 복음 사역을 계속하기를 바라는(1:13) "심복"(1:12)이었다. 이처럼 오네시모는 바울과 빌레몬 모두에게 더는 노예가 아닌 "종 이상으로 곧 사랑 받는 형제"(1:16)가 되었다. 실제로 바울은 오네시모가 잠시 도망쳤던 것은 하나님의 주권적 계획의 일부였을지도 모른다고 생각한다. 이제 빌레몬은 영생을 공동으로 상속할 그리스도 안에 있는 형제로서 "그를 영원히 두게" 되었다(1:15).

바울의 요지는 분명했다. 빌레몬과 그의 가족 그리고 골로새 교회 앞에 서 있는 오네시모는 전에 도망친 그 젊은이가 아니었다. 그는 주 예수 그리스도의 은혜와 자비로 구원받았다. 그는 로마에서 바울과 함께 복음 사역에 헌신하면서 자기의 신실성을 증명했다. 그리스도가 베푸신 용서와 자유를 경험한 빌레몬은 분명 고린도후서 5장 17절의 위대한 원리를 이해할 수 있었을 것이다. "그런즉 누구든지 그리스도 안에 있으면 새로운 피조물이라 이전 것은 지나갔으니 보라 새 것이 되었도다."

—1:17–21—

빌레몬에게 오네시모가 겪은 변화를 설명한 바울은 오네시모를 용서해주고 해방시켜달라고 간청한다. 빌레몬으로서는 오네시모를 용서하는 것이 도리일 터였다. 결국, "서로 친절하게 하며 불쌍히 여기며 서로 용서하기를 하나님이 그리스도 안에서 너희를 용서하심과 같이 하[는 것]"(엡 4:32)이 형제애의 기본 원칙이다. 바울은 빌레몬이 도망친 자기 노예를 완전히 용서해주리라고 예상했던 것 같다. 바울은 빌레몬이 오네시모를 바울을 대하듯이 "사랑 받는 형제"로 받아들여 주기를 바랐다(몬 1:16–17).

그렇다면 자유는? 그것은 빌레몬의 의무를 넘어서는 문제였다. 그래서 바울은 오네시모를 해방시켜달라고 빌레몬에게 대놓고 부탁하지 않았을 것이다.[14] 그러나 자세히 보면 빌레몬이 바울의 속마음을 알아주기를 바랐음을 짐작할 수 있다.

오네시모는 바울의 사역에 유용했다(1:11, 13).

1. 바울은 오네시모를 자기의 "심복"이자 "사랑 받는 형제"로 여겼다(1:12, 16).
2. 바울은 오네시모를 곁에 둘 수 있기를 바랐다(1:13).
3. 바울이 오네시모를 데리고 있으려면 빌레몬의 동의가 필요했다(1:14).
4. 바울은 빌레몬이 자의로 그렇게 해주기를 바랐다(1:14).

5. 바울은 오네시모가 빌레몬에게 입힌 손해를 기꺼이 갚을 용의가 있었다(1:18-19).
6. 바울은 빌레몬도 자기에게 "빚진 것"이 있음을 상기시켰다(1:19).
7. 바울은 "주 안에서" 빌레몬으로 인해 유익을 얻게 해달라고 요청했다(1:20).
8. 바울은 빌레몬이 자기가 말한 것보다 "더" 할 거라고 예상했다(1:21).

바울은 1장 20절에서 말 그대로 "나는 주님을 믿는 사람으로서 사랑하는 형제인 그대에게 신세(*oninēmi*)를 지려고 합니다"(공동번역)라면서 음이 비슷한 말을 이용해 또 한 번 재치 있는 언어유희를 한다.[15] 그는 오네시모라는 이름과 같은 어원을 가진 단어를 사용한다. 이 언어유희 뒤에 숨어 있는 메시지는 "주님 안에서 '유익한 자'인 오네시모를 내게 달라"일 것이다[오니네미(*oninēmi*)는 '유익하다', '도움을 받다'는 뜻이다-역주].

나는 설령 빌레몬이 바울이 넌지시 내비친 말에 주의를 기울이지 않았더라도 압비아나 그의 동역자 아킵보가 눈치를 주었을 거라고 확신한다. 그리고 아무도 눈치를 못 챘다면 아마도 골로새 교회의 교인 중 적어도 한 명은 이렇게 말했을 것이다. "빌레몬, 바울 사도가 당신이 오네시모를 다시 보내주어서 그분과 함께 사역하기를 바라지 않으실까요? 그럼 참 좋겠는데요?"

빌레몬이 오네시모를 용서하고, 그리스도 안에서 형제로 받아들이며, 노예에서 해방시켜주고, 빚을 탕감해주며, 아마 사도 바울에게로 돌아가는 여행 경비까지 지불했을 거라고 내가 확신하는 이유가 두 가지 있다. 첫째, 빌레몬서는 성경의 정경에 포함되어 있다. 만약 빌레몬이 오네시모를 "무익"한 자로 여겨 바울의 부탁에 난색을 표하면서 계속 거부했다면 이 편지는 널리 보존되고 복사되지 않았을 것이다. 둘째, 만약 AD 110년경에 에베소의 감독으로 섬기고 있던 연로한 오네시모가 빌레몬서의 오네시모와 동일인이었다면 오네시모는 빌레몬의 종이었던 신분에서 벗어나 평생 예수 그리스도의 종이 되었던 것이 거의 확실하다.

빌레몬은 오네시모의 빚을 탕감해주거나 해방시켜줄 의무는 없었다. 그렇지만 그리스도 안에 있는 형제로서 오네시모를 용서해야 할 의무는 있지 않았을까? 그렇다. 그리스도께 귀의한다고 해서 우리의 금전적 빚이나 계약상의 의무가 유예되는 것은 아니다. 바울도 오네시모 때문에 빌레몬이 입은 금전적 손실을 갚겠다고 약속했을 때 이것을 인정했다. 그는 이렇게 썼다. "그가 만일 네게 불의를 하였거나 네게 빚진 것이 있으면 그것을 내 앞으로 계산하라…내가 갚으려니와"(1:18–19).

빌레몬이 내역서를 작성해서 바울에게 보내지는 않았을 것이다. 유익한 사람으로 변한 무익했던 오네시모를 위한 바울의 간절한 호소에 감동받은 빌레몬은 과거에 자기의 노예가 저지른 잘못을 기록한 장부 위에 '전액 변제'라고 썼을 것이다. 그리스도가 몇 년 전에 빌레몬에게 하셨듯이 말이다.

—1:22–25—

바울은 편지를 마무리하며 그들의 기도에 대한 응답으로 석방되기를 바라는 마음을 표현한다. 바울은 풀려나면 빌레몬과 골로새 교회를 찾아갈 생각이다. 실제로 그는 로마의 속박에서 벗어날 것을 확신한 나머지 "나를 위하여 숙소를 마련하라"(1:22)고 말한다. 얼마나 낙관적인가!

이 말은 빌레몬이 오랜 친구인 바울을 곧 보게 되리라는 희망을 심어주면서 오네시모에 대해 긍정적인 결정을 내려달라는 은근한 압박이기도 했을 것이다. 빌레몬이 바울이 더 오래 옥고를 치를 거라고 예상했다면 몇 년을 끌면서 그 도주한 노예가 끼친 손실을 다 갚을 때까지 부려먹기가 더 쉬웠을 것이다. 그러나 바울이 수 개월 안에 골로새에 올 거라는 전망은, 물론 예상에 불과하지만, "마땅한 일"을 적시에 결정하도록 독려했을 것이다(1:8).

공식적인 축도에 앞서(1:25) 에바브라, 마가, 아리스다고, 데마, 누가의 인사로 편지는 끝난다(1:23–24). 이들은 모두 골로새서 말미에도 언급된 바울의 동역자들이다(골 4:10–14). 골로새에도 오네시모의 문제를 다룬 것에 대한 신실한 증인들이 있었고, 로마에도 오네시모를 알고 이 사안에 대한 빌레몬의 결정을 몹시 궁금해하는 바울과 함께 있는 성도가 꽤 많았다. 신자에게 요구받은 것보다 "더 행[하도록]" 부추기기에 약간의 애정 어린 시선만 한 것은 없다(몬 1:21).

묵상의 서재

현대판 노예 이야기(빌레몬서 1:17–21)

나는 열일곱 살부터 도망을 일삼던 에드라는 청년에 대한 이야기를 들었다. 범법을 일삼던 에드는 압박감이 가중될 때마다 안절부절하다가 다시 도망치곤 했다. 나이가 들수록 그의 비행은 점점 더 심해져서, 결국에는 자동차를 훔치고 도주 비용을 충당하기 위해 부도 수표를 남발하는 무모한 짓을 저지르게 되었다.

그러다 에드는 미시간에 있는 대학에서 한 학기를 보내게 되었고, 거기서 학장과 친해졌다. 독실한 그리스도인이었던 그 학장은 에드에게 그리스도에 대해 이야기했고, 에드는 그리스도를 영접했다. 그러나 오랜 습관은 버리기가 쉽지 않다. 다시 압박감이 덮치자 에드는 또 차를 훔쳐서 떠났다.

그런데 에드가 차를 훔치기 전인 그 주 초에 그는 라디오에서 나오는 로큰롤을 녹음했다. 그는 음악이 녹음되는 동안 샤워를 하러 들어갔는데, 어찌된 영문인지 그가 샤워하는 동안 라디오의 주파수가 〈인사이트 포 리빙〉이라는 기독교 방송으로 바뀌었다. 그는 그 프로그램이나 거기서 강연하고 있는 사람에 대해 당시에는 아무것도 몰랐고, 아예 관심도 없었다. 샤워를 마치고 나와서 종교 방송이 나오는 것을 듣고 그는 녹음기와 라디오를 모두 꺼버렸다.

그 후 에드는 훔친 차를 타고 캐나다로 향했다. 고속도로를 질주하던 그는 녹음한 카세트를 집어넣었고, '공교롭게도' 빌레몬서에 나오는 도망친 노예에 관한 메시지의 결론 부분을 듣게 되었다. 에드는 이 말을 들었다. "여러분 중에 지금 도망치고 있는 사람도 있을 겁니다. 무엇으로부터 도망치는지 나는 모릅니다. 하지만 이제 멈출 때입니다. 돌아서서 문제를 직시하고 바로잡아야 할 때입니다."

얼마 후 샌디에이고에 도착했을 때까지도 에드의 머릿속에서 그 메시지가 떠나지 않았다. 그때 누군가가 내 이름을 말하는 것을 듣고 에드는 내가 어느 교회에서 설교하는지 알게 되었다. 에드는 우리 교회에 전화를 걸었고, 마침내 그는 잘못을 뉘우치고 도망을 멈췄다.

우리는 빌레몬과 다른 세상에 살고 있지만, 하나님의 말씀은 지금도 노예들을 용서와 자유의 삶으로 인도하신다.

적용: 빌레몬서 1:1–25

빌레몬서에서 찾은 용서와 자유

이 작은 빌레몬서에는 바울이 그리스도처럼 사심 없이 다른 사람을 중보한 감동적인 이야기가 담겨 있다. 또 이 편지는 구속받은 죄인의 삶을 변화시키시는 하나님의 은혜의 능력에 대한 위대한 증언도 들려준다. 이런 실제적인 요소들 외에도 나는 빌레몬서의 주제와 우리의 구원 사이에서 기막힌 유사점을 본다.

첫째, **모든 그리스도인은 한때 도망자였다.** 오네시모처럼, 우리는 하나님의 율법을 두려워하면서 우리 행위로 인한 결과에서 도망치려고 했다. 성경은 이렇게 말한다. "모든 사람이 죄를 범하였으매 하나님의 영광에 이르지 못하더니"(롬 3:23). 그리고 오네시모처럼, 우리는 죄와 죽음의 노예라는 현실에서 벗어날 수 없다.

둘째, **우리의 죄책감은 컸고 형벌은 가혹했다.** 바울은 "죄의 삯은 사망"(롬 6:23)이라고 썼다. 오네시모에게 은혜와 자비가 임하지 않았다면 그는 사형까지도 가능한 처벌의 대상이 되었을 것이다. 실제로 죽음의 그림자가 늘 그를 따라다녔다. 법적으로 따지면 그는 사형감이었다. 우리도 모두 그랬었다. 우리가 하나님께 지은 죄에 대한 형벌은 가혹했고, 죄책감은 무거웠다.

셋째, **은혜는 우리의 심판을 중지시키고 옹호자의 중재를 허락한다.** 빌레몬이 오네시모에게 그가 받아 마땅한 것을 주기로 결정했다면 그것은 죽음이었을 것이다. 그러나 대신 그는 은혜를 택했다. 그는 용서를 택했다. 그는 자유를 택했다. 우리 각자를 위한 하나님의 은혜도 똑같은 것을 이룬다. 우리의 심판은 파기되었고, 이제 우리에게는 "하나님과 사람 사이에 중보자…곧 사람이신 그리스도 예수"(딤전 2:5)가 계시다.

넷째, **우리의 빚은 그리스도가 다 갚으셨다.** 바울이 오네시모의 죗값을 치르고 그의 자유를 사기 위해 재판의 변호인으로 나섰던 것처럼 주 예수 그리스도는 우리의 죄, 수치, 죄책감을 모두 떠맡으시고 십자가에서 대속하셨다. 이사야 53장 5–6절은 이것을 잘 요약한다.

> 그가 찔림은 우리의 허물 때문이요
> 그가 상함은 우리의 죄악 때문이라

그가 징계를 받으므로 우리는 평화를 누리고
그가 채찍에 맞으므로 우리는 나음을 받았도다
우리는 다 양 같아서 그릇 행하여 각기 제 길로 갔거늘
여호와께서는 우리 모두의 죄악을 그에게 담당시키셨도다.

끝으로, 결국 우리의 정당한 주인은 우리를 다시 받아들여 가족으로 입양하신다. 우리는 우리의 하나님이시고 창조주이신 분과 새로운 관계를 맺는다. 한때는 하나님과 원수 되어 그분이 진노하시는 대상이었지만, 이제 우리는 그리스도의 피로 용서받고 정결해졌다. 바울은 로마서 6장 23절에서 이렇게 말한다. "죄의 삯은 사망이요 하나님의 은사는 그리스도 예수 우리 주 안에 있는 영생이니라." 그리고 로마서 5장 10절은 선포한다. "곧 우리가 원수 되었을 때에 그의 아들의 죽으심으로 말미암아 하나님과 화목하게 되었은즉 화목하게 된 자로서는 더욱 그의 살아나심으로 말미암아 구원을 받을 것이니라."

나는 빌레몬서로 인해 내가 받은 용서, 자유, 하나님의 가족 안에서 누리는 친교에 대해 완전히 새로운 감사를 느낀다. 이 편지는 우리 모두가 믿을 수 없는 도망자였음을 상기시켜준다. 그러나 오네시모처럼 나는 예수 그리스도의 복음으로 구출되었다. 그로 인해 내 도주는 막을 내렸고, 빚을 다 탕감받았으며, 하나님의 가족으로 입양되었다.

지금 이 글을 읽고 있는 두 종류의 노예가 있다. 첫째는 도망을 멈추고 그리스도 안에서 안식과 회복과 새 삶을 찾은 자들이다. 둘째는 아직도 도망치고 있는 자들이다. 하나님에게서 도망치고, 죄의 참담한 결과에서 도망치며, 지금 당장 가능한 용서와 자유에서 도망치고 있다. 나는 주 예수 그리스도의 은혜가 이 글을 읽고 있는 모든 도망친 노예를 해방시켜주시기를 소망한다. 그리고 자유를 얻은 자들에게는 이 말을 전하고 싶다. 나는 당신이 당신을 구속하시려고 대가를 지불하신 주님께 유익한 자가 되기를, 그분께 매인 종으로 기꺼이 순복하는 자가 되기를 기도한다.

주

1. Ignatius, *Trallians* 1.1. 이그나티우스의 저작에서 나온 모든 번역문은 Brannan, *Apostolic Fathers*에서 발췌한 것이다.
2. Ignatius, *Magnesians* 2.1.
3. Ignatius, *Ephesians* 1.3.
4. 골로새서와 빌레몬서에 나오는 오네시모가 50년 뒤 에베소의 감독으로 봉직했던 오네시모와 동일 인물인지는 확실히 알 수 없으나, 몇몇 학자는 그 생각이 맞다고 주장한다. 나도 그것이 설득력 있다고 본다. 예를 들어 John Knox, *Philemon among the Letters of Paul*(London: Collins, 1960), 79–80. Bruce, *Epistles to the Colossians, to Philemon, and to the Ephesians*, 202를 보라.
5. Ignatius, *Ephesians* 6.2.
6. Henry George Liddell, Robert Scott, Henry Stuart Jones, et al., *A Greek-English Lexicon*, 9th ed., rev. and exp.(Oxford: Clarendon Press, 1996), 1231.
7. Sam Tsang, *From Slaves to Sons: A New Rhetoric Analysis on Paul's Slave Metaphors in His Letter to the Galatians*(New York: Peter Lang, 2005), 22.
8. Aristotle, *The Nicomachean Ethics* 8.11 in Jonathan Barnes, ed., *The Complete Works of Aristotle: The Revised Oxford Translation*, vol. 2, Bollingen Series 71:1(Princeton: Princeton University Press, 1984), 1835.
9. Melick, *Philippians, Colossians, Philemon*, 350.
10. Arthur A. Rupprecht, "Slave, Slavery", in *The Zondervan Pictorial Encyclopedia of the Bible*, vol. 5, Q–Z, ed. Merrill C. Tenney(Grand Rapids: Regency, 1976), 459.
11. Christopher H. Fuhrmann, *Policing the Roman Empire: Soldiers, Administration, and Public Order*(Oxford: Oxford University Press, 2012), 29–30을 보라.
12. Moo, *Letters to the Colossians and to Philemon*, 371–372를 보라.
13. Rupprecht, "Slave, Slavery", 460. A denarius was the daily wage of a free laborer(참조. 마 20:2).
14. 바울이 빌레몬에게 오네시모를 노예에서 해방시켜달라고 요청했는지에 관한 학자들의 논의는 Moo, *Letters to the Colossians and to Philemon*, 369–374를 보라.
15. Wright, *Colossians and Philemon*, 195.

찰스 스윈돌의 신약 인사이트 시리즈

빌립보서, 골로새서, 빌레몬서

1쇄 발행 2021년 1월 18일

지은이 찰스 스윈돌
옮긴이 김희수
펴낸이 고종율

펴낸곳 주) 도서출판 디모데 〈파이디온 선교회 출판 사역 기관〉
등록 2005년 6월 16일 제 319 – 2005 – 24호
주소 서울특별시 서초구 서초대로 141–25(방배동, 세일빌딩 8층)
전화 마케팅실 070) 4018–4141
팩스 마케팅실 031) 902–7795
홈페이지 www.timothybook.com

값 22,000원
ISBN 978–89–388–1669–6 04230
ISBN 978–89–388–1499–9 (세트)

Copyright ⓒ 주) 도서출판 디모데 2021 〈Printed in Korea〉